中國
控制突發事件輿情引導
理論與實務

主編 陳　旭
副主編 張力文、陳　琳

財經錢線

序　言

　　突發事件發生後，公眾存在迫切的知情需求，他們試圖瞭解發生了什麼以及為什麼會發生該事件。一旦無法滿足公眾知情權，社會上就會形成各種猜測，甚至會導致謠言滿天飛，公眾極易被錯誤的信息誤導。突發事件中，政府對輿情的應對在很大程度上體現了政府的危機管理水準。如果輿情應對處理不好，將對政府的形象和公信力產生損害，從而間接地削弱政府的治理能力，不利於社會穩定。如何通過良好的輿情應對，消除公眾的誤解、恐慌或不滿，贏得公眾的信任，值得好好地總結和深入研究。

　　「四川省應急管理學會2017年年會暨突發事件輿情應對研討會」於2017年11月4日在四川省成都市舉辦。本屆年會在中國應急管理學會的領導下由四川省應急管理學會主辦。參會代表緊緊圍繞「突發事件輿情引導」這一中心議題，開展學術交流，取得了較好的研討效果，提交了豐碩的科研學術成果，為會員單位和廣大的應急管理、輿情應對工作者提供了學術理論支撐，鞏固了四川省在應急管理輿情應對領域所取得的成果，推動了我省突發事件輿情應對能力的提升。

　　本屆年會邀請了90多名應急管理領域的專家、學者、政府官員和優秀產業界代表，通過大會專題報告和主題發言等形式，深入交流和探討了突發事件輿情應對的方法、模式、體制、機制等問題。

　　本次會議得到全省黨校行政學院系統和應急管理領域同行的熱情關注和大力支持，收到了大量來自全省各地黨校行政學院從事應急管理工作的學者撰寫的研究論文。我們將會議錄用的23篇論文匯編為論文集出版，向大家分享突發事件輿情應對實踐的寶貴經驗，探討進一步提升輿情應對能力的理論方法和途徑。我們希望本論文集能對從事突發事件輿情應對的專家、學者和一線工作者帶來幫助和啟示，為推動我省公共安全體系建設、提升應急管理能力、提高突發事件輿情引導和應對處置能力發揮積極作用。由於時間倉促和水準有限，在論文集匯編過程中難免有一些疏漏，書中難免有諸多不妥之處，懇請各位讀者批評指正。

編　者

2018年1月15日

目　錄

對學校突發事件網絡輿情管理的思考 …………………………… 陳　旭（1）

自媒體視域下地方政府突發事件輿情引導策略研究 ………… 張力文（9）

媒體融合背景下的突發事件輿論引導力提升研究 …………… 柯曉蘭（17）

公共危機事件處理中的輿論引導

　　——以成都的「霧霾危機」為例 ……………………… 鄭　妍（25）

基於大數據的網絡輿情應急處置研究 ………………………… 何小霞（33）

基於城市住宅小區突發群體性事件的輿情應對策略 ………… 練憶茹　夏　楠（41）

大數據時代網絡輿論生態治理研究 …………………………… 熊　建（49）

提升基層突發事件輿情引導與應急管理能力的研究

　　——以四川 L 市為例 …………………………………… 鐘繼紅（58）

突發事件網絡輿情的特點、演變及應對 ……………………… 羅之前（68）

突發事件中網絡輿情的傳播過程及社會影響分析 …………… 王　彥（76）

公共治理視域下突發事件網絡輿情應對策略研究 …………… 蘇　亮（84）

政府供給側改革與突發事件網絡輿情應對研究 ……………… 楊　奧（92）

突發事件網絡輿情的引導策略探究 …………………………… 劉維薇（100）

突發事件網絡謠言傳播的邏輯與應對

　　——以四川省 LZ 市「TF 中學事件」為例 …………… 謝　熠（108）

在自媒體時代掌握網絡輿論主導權 …………………… 王江月　龍再興（116）

從「氣荒」事件淺析應急管理中的媒體溝通策略 ……… 黃廷倫　王偉娜（124）

突發事件中政府輿情引導的困境與應對策略 ………………… 楊林凱（132）

新媒體時代地方政府應對突發事件網絡輿情的策略研究 ……… 呂秋萍（140）

突發公共事件輿情引導的原則和策略研究 …………………… 夏　玲（148）

突發事件網絡輿情應對研究
　　——以天津港「8·12」爆炸事件為例 ……………………… 林柯言（156）

新媒體時代的網絡輿情應對
　　——以「於歡案」為例 ………………………………………… 陳　紅（165）

大數據技術在突發事件網絡輿情應對中的運用 ……………… 胡珏稀（173）

網絡輿情引導案例分析及啟示
　　——以四川省為例 ……………………………………………… 董　利（181）

對學校突發事件網絡輿情管理的思考

陳　旭[①]

[**摘　要**] 互聯網已經成為社會民眾意見表達的重要空間。近年來，學校突發事件受到公眾和媒體的高度關注，引發網絡輿論熱點，如果網絡輿情處置不當，將產生更具破壞性的輿情危機，甚至誘發群體性事件。由於學校話題的敏感性、學校網絡輿情話語權的局限性、學校責任的有限性，往往使學校在突發事件處置中比較被動。因此，學校必須高度重視網絡輿情並採取有效舉措，加強對網絡輿情的管理，引導突發事件網絡輿情方向，避免或遏制各種危機事件對學校的負面影響。本研究通過闡述學校突發事件引起網絡關注的現實和原因，分析學校在突發事件網絡輿情管理工作中存在的問題，提出加強學校突發事件網絡輿情管理的途徑和策略。

[**關鍵詞**] 學校；突發事件；網絡輿情；管理策略。

　　近年來，發生在學校中的一些突發事件，成為社會關注的熱點，產生了不良影響。這不僅事關師生權益、學校形象和家庭幸福，還關係到社會秩序穩定和教育改革發展。例如，「瀘縣太伏中學生墜亡事件」「紅黃藍幼兒園事件」等有較大影響的突發事件，給學校正常秩序造成了程度不同的影響和破壞，引發了社會輿論關注，造成了不良的社會影響，損害了政府、教育部門和教師的良好形象。隨著移動互聯網的普及和發展，網絡輿情空前活躍，作為一種新興的輿論勢力已日漸影響著中國社情民意走向，是社會輿論的重要影響力量。由於網絡傳播的隱匿性和自由性，任何人都可以隨便發帖，在一定程度上出現了網絡輿情的無政府主義。當學校突發事件發生後，更是社會和網絡空間關注的熱點。許多社會民眾在網絡上圍觀，發出各種各樣的聲音，給學校網絡輿情管理提出新的挑戰。校園突發事件網絡輿情如果處置不當，將干擾學校的正常教學和科研工作，損害學校的聲譽和形象，甚至會給國家的教育事業帶來負面的影響。因此，加強學校突發事件的網絡輿情管理、對輿情進行正確引導和管理，是學校必須面對而不能迴避的現實問題。

---

① 陳旭，四川省委黨校四川行政學院「5/12」汶川地震災害應對研究與培訓中心教授。研究方向：應急管理。

一、學校突發事件引起網絡高度關注的原因

(一) 家長和社會對學校動向的密切關注

教育是民生之基，涉及千家萬戶。中國絕大多數家庭都是獨生子女家庭，每一個學生的背後就是一個家庭，都寄托著全家的希望，父母對學校的關注度非常高。學校突發事件的主體通常是學校領導、教職員工、學生、學生家長和社會機構等，校園內未成年人及年輕人多，由於社會處於轉型期，貧富分化和資源分配不公造成的社會矛盾，給學校管理帶來不利影響。加上辦學模式多元化，在各種社會負面因素的影響下，校園內容易產生各種不滿情緒。一些學校在校園管理的理念和手段上缺乏創新，沒有建立學校與學生之間、學校與家長之間良好的溝通渠道，最終導致家長和社會對學校嚴重不滿。這使得社會對學校的關注度較高，對學校突發事件非常敏感，極易成為民眾和媒體關注的焦點，更容易引發網絡輿論。

(二) 學校突發事件本身引起的關注度高

引起全社會高度關注的學校突發事件通常發生在這些方面。一是校園公共衛生事件。如食物中毒事件、校舍裝修污染事件、傳染性疫情事件、軍訓死亡事件等。二是校園公共安全事件。如校園內的交通事故、實驗室和宿舍火災事件、建築和實驗設備的安全事故、校車安全事故、文娛活動中的踩踏事件、校園暴力和傷人事件、性騷擾事件、財物失竊案件、投毒事件、傳銷和不法組織入侵事件等。三是師德、師風和貪污腐敗案件。如師生之間的男女關係事件、專業調整和招生考試中的暗箱操作事件、學術不端事件、基礎建設和採購招標中的貪污腐敗案件等。四是學校發布相關政策或處理決定引發的各種輿論事件。如允許在校生結婚、宿舍的調整和搬遷、獎學金助學金評定、保研名單、學生被勸退而做出危險的行為等。五是學生或教職工因人際交往不適、學業或情感受挫、身體疾病或抑鬱症引發的自殺、自殘和殺人等極端事件。六是學校受到自然災害，如地震、滑坡、泥石流、暴雨引起洪災或人員傷亡事件。一些性質惡劣的校園突發事件，更有可能成為社會輿論長期關注的焦點。同時，隨著中國改革的不斷深入，教育領域也不斷出現一些熱點問題，受到社會的關注，雖然有些熱點問題逐步得到瞭解決，但有些卻愈加嚴重，甚至還產生了一些新的熱點問題。一旦校園突發事件發生後，輿論就會針對當前部分教育中的學校管理、校園安全、教育公平、師德師風等方面予以關注，公眾對學校所寄予的期望度與現實的實際差距使他們產生了負面情緒。輿論常常不重視校園突發事件本身的有關信息，往往一味地對學校存在的問題進行過度的負面渲染，使得負面消息不斷擴散，並引起公眾聚焦。

(二) 互聯網傳播特性快速推動

1. 網絡輿論的「漣漪效應」

在移動互聯網時代，虛擬網絡在突發事件中往往是社會輿論的集散地和放大器。

網絡輿情的「漣漪效應」是指某些事件引起的社會波動。學生家長是網民中的一個龐大群體，由於網絡的開放性和家長們對學校的密切關注，這種狀況很容易造成突發事件發生時的網絡輿情的快速傳播，導致網絡輿論的「漣漪效應」，引起「一石激起千層浪」現象，使學校的突發事件引起社會的廣泛關注和熱議。如果任其發展，極易成為突發事件的助燃劑，甚至可能誘發新的危機事件。

2. 網絡自媒體的興起和推動

網絡自媒體的出現，改寫了社會輿論的格局，開啓了人人都是記者、人人都是新聞發言人的時代。一件小事情經過自媒體的放大，就可能成為轟動社會輿論的大事件。在自媒體時代，網民並不滿足於被動接收信息，擔當「看客」的角色，而是更傾向於以「現場目擊者」的身分通過互聯網發布信息。網民借助網絡隨時隨地、隨心所欲地根據自己的喜好按動鍵盤發布個人「權威」信息，表達對社會上一些現象的態度和觀點。他們主動尋找熱點信息，對學校突發事件的發生以及對整個事件的應對過程評頭論足，形成各種輿情，影響事件進程。

3. 網絡輿情負面信息的凸顯

網絡輿情傾向於出現在主流輿情分歧的局面中，由此引起了網民的圍觀甚至是追隨。這種分歧多數是源於現實生活中網民所存在的不滿情緒和心理的壓抑。很多情況下，網民在進行網絡意見表達的時候，常常不重視突發事件本身的有關信息，而只是一味地對學校存在的問題進行過度地負面渲染，使得負面消息不斷擴散、蔓延並引起公眾聚焦，負面信息疊加到某種限度時，可能會演變成危機事件。同時，民眾對於學校所寄予的理想期盼與現實的差距也使他們產生了負面情緒。負面的網絡輿論一旦占據主導地位，便產生了網絡輿情危機。

4. 經濟利益的驅動

信息時代媒體追求的是「眼球經濟」，是依靠吸引公眾注意力獲取經濟收益的一種經濟活動。一些社會非主流媒體，只為吸引消費者眼球，刺激消費慾望，搶占市場份額，而不惜突破公共道德的底線，乃至違反法律。過多地關注和追求高「收視率」「發行量」「點擊率」，使一些媒體把題材放在消費者的關注度上，把心思放在如何讓「噱頭」更吸引人上，淡化了自身的社會責任，甚至為了吸引眼球而不惜自降品格，傳播虛假信息，歪曲事實真相。這種輿情引導的扭曲一旦牽扯到學校，學校突發事件很容易成為某個時期的一個極端的輿論「熱點」，使學校的聲譽遭受貶損。

二、學校在突發事件網絡輿情管理中存在的主要問題

學校內學生眾多、人員密集，校園安全是家長和社會的關注的重點。當今，互聯網影響與日俱增，新媒體蓬勃發展，網絡輿論成為民意表達的一種重要方式。新媒體所具有的移動性、融合性、交互性、微傳播等特點，使政府對輿情的掌控越發

困難，即使可以實現網上「刪帖」，仍無法消除對政府公信力和口碑的負面影響，甚至使公信力陷入「塔西佗陷阱」。不可否認，由於多方面的原因，學校在應對和處置突發事件時，在輿情管理上還存在一些問題，主要表現如下。

（一）學校在突發事件中輿情管理的話語權有限

話語權即控制輿論的權力，話語權掌握在誰手裡，決定了社會輿論的走向。目前學校缺乏權威的話語權資源，學校突發事件的網絡輿情卻源於校外網絡。話語權空間的局限性制約著學校輿情應急處理機制的健全和完善，也削弱了學校化解輿情風險的能力。輿情的複雜性給學校突發事件的應急處置造成了很多困難，導致學校在處理突發事件的過程中顧慮重重、謹慎小心。在輿情的管理方面，很多學校更是缺乏經驗和能力。目前，學校引導和化解輿情主要依靠地方政府和教育主管部門的幫助，然而在這一過程中，常常會出現錯過輿情引導的有利時機問題。面對突發事件，如何建立同地方政府的聯動機制，有效加強輿情管理，是需要著重考慮和解決的問題。據瞭解，各級教育部門作為學校的主管部門，其職能對學校突發事件輿情管理不夠明確；政府宣傳部門只是將學校當作一般部門進行輿情管理；目前對學校突發事件的輿情管理還處於分散、自發、被動的階段，學校突發事件輿情的專業分析、預測、應對、網絡媒體危機公關等方面的整體實力還不強。

（二）學校在突發事件中的責任被「無限擴大」

學校突發事件輿情的焦點通常針對學校管理中存在的漏洞以及學校應當承擔的責任問題。然而，認真梳理分析輿論指責的原因，常常是把學生的安全責任被「無限轉移」到學校。從法律上來看，學校與未成年學生這一「特殊行為主體」之間的關係，同學校與其他主體之間的關係相比複雜得多，是多種關係的交織表現。學校與學生之間的法律關係，既區別於純粹的教育行政關係，也區別於民事法律關係，是學校對學生的教育、管理和保護的法律關係。學生（主要指未成年人學生）的人身傷害以及造成他人傷害是以承擔民事責任為基礎的。因此，學生傷害事故責任是一般的過錯責任，而不是過錯推定責任，不能採用推定的方式判定學校是否具有過錯，是否應承擔賠償責任。事實上，學校、老師對學生所承擔的是教育、管理、保護的責任，而不是全天候的監護關係。此外，學校還擔負了許多「無限社會責任」，學校突發事件發生後，一般要求由學校單方面負責並予以解決。當然，學校有責任妥善處置突發事件以及管理好輿情，但其資源和能力有限，還需要家庭、社會和政府的多方支持和配合，形成合力，共同承擔起教育和保護學生的重擔。

（三）學校在突發事件中的身分定位不適當

在學校突發事件發生後的輿情中，社會往往把一切責任推向學校，學校的身分常常被網民主觀地界定為「強者」。網民們受情緒感染群情激憤，「嫌富愛貧」的「弱者思維」表現得非常明顯，紛紛關注事件發展，形成關愛弱者、同情弱者、幫助弱者的輿論場。在對待強者和弱者的問題上，大家習慣於從弱者的角度去進行價值判斷。學校發生突發事件，學生經常被看作是弱勢群體，是群眾同情和支持的對

象，而學校被視作強者，是網民認定的責任方。這種對強者和弱者身分的主觀界定，有悖於對制度、道德規範的尊重。社會民眾情感、態度的支持映射到輿情中，就會導致學校責任的無限擴大以及輿論一邊倒地對學校進行質疑和指責，使學校面臨強大的輿論壓力。

三、健全學校突發事件網絡輿情管理的思路與對策

自媒體時代，新的傳播生態和格局已形成。突發事件發生後，「眾聲喧嘩」已成常態，僅僅依靠學校一己之力很難有效應對，需要各級政府、宣傳、網信、教育、公安等部門緊密配合，共同建立綜合的輿情管理機制，落實輿情管控主體責任，把輿情中提出的問題解決好，把出現的矛盾協調好，切實提升突發事件輿情危機管理、應對和處理能力。

通過到各地調研，分析和總結大量案例，我們認為，各級學校要高度重視突發事件輿情工作，依靠政府相關部門，加強和完善對輿情的管理，引導突發事件的輿情方向，建立起輿情收集、分析、研判、處理機制，明確各級黨委和政府各部門主要負責人是輿情應急管理工作的第一責任人，樹立輿論引導與事件處置同等重要以及善待、善用、善管媒體的觀念，建立輿情監測、危機應對、總結評估的三大機制，避免或遏制各種突發危機事件對學校和政府產生負面影響。

（一）建立學校突發事件輿情監測分析和應急預警機制

教育部門和學校應主動適應新媒體時代信息傳播規律，加強突發事件輿情應對，快速發現，高效處置，及時回應輿論關切，避免不實的碎片信息在網絡傳播和社會蔓延。因此，必須建立以下機制：

第一，建立輿情監測機制。輿情監測是對網絡平臺社會公眾的言論和觀點進行監視和預測。學校突發事件發生時，相關信息會短時間內通過互聯網迅速傳播，引發網民圍觀和熱議。特別是一些非理性議論和謠言，如果不及時採取有效的措施進行監測和應對，往往會造成難以預料的結果。進行網絡輿情監測對於學校來說非常重要，完善的信息資源可以準確地把握網民的思想軌跡。要加強日常監測和特殊時期的重點監測，關注網民的主流聲音和負面情緒，對發現的問題要做到化解得了、控制得住、處理得好，對一時不能解決的，要耐心細緻地做好說服教育工作，採取穩控措施，防止事態擴大。同時，要做好輿情信息收集整理，及時向相關部門報送反饋。

第二，建立輿情常態預警機制。對於學校輿情事件的苗頭要及時反饋，做好預警防範。一方面，要建立信息報送的常態工作機制。每個學校要安排專門的人員重點負責網上輿情信息的收集和報送工作，基本上做到突發性、敏感性輿情的快事快報，專事專報。針對突發事件，建立第一時間發現、第一時間報告的機制，為突發輿情事件處置贏得寶貴時間。另一方面，建立學校風險評估機制和突發事件監測機

制。充分考慮可能爆發輿情的各種風險，充分評估，做足預案，制定輿情應對的操作手冊。對輿情真偽進行甄別，對影響因素、來源進行分類和定向，增強輿情預警的及時性和可靠性。要用好大數據和雲計算技術，加強對輿情信息和公眾報告信息的研判，讓其更好地為輿情預警服務。

第三，建立輿情快速反應機制。學校突發事件發生後，學生、家長和網民不僅關注突發事件的本身，而且還關注突發事件的原因、事件的進展以及與事件相關的其他一些情況，特別是學校對事件處理的態度和方式。網民形成或擴大輿情的過程，其實是期盼事件能夠得到合理解釋的一種方式。如果等待回應的時間過於漫長，他們對學校的處置工作便會產生懷疑，進而負面情緒就會大量匯聚，發展到一定程度可能會產生對抗情緒。因此，學校和教育主管部門必須建立輿情快速反應機制，第一時間進行信息公開，及時通過微博、門戶網站、新聞通報會以及媒體專訪等形式，向社會公開學校對事件處理的方式方法、進程以及措施，加強與網民的良性互動，及時準確、全面客觀地發布權威信息，解答公眾的質疑，提高事件信息的公開和透明度，讓公眾瞭解事實真相，有效控制負面輿情，防止虛假信息肆虐和蔓延，取得輿情引導的主動權。

(二) 建立校園突發事件的輿情危機應對機制

面對校園突發性事件，學校要結合新媒體傳播的具體特徵，建立健全完備的輿情危機應對機制，以應對瞬息萬變的輿情，第一時間化解輿情危機。

第一，建立輿情信息研判報告機制。通過互聯網瞭解情況，研判事態進展，主動查找工作中存在的不足與疏漏，增強工作的前瞻性、科學性、系統性。在日常輿情監測中，一旦發現有預警性、傾向性、苗頭性的輿情，要及時報告給學校主要負責人。對已經發現的有必要高度重視的輿情風險，但本地區本部門又無法解決的，應抓緊時間逐級上報，聯動處置，並提早建立口徑庫和預防輿論炒作的應急預案。同時，密切關注輿情發展態勢，對輿情層級、擴散速度和預期後果即時分析、跟進研判。

第二，建立分級分類協同應對機制。輿情應對工作涉及面廣，可能涉及多個部門，要建立健全以涉事學校為主體，由宣傳、網信、國安、公安等部門共同組成的輿情處置聯席會議機制或領導小組。校園輿情發生後，一般性輿情和重大輿情要實行分類管理、分級負責，構建多部門統籌協調、上下聯動的格局，形成突發事件網絡輿情應對的合力。這既需要輿情應對的各部門之間聯合行動，也需要上下級部門之間聯合行動，甚至包括與媒體之間的有效聯動和溝通。各部門之間高效的聯合行動需要有效的溝通協調，做到步調一致、口徑一致、行動一致，才能提高輿情的應對效果。尤其是面對重大輿情，要緊急啟動會商研判應急聯動機制，報告上級部門，通知主流媒體，學校領導、職能部門、涉事單位、輿情專家等應聯合商討研判，既重視結論公開，更重視過程細節公開，實現有效溝通，疏導網民情緒，避免矛盾激化。

第三，建立信息發布與輿論引導機制。輿情出現後，學校和政府有關部門首先要積極應對，第一時間通報事實情況，披露真相，回應民眾的質疑，妥善處理相關事情。任何欺瞞掩蓋、掩耳盜鈴的做法只會為謠言產生及傳播提供空間，坦誠相待、化堵為疏才是正解。注意利用新媒體正面發聲，形成主流輿論，最大限度地避免或減少公眾猜測和新聞媒體的不準確報導，有效掌握話語權和主動權，營造良好的輿論氛圍。謹慎選擇信息發布的口徑、平臺、時機和內容，根據輿情的關注點，主動設置議題，迅速發布事件調查的即時信息，及時澄清不良信息，形成主流輿論，讓主流聲音占領輿論場。要充分尊重新聞規律，善待媒體，巧用媒體，做到借力打力，甚至利用輿論化解危機，推動新媒體尤其是自媒體成為弘揚社會正氣、通達社情民意、引導社會熱點、疏導公眾情緒的重要陣地。

(三) 建立學校突發事件輿情處置的總結評估機制

第一，建立輿情處置的總結反思機制。當學校的突發事件輿情平息後，教育主管部門要組織召集相關職能部門對學校突發事件輿情的發生原因、傳播特點以及處置情況進行總結分析，從信息報送、人員傷亡、財產損失、應急指揮、醫療救治、新聞發布、社會影響、善後處理、評論評價等方面開展詳細的分析和研究；對輿情處置進行事後評估，對處理的效果做出客觀評價，有效地總結經驗，發現漏洞和不足，從中吸取經驗和教訓，以進一步提高學校應對和處置輿情的能力，避免此類事件的再次發生。要對學校突發事件的網絡熱點輿論的發生、傳播和處置情況進行總結、梳理，編寫典型案例，反思工作得失，形成書面報告和建議，提出可供其他學校借鑑的規律性經驗。

第二，建立輿情處置的調查評估工作機制。要對輿情中發現的問題，不護短、不迴避、不推諉，深入剖析原因，建章立制，堵塞漏洞，從根源上減少輿情危機的發生。建立健全學校突發事件調查評估指標體系。政府部門要對輿情引導控制不力、發生重大輿情事故、造成工作被動、損害黨和政府形象的單位和個人嚴肅處理。教育系統每年開展一次學校突發事件典型案例研討會，通過典型案例分析，總結經驗，加強對應急管理的深度認識，提高應對類似事件的處置能力和管理水準。

(四) 建立校園應急管理能力的提升、培訓和考核機制

教育主管部門要持續改進應急管理工作，加強學校應對突發事件輿情的專項培訓，加強各級領導和相關工作人員的「輿商」建設，提高教育部門管理人員的媒體溝通能力和輿論引導能力，牢固樹立「主動發聲、化危為機、精細管理」的網絡輿情工作理念。

結合過去對學校應急管理績效考評的經驗與教訓，完善應急管理工作績效考核標準，加強對應急管理組織體系建設、應急預案及演練、應急值守、監測預警、宣教培訓、信息報送、回應速度、指揮協調、信息公開、處置效果和善後處理的考核，使工作績效考核標準更加全面、客觀、公正。

教育部門要出抬學校突發事件處置督查辦法，提高教育應急管理機構的權威性

和協調性，規範重特大突發事件處置與善後工作。建立教育部門應急能力評估和考核工作機制，促進上級教育主管部門對下級教育主管部門應急管理工作的績效考核和能力評估工作。

　　新媒體時代，只有切實完善相關管理機制，加強輿情管理，拓寬輿情監督渠道，加大信息透明度，才能進一步促進學校突發事件輿情管理常態化、規範化，才能更好地避免群眾因偏聽偏信產生的誤會和不滿情緒，減少負面輿論，提升政府的公信力和社會凝聚力。

參考文獻：

　　［1］閃淳昌，薛瀾. 應急管理概論［M］. 北京：高等教育出版社，2012.

　　［2］王宏. 學校突發事件網絡輿情的管理［J］. 教學與管理，2016（25）.

　　［3］常魏魏. 論群體性突發事件網絡輿情的演變機制［J］. 西部廣播電視，2015（17）.

　　［4］曾泉勝. 網絡輿情應對技巧［M］. 廣州：廣東人民出版社，2017.

　　［5］李煜婕. 高校應對突發事件網絡輿情的難點及對策研究［J］. 高教學刊，2016（5）.

　　［6］江瑞芳. 高校突發事件網絡輿情應對的幾點思考［J］. 福建醫科大學學報（社會科學版），2016（1）.

　　［7］楊豔. 自媒體時代高校突發事件網絡輿情應對研究［J］. 科技展望，2015（11）.

　　［8］嚴利華，宋英華. 非常規突發事件網絡輿情的關鍵要素和發生邏輯［J］. 中國應急管理，2015（4）.

自媒體視域下地方政府突發事件輿情引導策略研究

張力文[①]

[摘　要] 近年來，在自媒體時代個性化、即時性、普泛化等特徵的影響下，自媒體在突發事件輿情引導中表現出明顯的「雙刃劍」作用。在突發事件發生後所形成的自媒體輿情，往往會給地方政府造成巨大的輿情壓力。在自媒體輿論環境日益複雜的視域下，地方政府突發事件輿情引導的能力顯得尤為重要，直接關係到政府形象的樹立和公信力的構建。因此，如何應對自媒體時代下突發事件的社會輿情變化，掌握輿情引導的主導權，利用好自媒體這把「雙刃劍」，是當前地方政府順應網絡時代執政環境的深刻變化的必然趨勢。

[關鍵詞] 自媒體；突發事件；輿情引導。

近年來，隨著網絡技術和移動終端等現代科技的興起，以微信、微博、社交網絡服務應用等為代表的自媒體迅速發展。自媒體時代是指以個人傳播為主，以現代化、電子化手段，向不特定的大多數或者特定的單個人傳遞規範性及非規範性信息的媒介時代。在突發事件發生後所形成的自媒體輿情，顛覆了傳統的傳播秩序和傳播方式，往往會給地方政府造成巨大的輿情壓力。在「上海外灘踩踏事件」中「上海發布」存在著信息傳播缺乏完整性與多元化，傳統媒體與新媒體、微博與微信之間的協同聯動不夠，與網民互動不足，官僚作風嚴重等問題。在「青島天價大蝦事件」「麗江遊客被打毀容事件」「瀘縣太伏中學學生死亡事件」等案例中，出現了小微輿情熱點化、線上線下聯動化、「塔西佗陷阱」效應顯現化、情緒表達極端化等自媒體輿情發展的新特徵，給政府處置突發事件帶來了巨大的挑戰。在自媒體時代個性化、即時性、普泛化等特徵的影響下，輿論環境日益複雜，地方政府突發事件輿情引導的能力顯得尤為重要，直接關係到政府形象的樹立和公信力的構建。

---

① 張力文，四川省委黨校四川行政學院「5/12」汶川地震災害應對研究與培訓中心副教授。研究方向：應急管理。

一、自媒體輿情在突發事件處置中具有「雙刃劍」的作用

隨著廣大公眾成為媒體傳播的主體和客體，自媒體已成為公眾分享信息，表達觀點、意願和訴求的一個重要平臺，成為社會輿情的「風向標」和「晴雨表」。由於這種言論自由的匿名性和無序性，在突發事件發生後，人們通過微博、微信、博客、BBS等平臺發表自己的看法、觀點和意見，甚至發表一些非理性的言論，宣洩自己的不滿情緒，影響民眾輿論場，因此自媒體表現出明顯的「雙刃劍」特性。作為「雙刃劍」的自媒體，帶來的是媒介運行模式和輿論格局的根本性轉變，無論是從積極方面還是消極方面而言，自媒體釋放的力量都是無比強大的，它正深刻地改變著傳統的媒介政治生態。

（一）自媒體能有效發揮公眾輿論監督、問責議政、互動交流的作用

自媒體沒有空間和時間的限制，且受益於數字科技的快速發展，加之基礎設備的大量普及，任何時間、任何地點，任何人都可以經營自己的「媒體」，發布屬於自己的「信息」，這使信息的傳播出現史無前例的高速度。自媒體的發展和成熟，為廣大網民提供了一個自由互動、表達民情民聲的有效渠道，個人也能自由地表達意願。自媒體不僅體現其工具特徵，而且對於社會的發展也有著促進作用，它不僅給人們提供了一種新的交流方式，也帶來了更多的溝通機會，使得公眾參與和表達成為一種普遍性的生活方式，它既促使人們樂於提出自身的利益訴求，又培養了公民參政議政的能力，並且提升了公民關注社會公共事務的積極性。

自媒體時代下，公眾借助自媒體力量隔空喊話、自由發聲、抗爭動員、參政議政，借助「曝光」和「圍觀」的力量檢舉問責、鞭笞腐敗、追問真相、傳遞正義。小到衣食住行、人間社會百態，大到治國理政方略、內政外交決策，自媒體正點燃社會大眾關心時事政治和國家事務的強烈熱情。基於自媒體生成的草根問責和民意表達，正形成強大的輿論氣場。自媒體下的多核心傳媒方式，尤其是微博、微信的異軍突起，瞬間引燃了公眾對各類突發事件的關注，自媒體逐漸成為公眾表達自身利益訴求，維護自身權利的重要途徑。因此，在突發事件發生後，自媒體能有效發揮輿論監督、問責議政、互動交流的作用，能夠激揚民氣、凝聚人心、傳播正能量、穩定社會。

（二）自媒體輿情的非理性蔓延導致突發事件處置危機

自媒體的傳播框架讓廣大公眾得以參與進來，但同時也降低了媒體的門檻，低質量、超負荷的信息，讓真正有意義的輿論難以準確表達，讓別有用心的投機分子魚目混珠，同時也讓地方政府的宣傳和輿論引導工作變得舉步維艱。隨著自媒體時代下話語權的充分釋放，在「全民皆發聲」的微時代，不負責任的個性化言論，突破倫理底線的肆意言說，惡意的炒作、蠱惑和煽動，使得「網絡推手」「網絡水軍」「網絡爆料」等隨處可見，無序化、功利化和利益化的自媒體時代呈現出眾生喧嘩

的嘈雜景象。

自媒體是現實的「鏡像」，現實中的絕大部分輿情焦點都會在自媒體中得到呈現。自媒體也成為當今民意表達最為洶湧的平臺，它為受阻的利益訴求提供了宣洩場所，也促進了大眾負面情緒自由釋放。網絡中的個體更容易拋棄社會行為規範的約束，能更加大膽地傾訴、發泄，而且在多元化中心的非線性傳播模式下，怨恨情緒在互動的過程中又會被進一步放大，在自媒體的「評論+轉發」的互動模式下，轉發用戶很容易產生負面情緒的認同感。突發事件發生後，常常出現假信息、標題黨、謠言、假新聞、偏激觀點與新聞信息混雜無序等情況，從而混淆是非、擾亂視聽，對突發事件的應對處置產生負面影響，甚至引發網絡輿情危機，影響政府公信力和形象。新的自媒體陣地為草根化社會的表達創造了條件，但同時卻也隱藏了難以預知的風險，為各地政府的輿情引導工作帶來了新的挑戰。

二、地方政府在突發事件自媒體輿情管理中存在的問題

儘管一些地方政府在面對自媒體帶來的強大壓力和不適應時，也嘗試性地在制度機制方面做出了調整和轉變，對自媒體的重視程度不斷提高。但是，我們在看到這些積極變化的同時，一些地方政府和黨政領導幹部在應對自媒體時所表現出來的問題不得不引起反思和重視。特別是在網絡突發事件處置過程中，個別政府部門缺乏處置經驗及相關技巧，從而錯失解決問題的最佳時機，由於應對不及時導致處於輿論引導的被動局面。目前，地方政府面對突發事件自媒體輿情引導存在的種種不適應突出表現為以下四個方面。

（一）地方政府對自媒體輿情引導缺乏預警性和敏感性

一是對輿情管理的認識不到位。一些地方政府把輿情監測視為輿論監控，作為突發事件網上輿論的「滅火」手段，而不是通過輿情監測及早發現問題苗頭、瞭解公眾訴求、研判輿情走向、把握輿情演變規律、適時調整應對策略，「掌舵」兩個輿論場，最終化解輿情危機。一些地方政府由於缺乏必要的危機公關意識，在突發事件發生時封鎖信息、掩蓋事件真相，認為這樣能夠減少突發事件中負面信息對社會造成的不良影響，有效防止負面信息的傳播。

二是對自媒體輿情監測的預警能力不足。從自媒體輿情監測現狀來看，很多部門的監測手段普遍以人工輿情搜索為主，存在輿情信息源整合不夠、圖片和影像監測難度大、信息採集質量不高、大數據挖掘研究不足、信息分析深度不夠、科學系統的預警研判指標體系較為缺乏，輿情研判預警不及時等問題。當自媒體內容真假難辨、信息安全性降低的時候，輿情就會在民眾恐慌中產生巨大的推動作用，如果監管部門在自媒體輿情形成擴散的短時間內認識不足、應對遲緩、風險評估不夠，就很有可能演變成為輿情危機，並進而轉化成為現實中的群體性事件。

三是對自媒體監測預警的覆蓋面不廣。目前輿情監測主體主要是地方政府宣傳

部門和輿情中心，很多其他政府職能部門沒有專門的機構、人員和技術開展輿情監測預警工作，特別是在基層政府，輿情監測的能力和手段更加薄弱。當突發事件爆發時，難以找準自媒體輿情導控的切入點，應對工作往往陷入被動局面。

（二）地方政府缺乏針對自媒體輿情引導的聯動機制

一是缺乏快速高效的信息處置機制。突發事件發生後，往往因為信息不暢通、溝通不及時，導致輿情引導無法快速介入，造成政府工作被動。事發地的地區和部門在全力處置、控制事態的同時，常常會忽略及時與應急新聞處置領導小組進行溝通，共同會商評估事件的性質、情節與影響，通過科學合理的過濾、綜合和解析，制訂妥善周全的新聞應對方案，從而確保輿情引導和新聞發布更好地服務於突發事件處置。

二是缺乏有效的溝通渠道和順暢的聯動機制。目前，突發事件自媒體輿情管理主要遵循「屬地管理、分級負責」和「誰主管、誰負責」的原則。在信息溝通過程中，事發的責任地區和部門通常會存在「博弈」心態，要麼只講性質不講情況，要麼只講情況不講性質，將突發事件輿情引導全盤推給新聞部門處置。而新聞部門有時會缺乏主動靠前的意識，導致部門間不能共同協作。在應對跨地區、跨部門、跨行業的重大突發事件時，由於各部門權責不明，加之缺乏有效的溝通渠道和順暢的聯動機制，很難在有限時間內開展高效的協調聯合行動，「及時說」「主動說」的局面自然難以實現。

三是尚未形成跨地區、跨部門、跨行業的自媒體矩陣。大部分的地方政府沒有重視和強化自媒體信息介入，因此不利於形成交互發聲、聯動發力的輿情引導機制。突發事件發生後，各地各部門新聞發言人沒有介入事件處理的全過程、第一時間進入現場、掌握第一手材料、參與事件的決策與處置，沒有做到心中有數，趨利避害，從而無法做到新聞發布更好地服務於突發事件。以天津港「8·12」火災爆炸事故為例，事發當晚，自媒體輿論場就開始瘋狂轉發相關視頻，輿論熱度迅速攀升，多個焦點問題亟待回應。然而，到事發第二天上午，官方給出的信息都很少，呈現為權威信息發布的遲滯和官民溝通的不暢；前幾次新聞發布會上，各部門發言人也多是「王顧左右而言他」，引發網民猜疑。

（三）領導幹部缺乏自媒體輿情引導的綜合應對能力

一是領導幹部對自媒體認識不足。近年來，雖然地方政府信息公開途徑增加，力度加大，回應突發事件的能力有所提升。然而，一些領導幹部對自媒體的認識還不夠。面對陡然高漲的自媒體網絡輿情，部分官員依然存在反應遲鈍、應對乏力的現象，或恐懼自媒體，導致不敢為；或放任自媒體，導致不作為；或輕視自媒體，導致不屑為；或存在「搞定就是穩定」「擺平就是水準」的錯誤觀念。究其根本，是領導幹部自覺運用自媒體的意識淡漠，熟練運用自媒體的能力不足。

二是領導幹部缺乏應對自媒體輿情的方法技巧。在一些地方和部門，領導幹部對於自媒體的輿情管理較為簡單粗暴，往往從技術層面控制信息流，或是運用行政

手段刪除負面信息。甚至部分官員認為，最壞的方案就是斷網，一個機器不行，就斷一個機房；一個機房不行，就斷一個區。「大道不暢，小道必猖」，權威信息匱乏，社會信任缺乏，必然引發謠言，甚至陷入「塔西佗陷阱」。瀘州瀘縣太伏中學事件在初期由於官方信息缺失，自媒體無序傳播，引發謠言四起，釀成全國性的輿情事件，就是一個深刻教訓。

三是缺乏領導幹部應對自媒體輿情失誤的免責機制。對於領導幹部在應對自媒體時的一些失誤，還沒有建立系統的免責機制和包容機制，導致部分領導幹部不敢大膽回應自媒體輿情。往往等到事情鬧大了、謠言四起了、局勢難以控制了或者上級部門明確要求了，他們才站出來說明情況，此時卻已錯過輿論引導的最佳時機。

（四）地方政府在自媒體輿情引導中「少法可依」和「有法難依」

在中國互聯網法律體系中，存在立法落後於互聯網發展、管理脫節、權力交叉、責任不清的現象。關於互聯網個人行為的法律約束仍然滯後，法律法規數量不多且執行不力，給很多人提供了鑽「空子」的機會。雖然互聯網要求實名制，但從實際操作來看，對用戶提供真實身分信息如何執行沒有具體法律解釋，對冒用他人身分註冊帳號的行為如何懲處沒有明確規定，加之現階段從技術上難以實現個人信息與主機綁定，無法驗證身分與終端的一致性，因此「人機不一致」現象泛濫，導致對自媒體的監管難，使一些自媒體人的違規違法成本低，往往不顧事實本身，專挑搶眼球的話題來討論，「標題黨」如雨後春筍般層出不窮，有些發聲甚至觸碰了法律底線，造成了嚴重的負面影響。

三、突發事件中用好自媒體「雙刃劍」的輿情引導策略構建

自媒體以強大的影響力、滲透力和獨特的互動性、流動性，加劇了突發事件局部問題全局化、簡單問題複雜化、個體問題公眾化、一般問題熱點化的趨勢。如何應對自媒體時代下突發事件的社會輿情變化，掌握輿情引導主導權，利用好自媒體這把「雙刃劍」，是當前地方政府順應網絡時代執政環境的深刻變化的必然趨勢。

（一）加強突發事件自媒體輿情監測預警，構建全媒體融合工作平臺

一是建立突發事件自媒體輿情監測預警平臺。在常態預警機制層面，各級黨委政府需要通過構建「全媒體融合工作平臺」，實現「播、視、報、網」的全媒體融合，依託此平臺建立多層次、全方位、全屏全網、全時段、全天候的輿情信息監測、採集和報告機制。利用平臺強大的數據統計分析能力，及時掌握自媒體輿論動態，並通過與用戶在線交流等方式進行輿論引導、民情搜集和需求解答，準確把握自媒體輿情的特點與發展趨勢，按照輿情的生命週期建立分級輿情監測和研判機制，從而有效指導和快速應對線下應急處置和線上引導工作。

二是建立突發事件風險評估和監測機制。在非常態預警機制層面，在發布重大政策、啟動重大工程、開展重大活動前，充分評估可能出現的自媒體輿情的各種風

險，做足預案，制定輿情應對操作手冊和輿情預警標準，設定不同等級的預警辦法。在輿情演變的各個階段，適當根據輿情演變的趨勢，調整信息搜集監測的力量投入和重點內容，突出搜集監測重點，提升信息搜集和風險評估的運行效率。

三是建立突發事件自媒體輿情甄別研判工作機制。各級地方政府宣傳部門和輿情中心等專業部門要對突發事件自媒體輿情的真偽進行甄別，對影響因素、來源進行分類和定向，增強輿情預警的及時性和可靠性。相關專家和政府決策人員對輿情內容進行分析，識別輿情信息與事實的偏差，甄別信息內容，篩選代表性觀點，根據信息的關注度、認同度、持續時間、話題效應、輿情主體與事件的利益相關性等屬性，發現輿情中的重點和熱點，分析、預測輿情的發展趨勢。

(二) 健全突發事件自媒體輿情回應機制，提高輿情引導的「時度效」

一是完善突發事件自媒體輿情聯動機制。各級地方政府宣傳部門與職能部門要建立聯動應對輿情的合作機制，將該機制作為政府的常態工作，納入日常考核中。在突發事件發生時，各級黨委政府輿情引導領導小組要及時與相關部門及時溝通，建立「上下左右」合縱連橫的聯動機制，構建大輿情工作格局，有效銜接輿情監控部門、涉及問題的職能部門和輿情回應部門。

二是建立跨區域輿情應對專家聯動機制。各級地方政府需要廣泛動員高校、科研機構、企業的專家從事輿情研究和參與輿情引導工作，建立跨區域輿情應對專家聯動機制，提高輿情應對處置的科學性和實效性。建立相鄰地區跨區域專家聯動機制，當某地出現突發事件時，相鄰區域的專家學者可以快速聯動反應，在社會中充當輿論領袖，利用豐富的社會關係網絡，發揮專業研究和分析的特點，產生出各種觀點，吸引公眾的關注。

三是建立與自媒體意見領袖的溝通協調機制。各級地方政府要培育和壯大自媒體意見領袖的隊伍，密切關注意見領袖的動向和言論，召開不定期的溝通協調座談會。積極團結有正面影響力和正能量的意見領袖，鼓勵和激發意見領袖的社會責任感，發揮他們的號召和表率作用，在複雜的網絡輿情環境中引起人們對文化道德的重視，積極營造正能量氛圍，掌握主流意識形態的「話語權」。高度重視負面情緒高漲、負面能量泛濫的意見領袖，密切監督其思想和言論，及時避免其不實言論造成廣泛的負面影響。

四是建立公眾交流互動機制。各級地方政府需要創新「政府網絡發言人」實現形式，充分發揮政務微博、微信、微視頻在自媒體環境下的輿情引導作用。發布信息要體現服務性、貼近性、及時性、友好性，要結合地方色彩進行原創，採用活潑、詼諧、充滿人文素養的表達方式。對於群眾通過政務微博、微信反應的熱點、焦點問題，要建立反饋制度。

(三) 完善領導幹部培養制度，提升領導幹部的輿情引導能力

一是要提高各級領導幹部和黨員的媒介素養。各級地方政府需要通過培訓和宣傳，讓領導幹部學會運用自媒體傳播規律，弘揚主旋律，激發正能量，培育和踐行

社會主義核心價值觀，把握好自媒體輿論引導的時、度、效。領導幹部要敢於利用自媒體去獲取信息和知識，要在不斷強化自身修養和綜合素質的前提下，去選擇、判斷信息，去理解、詮釋信息，去研判和評估信息，去最大限度地享用信息。領導幹部還需積極培養真假信息的辨識、反思和質疑的能力，要主動借助自媒體發出主流聲音，增加和加強與媒體打交道、與社會公眾雙向溝通的頻次和能力，要巧妙地向媒體和公眾借力、借道、借光，積極引導主流輿論，整合社會民意，通過有效的媒介運作和媒體公關來不斷提高黨和政府的形象和公信力。

二是完善突發事件自媒體輿情引導人才培養制度。各級地方政府和各職能部門要構建一支高素質的輿情引導人才隊伍，按照人員的特長和崗位需求，合理分工，保證物盡所能、人盡其才，保障政府輿情引導機制高效運行。在短期的人才培養上，可以考慮將政府工作能力突出或者是媒體從業經驗豐富的人員作為政府新聞發言人。在長期的人才培養方面，應從「小」抓起，重視實踐鍛煉，培養網絡輿情分析師、網絡評論員、網絡傳播員等專業人才。

三是建立領導幹部輿情發布容錯機制。由於自媒體的開放性、隱匿性、隨意性等特質，對黨政領導幹部的媒介素養提出了非常高的要求。因此，各級黨委政府需要建立領導幹部輿情發布容錯機制，堅持「三個區分開來」，明確免予追責的條件、相關內容、邊界認定等，鼓勵各級領導幹部在突發事件中進行輿情引導時能夠積極作為，發揮積極性、創造性和擔當精神。

（四）健全突發事件自媒體輿情管理法律體系，推進自媒體的法治建設

一是完善政府自媒體管理的配套法規條例。各級地方政府要針對自媒體發展的規律和特點，依據《中華人民共和國網絡安全法》，不斷完善相關配套的法規、條例、標準，緊貼執法環境的需求和特點，明確各主體責任，規範立法語言。在保護公民言論自由的前提下，理清言論自由與輿情中傷的界限、言論自由與侵犯他人隱私的界限、虛擬空間與現實生活法律責任的界限，完善法律對公共突發事件中網絡輿情傳播行為的民事、行政、刑事責任的追究和規範。

二是完善應對突發事件的政府信息公開制度。政府部門必須學會由過去的宣傳控制者轉變為信息提供者，特別是在突發事件發生時，遵循輿情信息傳播規律，通過政府網站、「三微一端」、網絡媒體等促進突發事件信息全方位、立體化的傳播，充分發揮政府網站、網絡媒體的輿論引導作用，讓新聞發言人快捷、及時、真實地向社會發布信息，搶佔輿論的制高點，通過黨和政府權威的聲音，解疑釋惑，積極疏導自媒體輿論，贏得公眾的理解和支持，從而主動引導自媒體輿情朝著有利於問題解決的方向發展。

三是強化政府對自媒體應急法治的實施力度。各級地方政府要依法加強自媒體的社會管理，正確處理網民知情權和網絡管理的關係，加強網絡新技術、新應用的管理，確保自媒體客觀可控。建立嚴格的網絡傳播問責追責制度，加大對自媒體違法行為製造者和傳播者的懲處力度，依法查處並嚴懲事件的傳播者，適當加大對自

媒體造謠、傳謠等各種不良行為的打擊力度，改善網絡輿論的生態環境。強化媒體和公眾的社會責任意識，從而充分發揮法律的公平、公正的保障作用，積極介入互聯網管理，有效引導公共突發事件中的自媒體輿情。要依法加強自媒體的社會管理，加強網絡新技術、新應用的管理，確保自媒體的客觀可控。

參考文獻：

[1] 王國華，魏程瑞，楊騰飛，等．突發事件中政務微博的網絡輿論危機應對研究——以上海踩踏事件中的@上海發布為例［J］．情報雜志，2015（4）：26-29．

[2] 楊光輝．2011至2015年突發事件中的政務微博研究綜述［J］．今傳媒，2016（7）：50-51．

[3] 朱彤．自媒體時代下突發涉警輿情引導研究［J］．北京警察學院學報，2015（4）：69-74．

[4] 倪明勝．自媒體時代下的領導幹部需提升媒介素養［N］．學習時報，2013-05-06（009）．

[5] 席曉華．移動互聯網時代的網絡輿情引導［J］．科技傳播，2015（8）：97-98．

[6] 曾慧華．政府應對突發事件輿論引導的策略［J］．四川省社會主義學院學報，2014（4）：38-40．

[7] 萬茹．自媒體視域下的輿情引導策略研究——以淮安市為例［J］．產業與科技論壇，2016（15）：276-277．

[8] 黎昱睿．新媒體時代政府信息公開及網絡輿情引導［J］．新聞愛好者，2014（5）：65-68．

[9] 龍易易．公共突發事件中網絡輿情的政府引導機制研究［D］．成都：電子科技大學，2014．

[10] 趙振宇，焦俊波．加強系統構建，提高對突發事件的輿論引導能力［J］．新聞與寫作，2012（7）：5-8．

媒體融合背景下的突發事件輿論引導力提升研究

柯曉蘭[①]

[摘　要] 隨著互聯網的發展，突發事件輿論引導面臨困境。當前，傳統媒體和新興媒體深度融合，這既是媒體自身的改革轉型發展，又為突發事件輿論引導提供了更多的平臺、渠道和更高要求。本研究從建設新媒體融合生態系統、加強政府與媒體聯動、積極打通兩個「輿論場」、加強媒介素養教育四個方面對提高突發事件輿論引導力進行了探索。

[關鍵詞] 媒體融合；政務新媒體；突發事件；輿論引導。

近年來，互聯網加速發展，新媒體迅速崛起，傳統媒體與新興媒體融合發展，傳媒生態產生巨大變化，輿論格局發生深刻變革。在媒體融合發展這一背景下，如何集聚媒體力量，當好突發事件的「第一定義者」和「第一解釋者」，讓權威聲音跑在謠言前頭，提升輿論引導力，成為亟待解決的課題。

一、當前突發事件輿論引導存在的突出問題

突發事件是指突然發生，造成或者可能造成嚴重社會危害，需要採取應急處置措施予以應對的自然災害、事故災難、公共衛生事件和社會安全事件。近年來，突發事件發生後，各類信息經由網絡迅速發酵，較短時間內就形成強大的網絡輿論。過去採取的輿情應對之法，已經很難奏效，甚至可能引發輿情「次生災害」。

（一）社會發展轉型期突發事件頻發，凸顯突發事件輿論引導之急

隨著中國經濟進入新常態、改革步入深水區，社會結構、文化形態、價值觀念等發生深刻變化，社會階層和利益群體逐漸分化，各種問題錯綜複雜，各類深層次矛盾日益凸顯，加之近年來世界範圍內自然災害時有發生，各類突發事件呈現出高發、頻發態勢。

[①] 柯曉蘭，中共四川省委黨校四川行政學院決策諮詢部研究人員，研究方向：文化與傳媒。

突發事件發生後，各類信息良莠不齊、真假難辨，經由數量龐大的網民迅速傳播。境外敵對勢力趁虛而入，通過煽風點火、惡意造謠、謾罵誹謗、挑撥離間、移花接木等方式推波助瀾，攪動輿論渾水，煽動網民不滿情緒，借機攻擊黨委政府，妄想將簡單問題複雜化、一般問題體制化、社會問題政治化。如今，突發事件不僅是一個社會問題，更是一個政治問題。在當前輿論環境空前複雜的情況下，闢謠的速度和傳播力遠沒有造謠、傳謠來得容易和猛烈，開展及時、正確、有效的突發事件輿論引導顯得尤為迫切。

（二）互聯網發展帶來新媒體的龐雜信息流，凸顯突發事件輿論引導之難

媒體指傳播信息的媒介，是人借助用來傳遞信息與獲取信息的工具、渠道、載體、仲介物或技術手段。當前，由互聯網催生的新媒體已發展成公眾分享信息、交流觀點、表達訴求、監督社會的重要平臺。信息傳播方式從傳統自上而下的「瀑布模式」轉變為自下而上的「蒸汽模式」。

根據中國互聯網絡信息中心（CNNIC）發布的第 40 次《中國互聯網絡發展狀況統計報告》，截至 2017 年 6 月底，中國網民規模達 7.51 億，人均周上網時長為 26.5 小時，互聯網普及率達到 54.3%，超過全球平均水準 4.6 個百分點。手機網民占比達 96.3%，除手機即時通信外，手機網絡新聞需求排在第二位，網民使用率為 82.4%。新媒體尤其是自媒體，集人際傳播與大眾傳播為一體，是一種典型的「全民傳播」，被視為社會輿情的「風向標」和「晴雨表」，推動著社會輿論不斷向前發展。

從近年來全國各地突發事件的輿情來看，新媒體輿論呈現出「參與渠道廣泛、傳播時空無界、觀點即時交互、去中心化、價值觀念多元、意見表達失範、人際單向傳播」等一系列新特徵，極易造成相關信息被層層加工、歪曲變形，形成龐雜的信息流在網絡空間無序流動。在信息傳播多元化的今天，準備把握輿情，及時、充分、準確發布權威消息，回應民眾關切，是突發事件輿論引導面臨的重要任務。

（三）網絡環境下領導幹部媒介素養不足，凸顯突發事件輿論引導之困

近年來，雖然地方政務公開途徑增加、力度加大，回應突發事件的能力有所提升，但是輿情引導困局難破仍是不可迴避的事實。

梳理近年來的突發事件輿情應對案例，不難見到一些「惜字如金」的官方發布、部分「防火防盜防記者」的地方官員、個別妄想「封、堵、躲、壓、瞞」的基層幹部、類似「為黨說話還是為人民說話」的雷人雷語。部分領導幹部重事件處理輕信息發布、重輿情控制輕輿論引導，面對陡然高漲的輿情反應遲鈍、應對乏力，或恐懼新媒體，導致不敢為；或放任新媒體，導致不作為；或輕視新媒體，導致不屑為。個別官員還存在「搞定就是穩定」「擺平就是水準」的錯誤思想，往往從技術層面或用行政手段控制信息流。

同時，目前還沒有建立起相應的容錯機制和免責機制，部分官員不敢大膽回應輿情，往往等到事情鬧大了、謠言四起了、局勢難以控制了或者上級部門明確要求

了，他們才不得不站出來說明情況。殊不知，「大道不暢，小道必猖」，權威信息匱乏，社會信任缺乏，謠言必然愈演愈烈。上述做法不僅不能降低影響，反而極易陷入「塔西佗陷阱」，導致政府部門公信力不斷下滑，甚至可能造成公眾的習慣性質疑。

二、媒體融合發展為突發事件輿論引導帶來機遇和挑戰

2014年8月18日，中央全面深化改革領導小組第四次會議審議通過了《關於推動傳統媒體和新興媒體融合發展的指導意見》，將媒體融合上升為國家戰略。自此，互聯網思維成為推進媒體融合的核心思想，新聞媒體掀起新一輪深刻變革。推進媒體融合，不僅是新聞媒體實現信息傳播形態的改革轉型，更是地方黨委政府加強輿論引導的利器，為突發事件輿論引導帶來了新的機遇和挑戰。

（一）中國媒體融合發展現狀

進入互聯網話語時代，傳統媒體多年建立起來的影響逐漸被新興媒體超越。基於此，積極推動傳統媒體和新興媒體的融合發展成為搶占話語權的現實所需，互聯網空間成為輿論引導不可忽視的重要陣地。

「媒體融合」的概念最早由尼古拉斯·尼葛洛龐蒂（Nicholas Negroponte）、阿爾文·托夫勒（Alvin Toffler）於1960—1970年提出，他們從計算機技術層面預言：人與人將通過電腦程序實現全方位互動，電腦程序成為融合所有媒體的通道。美國馬薩諸塞州理工學院教授浦爾站在受眾和社會學角度，在 Technologies of Freedom 中闡述：「媒體融合是指各種媒介呈現多功能一體化的趨勢。」如今，該概念已經歷了50餘年的發展，被各國、各地區媒體實踐者予以不斷豐富和強化。

在「中央深化改革領導小組」第四次會議上，習近平總書記強調，推動傳統媒體和新興媒體融合發展，要遵循新聞傳播規律和新興媒體發展規律，強化互聯網思維，堅持傳統媒體和新興媒體優勢互補、一體發展，堅持以先進技術為支撐、內容建設為根本，推動傳統媒體和新興媒體在內容、渠道、平臺、經營、管理等方面的深度融合，著力打造一批形態多樣、手段先進、具有競爭力的新型主流媒體，建成幾家擁有強大實力和傳播力、公信力、影響力的新型媒體集團，形成立體多樣、融合發展的現代傳播體系。媒體變革的發令槍已響，融合發展邁出堅實的步伐。三年多來，各級媒體搶抓機遇，從平臺搭建到技術研發，從採編流程再造到渠道創新，從產品打造到人才培養，從「簡單疊加」到「深度相融」，各大媒體集團多方發力，努力求新求變、向前突圍。主流媒體傳播陣地得到拓展，主流媒體聲音傳播半徑擴大，網絡輿論生態日益清朗。

（二）媒體融合為黨委政府培育輿情支持帶來新機遇

隨著傳統媒體和新興媒體的深度融合，其傳播速度、傳播渠道和覆蓋程度超過了過去任何一個時期。媒體融合發展為各級地方政府回應突發事件輿情提供了更為

多樣的服務平臺、更為快捷的傳播渠道、更為豐富的表達方式，便於輿情發酵初期就能開展止謠疏導。同時，媒體融合發展所形成的輿論合力，能以更有效的方式吸引更多關注、疏導公眾情緒、開展法理討論、促成理性認識，培育更為積極、健康、理性的社會政治態度。

一是各級政府加快「互聯網+」建設，搭建多樣化電子政務平臺。政務新媒體蓬勃發展，各地在改造官方網站的同時，積極建設「兩微一端」（政務微博、政務微信、政務服務客戶端），同時入駐人民日報、新華社等主流媒體客戶端，一大批政務新媒體品牌進入公眾視野。不少地方已形成政務新媒體矩陣，從過去單一的政務公開、突發輿情應急發布到常態化新聞輿論宣傳、為民服務辦實事等多元功能。隨著各政務服務平臺用戶數量的增多，其影響力逐步擴大，在突發事件和熱點事件報導中擔負起即時發布權威消息的作用，成為各類媒體信息的重要來源。

二是各大媒體「中央廚房」的數據資源對輿情監測起到重要作用。「中央廚房」作為當前傳媒領域最熱的關鍵詞，成為媒體融合的「標配」與「龍頭工程」，各大媒體紛紛發力建設。「中央廚房」大多擁有能監測全網熱點和發展趨勢的數據採集平臺，在為媒體選題提供參考的同時，能與政府的輿情採集平臺互為補充，較好地促進網絡輿情工作的展開。

(三) 媒體融合對地方政府輿論引導能力提出新挑戰

媒體融合背景下，輿論宣洩口和信息傳播途徑多元、多變，不確定性和不可控程度大幅度提升。如何提升輿論引導能力，實現既有力管控輿論又有效疏導情緒，是擺在各級政府面前的重要課題。

一是信息不對稱可能導致社會矛盾激化。隨著移動互聯網的發展，網民對政府信息公開的要求越來越高。雖然政府與網民的良性互動格局已經形成，但是還沒有完全適應媒體融合時代的信息傳播方式的變革，一些地方政府仍然存在信息公開不及時、不全面，面對公眾關切不回應或選擇性回應等問題，與網民的期望存在較大差距。

二是信息「拼圖」容易導致輿情次生危機。突發事件發生後，從事件相關人到利益相關者，從微博、微信、論壇等自媒體到網媒、紙媒、廣播、電視等官方媒體，大家通過交流、溝通各種信息片段做信息「拼圖」，第一時間尋求真相。然而，從事件發生到真相揭示是一個需要等待的過程，這個過程有時甚至是漫長的。由於各地權威信息發布渠道建設程度不一，若信息抵達用戶不暢，很容易出現網絡輿論的「溢出」現象。此時，輿論引導好，可能使事件處置事半功倍；輿論引導不好，網民的海量情緒得不到及時、有效的回應，則可能造成事態進一步惡化。

三是「屬地化」管理增加輿論引導難度。目前，中國地方政府網絡輿論引導遵循「屬地管理」原則，但是互聯網具有跨地域、無邊界、多用戶等特點，大多是設立遠程服務器，這就增加了地方政府引導輿論的難度。大量跨界但涉及本地的網絡輿論難以得到引導。突發事件大多出現在基層，然而，越到基層，跨界輿論引導的

能力越是欠缺。

三、以媒體融合發展提升突發事件輿論引導力

在這個「人人都有麥克風、個個都有話語權、時時能開發布會」的時代，互聯網已成為思想文化信息的集散地和社會輿論的放大器，新媒體的傳播速度和傳播範圍遠遠超過傳統媒體。更新傳播方式、升級傳播理念，促成傳統媒體與新興媒體產生深度融合的「化學反應」，成為提升輿論引導力、實現「網聚正能量」的基礎。

（一）加速媒體深度融合，建設媒體融合生態系統

媒體融合發展是要實現不同媒體間各種要素的有機融合、各種資源的充分共享，既不是傳統媒體邊緣化，也不是自說自話、互不相干，更不是此消彼長、取而代之。媒體融合重在實現「化學反應」而不是「物理疊加」，要打破媒介形態，在隊伍建設、技術力量、傳播渠道等方面互為補充、相互促進。

一是探索「中央廚房」建設，實現媒體資源互聯互通，加強輿情大數據融合。近年來，各地探索「中央廚房」建設的實踐雖不盡相同，但打通數據接口，再造採、編、發流程，加強信息採集分析，強調重構統一指揮、聯合調度、多元發布是共同特點。這與網絡輿情工作方向不謀而合，通過分析、研判輿情，按照不同傳播渠道的特徵，以同一主題的不同內容形態實現輿論引導的多元化，更好地適配更多用戶。

二是整合各大媒體資源，打造優質內容聚合客戶端，提高平臺「圈粉」能力。積極探索建設融報紙、電視、網絡、廣播為一體的全媒體移動互聯信息中心，構建多樣態媒體矩陣，打造權威性較強的優質內容全聚合客戶端，集合「新聞、資訊、直播、問政」等多種功能於一體，為用戶提供渠道整合、使用便利的發聲平臺，著力培育用戶群的忠誠度，形成傳播現代化、對象全域化、內容多元化、監管統一化的網絡輿論引導新陣地。

三是加大媒體協作力度，成立區域/行業融媒體聯盟，發揮媒體矩陣的最大效用。《中華人民共和國突發事件應對法》明確要求加強跨部門、跨地區的信息交流與情報合作。在新媒體蓬勃發展的今天，更需加強區域間、行業內融媒體聯盟建設，實現關聯媒體之間信息的有效對接，發揮媒體矩陣的最大效用，為扭轉輿情、引導輿論發揮積極作用。

（二）提升主流媒體公信力，努力打通「兩個輿論場」

增強輿論引導力，就要改變傳統「受眾」思維，堅持以「用戶」為中心，提高新聞話語表達能力，主動設置議題，加強主題策劃，推動理念創新、方法創新、平臺創新、渠道創新，提升主流媒體公信力，努力打通網上網下、官方民間「兩個輿論場」。

一是創新新聞話語體系，轉變表達方式，適應融媒體時代用戶閱讀習慣。傳統

輿論引導較多採用「正面宣傳」，通過選擇性、重複性、突出性等手法進行典型報導、經驗報導和正面報導，當前，這種教化式宣傳已面臨很多不確定性，用戶接受程度不高。要適應網絡時代受眾碎片化閱讀習慣，從正襟危坐式的諄諄教導向與讀者互動轉變，從宏大敘事體裁向多樣化傳播轉變，更加注重現場觀察和細節捕捉，做到語言活潑、細膩生動，增強吸引力。

二是提升議題設置能力，加強主題策劃，實現信息的深度立體化傳播。由於網絡輿論場議題設置主體的多元化，突發事件議題持續時間、關注程度面臨複雜因素，議題快速變化、連環議題增多，為議題設置帶來較大難度。媒體融合背景下，要跨媒體聯合開展主題策劃，促進議題融合。這種融合併非單一的信息複製，而是要針對不同媒體不同的傳播特點選取不同的側重點，充分運用新媒體人際傳播的特性，在信息傳播範圍和傳播能力上尋求突破。

三是增強媒體責任意識，加強新聞職業道德建設，提高新聞隊伍素質。過去一段時間，一些媒體出現泛娛樂化傾向，新聞報導為取悅用戶而「失責」，為吸引眼球而「失真」，為刻意迎合而「失態」，低俗化、庸俗化、媚俗化愈演愈烈，新聞炒作盛行。強化媒體責任意識，加強職業道德建設成為迫切之需。傳播社會正能量既是媒體之責，也是媒體人的應有之義。在加強新聞工作者自身道德修養的同時，還要進一步完善新聞行業自律規則，建立健全監督問責機制。

（三）加強政府與媒體的聯動，實現信息流有序可控

在危機傳播的信息流中，核心環節是危機識別信息和危機應對信息的發送和接收。能否及時獲得真實的危機識別信息和應對信息就成為網民能否做出正確判斷的關鍵環節。突發事件發生後，權威信息首先來自政府，其次是主流媒體。一旦權威信息缺乏，謠言必將產生，加上網民的情緒化表達，新媒體輿論強勢短時間內即可形成。融媒體時代，媒體監督政府、影響輿論的作用更為明顯。因此，加強政府與媒體的聯動，建立以信息收集、匯總、分析、傳播為核心的突發事件信息系統，才可能實現信息流的有序可控。

一是加強政府與媒體的合作，提升危機傳播意識，主動擔負輿論引導之責。根據諾依曼的假說，輿論的形成須具備三個條件：多數傳播媒介報導內容的類似性、同類信息傳播的連續性和重複性、信息到達範圍的廣泛性。在這一過程中，處於突發事件中心的政府，在快速反應、採取合理措施解決問題的同時，勢必視媒體為輿論引導的合作夥伴，與媒體良性互動，及時發布消息，把握網絡輿論先機，避免信息真空導致輿論漩渦。

二是重視媒體的地位作用，做好輿情數據研判，及時組織優質內容生產。推動媒體深度融合發展，必然利用大數據、雲計算等技術推進新聞生產和數據挖掘，具備輿情數據收集研判的天然優勢。由此，媒體成為突發事件預警信息的重要來源，對當地社會的和諧、穩定發展起到了積極作用。突發事件後，媒體不僅要第一時間尋求當地政府的權威消息，做好實地採訪，還要對發布的信息進行綜合評估，對可

能產生的連鎖效應進行預估測評，對網民關注點進行分析引導，以及時、專業、權威的內容生產滿足信息需求，吸引網民關注。

三是用好互聯網這把「雙刃劍」，強化信息正向傳播，高度關注信息的有效抵達。隨著媒體融合發展的深度推進，政務新媒體要更加善於認識和把握不同平臺的傳播特性和規律特點，加強與融媒體平臺的合作共贏，發揮不同平臺與載體的傳播優勢；更加強化重要政策、重要事件、重要成果等正向傳播，進一步完善信息發布與輿情工作體系；更加優化政務服務，無縫契合群眾生活的方方面面；更加重視「圈粉」能力提升，恰當運用網絡語言，熟練掌握營運技能，努力培育政務新媒體的「鐵杆粉」，不斷擴大政務新媒體的「朋友圈」。

（四）聚焦媒介素養提升，打造清朗和諧的網絡空間

媒介素養主要是指人們獲取、分析、評價、傳播和生產媒介信息的能力，包含媒介認知能力、媒介使用能力、媒介批判能力和媒介創造能力。如今，網民不再是單純的信息接受者，還是信息製作者、信息傳播者。信息流的逆向傳播突破了傳統新聞輿論傳播模式的禁錮，延伸出多種媒介形式，形成新的傳播態勢。近年來，中國網民規模急速增長，提高全民媒介素養成為十分迫切的時代課題。

一是信息時代呼喚全民媒介素養教育，提高對信息的甄別和思辨能力，培育理性、成熟的網民。當前，網民通過無處不在的網絡、無所不能的移動終端，獲取各自需要的服務、傳遞各自不同的意見，每一位網民都是社會輿論和新聞熱點話題的製造者、參與者，輿論形成、傳播的非中心化越來越明顯，越來越多的普通網民扮演著「報導者」的角色。面對海量信息，網民很容易缺乏判斷、盲目跟風，甚至被別有用心者利用。加強全民媒介素養教育成為正本清源之策。據調查，中國網民的主體是30歲及以下的年輕人，占網民總數的49.2%；從文化程度看，初中、高中/中專/技校學歷的網民占比為63.4%。因此，媒介素養教育有必要進入各級學校課程體系，並被納入終身教育內容。同時，要積極探索創新媒介教育的方式、方法，運用融媒體平臺大力開展典型案例宣傳，提高網民甄別信息和獨立思考的能力，增強對「病毒信息」的免疫力，避免人云亦云，讓網絡成為正能量的生成器與推動力。

二是各級領導幹部要善用媒體推動工作，擺正對輿論監督的態度，提高網絡執政能力。習近平總書記在黨的新聞輿論工作座談會上強調，「領導幹部要增強同媒體打交道的能力，善於運用媒體宣講政策主張、瞭解社情民意、發現矛盾問題、引導社會情緒、動員人民群眾、推動實際工作。」然而，從實際情況看，不少領導幹部甘當「網絡邊緣人」，面對媒體「不敢說、不願說、不會說」。新形勢下，傳統媒體與新媒體交織共振，官方和民間輿論場互動融合，為民眾日益高漲的參與政治的熱情提供了更大、更寬的平臺。善於運用網絡科學研判輿情，正確引導輿論，及時處置網民意見和要求；善待、善用、善管媒體，通過輿論監督發現問題、解決問題、推動工作；針對社會熱點、難點問題和重大突發事件，主動積極地正面發聲……凡

此種種，已成為領導幹部的現實所需，也是提升執政能力的重要途徑，有必要從制度層面做出明確規定。

三是重視培養「專業型」的意見領袖，提高輿論互動和引導能力，建設網上統一戰線。當「信息流」暢通進入用戶視野時，「意見流」的傳播就顯得更為重要，意見領袖在這個過程的作用不容忽視。根據諾依曼的沉默螺旋理論，人們感知到輿論中的意見傾向時，會自覺調整自己表達意見的行為，作為多數聲音的輿論會逐漸增強，而那些少數聲音就會慢慢地被削弱直到消失。加之文化程度較低的人更容易受到別人的影響，更容易被說服。因此，中國網民結構決定意見領袖的影響將長期存在。在媒體融合發展的背景下，更需集中力量培養「專業型」意見領袖，更加重視他們在特定領域內的權威發聲，提高他們的輿論互動能力，加強與被影響者、傳統媒體、其他意見領袖的多向互動，將其影響力持續擴展到整個輿論範圍，意見領袖之間形成較強合力，對輿論引導產生更大影響。

參考文獻：

［1］胡靜. 全媒體時代媒體融合的發展路徑思考［J］. 今傳媒，2017（2）.

［2］佚名. 第40次中國互聯網絡發展狀況統計報告［EB/OL］.［2017-08-04］. http://www.cac.gov.cn/2017-08/04/c_1121427672.htm.

［3］李捷思.「媒體融合」全球經驗與中國廣電的未來視野［J］. 南方電視學刊，2016（2）.

［4］佚名. 習近平主持召開中央全面深化改革領導小組第四次會議［EB/OL］.［2017-11-30］. http://www.gov.cn/xinwen/2014-08/18/content_2736451.htm.

［5］陳力丹，陳俊妮. 松花江水污染事件中信息流障礙分析［J］. 新聞界，2005（6）.

公共危機事件處理中的輿論引導

——以成都的「霧霾危機」為例

鄭 妍[①]

[摘 要] 危機事件的輿論引導一直是一個重要話題，甚至在某種程度上，輿論引導的有效性會直接影響危機事件的處理結果。特別是在今天的大數據環境下，社會公眾的全民參與更是會對危機事件的走向和處理產生巨大的影響。因此，本研究從危機事件實踐案例出發，對如何在危機事件處理中把握輿論變化，如何在新媒體語境下有效引導輿論走向，減弱危機事件的負面影響，甚至變「危」為「機」的命題進行思索和探討。

[關鍵詞] 政府；媒體；信息發布；輿論引導。

近幾年來，成都的「霧霾危機」已經成為了一個年度話題。每年的11月到次年1月，由於四川盆地的地理特殊性，整個成都總是會出現「霧裡看花」的尷尬場景。霧霾籠罩成都，不僅僅是對自然環境的影響，也同時形成了一個輿論危機的高風險「雷區」，各種諷刺和抱怨的圖片、小視頻、「包袱」層出不窮，整個輿情大環境處於高度緊繃的狀況。在這段危險期中，一旦出現新的由頭，就很容易變質發酵，醞釀成不可預知的危機事件。2016年的所謂「天府廣場反霧霾遊行」就是在這樣的特殊緊張期，由社交媒體所醞釀出的一個「虛擬危機事件」，造成了很多社會公眾的誤讀。從全國範圍看來，與成都「霧霾危機」類似的事件並不是個案，而是近幾年來愈來愈受到關注的話題，比如江蘇「王子紙業」事件和四川什邡「鉬銅事件」等都與環境和發展的命題相關。在這些事件中，一旦輿情發現不及時，危機處理不得當，很可能會導致整個事件不斷升級，甚至演變成公共群體性事件，從而引發更大的社會問題。因此，如何快速反應，及時有效地進行危機事件處理已經成為越來越重要的話題。

現代社會是一個信息高度發達的社會，而作為信息載體的媒體則已經成為社會生活不可或缺的環節，對社會公眾的認知和觀念具有極其強大的影響作用。媒體所

---

① 鄭妍，中共成都市委黨校副教授，主要研究方向：危機事件處理、媒體溝通與輿論引導。

具有的議程設置功能前所未有地被放大和發揮。但是，現代媒體的經營模式由以前的政府直接撥款投身於市場大潮中，對經濟利益的無限追求必然使得現代媒體商業屬性的烙印越來越深。媒體的整體商業化必然會導致節目需求和製作的商業化，也同時對政府和媒體之間的關係產生了新的影響和變化。尤其是互聯網的普及更是極大地改變了社會公眾的信息關注方式和傳播方式。到 2017 年，中國網民數量已經增加到 7.51 億人，其中手機網民規模達 7.24 億人，較 2016 年年底增加了 2,830 萬人。網民使用手機上網的比例由 2016 年年底的 95.2% 提升至 96.3%，使用移動終端連接互聯網已經成為今天網民最慣用的方式。可以說，自媒體時代的來臨使得整個媒體環境、受眾分割、新聞關注方式、焦點事件發展脈絡都在發生前所未有的變化。面對這樣的現狀，危機事件的處理和輿情引導也必須進行不斷地調整和改變。

一、政府在處理危機事件中面對公眾輿論存在的問題

公共危機事件爆發後，政府在危機處理的過程中，容易出現事件處理的誤區，對近幾年出現的危機事件處理實例進行分析，政府在處理危機中通常出現的問題如下。

第一是「壓」新聞。危機事件爆發後，有些主管部門出於慣性思維或者政績考量，往往第一反應就是「壓」新聞，希望能通過封鎖信息來控制輿情的發生和傳播。一旦發生輿情危機，首先想到的就是如何封鎖消息，不讓公眾知道，甚至不讓上級部門知道。有的甚至不惜利用行政手段或司法手段進行干預，禁止媒體報導事件，對網絡消息實行野蠻刪帖。近年來出現的一些輿情危機，很多都出現過這一問題。但在當下，信息高速傳播，封鎖消息非常困難，而封鎖信息一旦失敗，信息爆炸式的反彈又使得輿情的爆發更加猛烈和無序，監測和引導將會事倍功半，甚至出現完全失控的局面。

第二是沉默失語。面對危機事件不知道如何發布信息、發布什麼信息，或者對公眾輿論不重視、不屑一顧，對信息公開信奉「沉默是金」的信條。甚至當輿情危機已經發生，引起媒體和公眾的極大關注和強烈反響，出現鋪天蓋地的批評和指責時，有些部門卻任憑媒體轟炸，「我自巋然不動」。這種沉默失語往往會造成主流聲音的缺失，給各種「小道消息」讓出發布主渠道，成為公眾信息主要來源，對權威信息形成強大的干擾，使得公眾對危機事件的原因和過程都含混不清，不利於對危機事件進一步處理。

第三是反應遲緩，敷衍搪塞。危機事件發生後，社會輿論譁然，輿論壓力增大，在這種情況下才被迫發布信息，雖然有所回應，但「猶抱琵琶半遮面」，三言兩語，閃爍其詞。這種遮遮掩掩的發布方式不僅沒有滿足公眾知情權，而且無法發揮主流信息的權威性和引導性，甚至可能引發社會公眾對所發布信息的質疑，引發更大的輿情危機。

在已發生的案例中還出現過一味否認的問題。即使危機事件的輿情危機已經出現，媒體開始報導或炒作，有些地方和部門出於各種原因，還不顧事實一味進行闢謠。並且闢謠方式簡單、生硬，沒有調查背景和權威數據的支撐，只是單方面地發布闢謠信息，對危機事件輿情熱點關注問題視而不見。這種信息發布方式對輿情危機的緩解毫無作用，反而會對政府形象造成不良的負面影響。

第四是倉促發布結論。危機事件發生後，事件發生的原因是社會公眾關注的重中之重。但在危機事件的調查中，調查部門需要時間進行分析和研究，這段時間的長短根據事件不同會存在差異。這樣，原因調查結果的延後性和飛速傳播的輿情壓力之間就會形成矛盾和衝突。危機事件處置中，某些部門為了更快速地對輿情做出回應，會倉促公布結論。這種方式會造成巨大的潛在風險，一旦後期調查出現新的變化，結果走向發生改變，前期倉促發布的信息就會形成作用力，造成社會公眾對主流信息的猜測。溫州動車追尾事件的處置就是犯了這樣的錯誤。鐵道部先是公布了動車追尾的原因，即「雷擊」天氣所導致，後期信息發布又重新進行更正，表示實際事故原因是「調度失誤」。前後信息的不一致把社會公眾的目光聚焦其中，各種猜測和質疑層出不窮，讓鐵道部陷入了非常尷尬的局面。因此，如果沒有完全明確危機事件發生的原因，發布方切忌倉促發布所謂的初步原因，否則可能會使整個事件的輿情引導陷入更大的困境。

第五是重處置輕引導。現代信息社會越來越錯綜複雜，危機事件處置和輿情引導是需要齊頭並進的重點環節。甚至在某些事件中，處理危機事件，七分靠引導，三分靠處置。但到目前為止，政府部門仍然存在著重處置、輕引導的固化思想。危機事件發生後，部分政府過於自大，認為只要政府一發聲，媒體和公眾就會集體順從、回應，因此把工作重點放在事件的處置上，延誤了主流聲音的發布時機。如湖北省天門市發生城管毆人致死事件後，儘管當地政府當晚就組織調查並進行處理，但事過幾天才公布事件真相，致使不實傳言通過網絡炒作演變成社會輿論，引發上千人遊行。

因此，從長期的實踐來看，政府和媒體之間一直處於一種非常微妙的關係狀態中。政府需要媒體來傳播自己的政策信息，塑造積極的政府形象，而媒體也需要從政府獲取信息，增強自己的權威性和知名度。但在某些特定事件中，政府和媒體又處於一種相互對抗的狀態，一方面政府需要按照自己的既定路線，按照有利於自身的傳播角度進行新聞報導，另一方面媒體則想挖出一些更具有爆炸性和噱頭的新聞，並不關注政府的傳播目的，這就形成了政府和媒體間既合作又對抗的關係。要想處理好政府和媒體的關係，政府就必須瞭解現代媒體的特點，瞭解媒體到底需要什麼，怎樣發布正確的信息來引導媒體，避免不實報導，造成難以挽回的損失。當今媒體環境愈來愈複雜且多樣化，互聯網的衝擊讓傳統媒體也不得不拓展自己的傳播手段和方法，開始向「全媒體融合」的方向進軍，而互聯網運作和利益分配的複雜性又不斷對社會焦點事件的輿論走向施加影響。

從最近幾年的焦點事件來看，很多危機事件的爆發呈現出了比較明顯的脈絡，一般都是由一個新聞由頭引發，然後在社交媒體中進行醞釀，接著傳統媒體開始跟進，最後演變成全民關注的焦點事件。從這一特徵來看，危機事件一旦爆發，傳播速度極為快速，傳播方式多種多樣，影響因素瞬息萬變，對事件處置的輿情引導技巧提出了更高的要求。回顧曾經被全國媒體熱炒的「楊達才事件」，我們會發現輿情處置一旦出現失誤，不僅不能減弱事件的負面效果，反而可能使事件越炒越熱，進而出現輿情失控的局面。就「楊達才事件」來看，時任陝西省安監局局長的楊達才趕赴重大車禍現場的行為本身是其應該履行的職責和義務，但他在現場的一張微笑圖片被納入網絡熱點後，楊達才多次公開發布不實信息，不斷地和媒體展開解釋、質疑、再解釋、再質疑的搖臺拉鋸戰，使得整個事件不斷累加熱點效應，發酵升溫，最後演變成全國聚焦的公眾事件，嚴重影響了公務員的整體形象和政府公信力。

二、在公共危機事件處理中的輿論引導策略

由此可見，危機事件的輿情處置技巧對事件的發展起到至關重要的作用。如何把握時機，快速有效地提高危機事件的處置能力和效果，是現代政府在處理公共危機事件中必須要研究和把握的方法和技巧。因此，做好公共危機事件處理中的輿論引導，必須做好以下幾個方面：

（一）快速把握輿情是危機處理的基礎和先決條件

危機事件的處置中，能否盡早發現事件由頭，快速掌握輿情傳播狀況是有效處理事件的先決條件。現代科技手段的豐富使得信息的流動進入了「高速公路」的時代，網絡的普及則給信息的快速流動和傳播提供了一個巨大而便捷的平臺。尤其是自媒體的產生和迅速擴張更是改變了公眾事件的發展走向。

2017年11月9日，騰訊官方發布了最新的《2017微信數據報告》。根據騰訊公布的數據，微信在國內已經成為首屈一指的聊天軟件。截至2017年9月底，微信日登錄用戶超9億，較去年增長17%，每月老年用戶5,000萬，每日發送消息380億條，每日發送語音61億次，這兩個數據相較去年分別上漲25%、26%，每日成功通話次數超2億，較去年增長106%。微信用戶每日發表朋友圈視頻次數6,800萬次，較去年增長26%。79.2%的中國智能手機用戶經常訪問微信。中國的手機用戶更願意使用微信交流，約有84.5%的手機短信用戶希望使用微信。由此可見，作為自媒體最普及的軟件，微信目前已經累積了巨大的用戶量，這些用戶每一個都是一個信息的輸出源和傳播源。對於輿論引導來說，微信是非常容易爆發輿情危機的平臺之一。數據顯示，微信用戶好友規模一直在逐年增加，2017年的好友數量在200人以上的占總數的45%，而近年來微信從熟人社交溝通工具不斷向「泛社交」化轉變，微信新增好友中同事、同行等占近六成。這種以人際關係為紐帶的傳播方式使得微信在輿情傳播中的作用至關重要，謠言在微信上傳播會因為傳播者之間的人際關係

紐帶而具有更強的信任度和危害度。

因此，面對瞬息萬變的信息傳播環境，盡早把握輿情就能為危機事件的處置提供背景材料和判斷依據。如果輿情收集分析不夠，就可能出現引導時機把握不足、輿情介入方式錯誤等問題，不僅不能實現有效的輿情引導，還可能造成輿情次生負面影響。所以，輿情監測和收集在危機事件的事前、事中、事後都需要緊密關注，監測的對象應該包括傳統媒體、網絡媒體、自媒體等不同媒體類型的主流節目和社交軟件，可以通過關鍵詞監測等方法提前判斷危機事件爆發的可能性，從而能夠更遊刃有餘地提前做好輿情引導工作。

（二）第一時間搶占信息發布的主動權是輿論引導的前提

危機事件的處理中，搶占輿情高地是非常重要的環節。第一時間發布信息可以滿足媒體的信息需求，避免小道消息的泛濫，使公眾能夠及時瞭解事實真相和具體情況，避免因胡亂猜測而引起的恐慌，保持社會公眾的平穩心態。目前，各部門都已制定了本單位的應急預案，向相關管理機構上報不同性質的事件，並明確規定了上報的時間和程序。但與之不同的是，信息發布的時間並沒有固定的標準，就算是類似事件由於影響因素的多樣化也可能產生無法預料的變化，從而導致輿情引導方式的調整。此處所說的第一時間，具體來講也是個概念，無法確定詳盡的時間點。但從實踐經驗出發，第一時間的判斷標準是以前期的輿情收集為基礎的，當謠言產生和傳播開來時，第一時間的節點就會喪失，後期的輿情引導工作難度就會增加，甚至可能出現輿情失控的狀況。2017年瀘縣太伏中學學生死亡事件的喧囂正說明了這個問題。縱觀全國，河南洛陽、河北恒水等地都發生過學生死亡事件，但都沒有瀘縣的學生死亡事件引發的社會關注度高。其中一個重要因素就是當地在處理該危機事件時錯失了第一時間的節點，在政府發布事件原因和調查結果之前，各種謠言和猜測就已經占據了公眾關注平臺，政府發出的聲音被淹沒在光怪陸離的「真相」中，其傳通度和被認可度被削減為最低。

（三）統一口徑，共同面對媒體是輿論引導的基礎

在突發性危機事件的處理中，統一口徑是發布信息的重要環節。由於事件往往涉及安全、衛生、公安等多個部門，一旦各部門通報情況出現不相吻合的狀況，就會給整個輿論引導過程帶來很大的困擾。因此，危機事件的處理要確定信息發布的負責小組，把握事件的信息發布渠道，綜合負責危機事件的信息匯總、輿情研判、新聞發布和新聞報導策劃等工作。危機事件處理的組織架構要確定信息發布的統一窗口，匯總各個單位的工作情況和相關數據，使信息發布的口徑一致，成為實施輿論引導的有力保障。

（四）控制信息流量和渠道，把握信息發布節奏是關鍵

1. 多種形式發布新聞，持續滿足媒體和公眾的信息需求

信息發布方式多種多樣，社會公眾獲取信息的方式也不一而同。要想成功實現有效的輿論引導，往往需要多種信息發布方式共同發揮作用。目前常用的信息發布

包括新聞發布會、媒體集中採訪、新聞通稿、電視講話、媒體通氣會、官方網頁、官方微博、微信公眾號等。每種信息發布方式都各有優劣，單一的信息發布渠道無法最大限度地發出自己的聲音，以盡量減弱傳播噪音的影響。官方自己開設信息發布平臺能最快地發布信息，但從現有數據分析，官方發布平臺的關注度和影響力都相對較弱，信息傳播率低。要想搶占信息「高地」，要把官方平臺和社會媒體平臺結合起來，通過多種方式發布信息，吸引更多社會公眾的注意力，增強主流信息的影響力。

2. 設置信息發布議題，引導輿論發展方向

信息發布的內容是議程設置的重要環節，特別是在危機事件發生的初期，社會公眾的關注熱情高漲，信息發布的議題設置會極大地影響社會公眾的第一印象。議題設置要明確傳播的目的，根據傳播目的梳理發布的信息內容，特別是在危機事件原因待查的情況下，可以引導輿情焦點更多集中在當前對危機事件的處理態度上，第一時間給媒體和公眾以信心。可以根據危機事件的實際情況安排特殊場合和特殊人群的專訪，同時針對網民言論的網上信息發布，組織網絡評論員開展針對性的網絡輿論引導，及時回應媒體和公眾疑問，既滿足了媒體和公眾的信息需求，也把輿論引導貫穿於事故信息公開的全過程。

3. 尊重媒體的採訪權，用事實回答記者提問

每次發布信息前都要進行專題研究，緊緊圍繞媒體和公眾最關心、最迫切想瞭解的問題進行安排，確定發布人員結構、發布內容和部門的配合等。給媒體提供充足的提問時間，盡量讓每一個想提問、有疑問的記者都有機會發言，並根據調查情況，用事實和證據回答問題。開放式、高密度的信息發布牢牢吸引住了各級各地媒體，讓記者對官方的信息發布形成「慣性依賴」。

要想牢牢吸引住媒體的目光，發布的信息就必須要有事實、有數據，而且表述方式要盡量符合媒體的傳播特性。在對同一危機事件的審視上，媒體可能會和官方有不一樣的視角，要想讓媒體認可官方發布的信息並產生認同感，進行同義語境的再傳播，發布方就需要加強信息內容的梳理，進行表述方式的更新，除了傳統文字和照片表述外，今天更受社會公眾喜愛的視頻、微電影，甚全動漫都可以引入信息發布的表述方式中，實現發布內容傳播的有效性，也能盡量減少信息再傳播的修改率。

4. 特殊場合實行持證採訪，保證輿論走向的有序流動

危機事件爆發後，事故處理現場、傷者救治場所往往會成為媒體關注的重點。而由於危機事件處置的複雜性，這些場合通常存在信息發布源多頭分散、信息發布內容表述不準確等問題。要想解決這一矛盾，可以對這些特殊場合實行持證採訪來保證輿論走向的有序流動。官方的工作重點集中在採訪管理和後臺服務上，給提出採訪申請的媒體發放專用採訪證，維護採訪現場的正常秩序。官方工作人員除了維持現場採訪秩序外，還需盡量做好媒體採訪，服務公眾，協調被採訪對象和媒體記

者之間的關係，為媒體聯繫採訪對象，提供採訪場所，安排採訪時間等，既保證特殊場合的工作順利開展，又能滿足記者的信息需求。這種方式能夠在一定程度上控制信息流量的大小，是輿論引導的有效手段之一。

（五）持續輿情監測，加強媒體溝通是輿論引導的保障

1. 持續輿情監測是選擇新聞發布的時間、頻率及內容的基礎

輿論引導是一種階段性實施的策略，選擇合適的時間節點發布有效的信息必須建立在對社會輿論的走向和強度的精確判斷上，這就需要對最新的社會輿情進行密切的關注和分析。危機事件發生後，時間處置方需要設置新聞信息組，信息組與指揮組必須要緊密聯繫，及時匯總各個職能部門的工作的最新進展，實施高密度的輿情監測，掌握境內外媒體、網絡論壇和社會公眾對事故以及事件處置工作的反應，形成《輿情監測報告和分析》，準確把握媒體和公眾的疑問，確定新聞發布和輿論引導的內容、時機和節奏，事先做好充分的準備，通過新聞發布及時回應媒體和公眾的疑問，形成政府與媒體、社會公眾良性互動的局面，拉近政府與媒體和公眾的距離，建立政府積極應對、公開透明發布信息的公眾形象。把握好正確的輿情發布節奏，控制發布的信息量和內容，可以對引導輿論走向起到至關重要的作用。

2. 加強媒體溝通，努力爭取媒體支持和認可

危機事件發生後，新興媒體和傳統媒體都會對事件保持高度關注。對這樣的情況，政府要積極面對，不能阻撓媒體採訪，反而要主動和媒體加強溝通，把握信息發布的主動權。政府可以採取不同的形式，比如主動召開媒體「通氣會」、媒體「懇談會」等方式，並通過政府平臺約請相關權威人士參與，介紹政府目前正在採取的措施和實行的工作、將要進行的下階段安排，同時聽取媒體的意見，表明政府對媒體所持的尊重態度。這種方式可以爭取各級媒體的支持，提升媒體對政府工作的好感度，潛移默化地影響媒體對危機事件的報告方向和態度。

在整個危機事件的處置過程中，政府需要一直和媒體保持密切的聯繫，以積極的姿態面對媒體，採用各種方式方法和媒體進行溝通，既兼顧媒體的採訪信息需求，確保記者獲取信息的準確性和全面性，又通過媒體平臺發布相關信息，向社會公眾表明了政府的坦誠、高效和負責的態度，從而有效化解突發公共事件中經常出現的政府管理和媒體採訪需求之間的矛盾，為輿論引導提供了保障，得到媒體和輿論的廣泛認可和贊賞。

2017年召開的中國共產黨第十九次全國代表大會上，習近平總書記在十九大報告中明確指出：要高度重視傳播手段建設和創新，提高新聞輿論傳播力、引導力、影響力、公信力。加強互聯網內容建設，建立網絡綜合治理體系，營造清朗的網絡空間。從近幾年的工作實踐中可以看出，政府也越來越重視和媒體的關係處理，注重通過媒體來引導社會輿論，創造良好的社會輿論環境。只有增強信息發布的透明度，提升信息發布的傳播率，滿足社會公眾的知曉權，保持社會輿論的正確走向，

才能同心協力，不忘初心，把每個人的力量都凝結在一起，為實現中華民族的偉大復興而共同努力。

參考文獻：

[1] 鄭雯. 危機的「三重罪」與全方位應對——讀《應急管理與危機公關——突發事件處置、媒體輿情應對和信任危機管理》[J]. 中國減災，2013（6）.

[2] 徐彪. 公共危機事件後政府信任受損及修復機理——基於歸因理論的分析和情景實驗[J]. 公共管理學報，2014（4）.

[3] 王晰巍，邢雲菲，趙丹，等. 基於社會網絡分析的移動環境下網絡輿情信息傳播研究——以新浪微博「霧霾」話題為例[J]. 圖書情報工作，2015（4）.

[4] 勞倫斯·巴頓. 危機管理[M]. 許瀞予，譯. 上海：東方出版社，2009.

[5] 楊興坤，廖嶸，熊炎. 虛擬社會的輿情風險防治[J]. 中國行政管理，2015（4）.

[6] 蔡立輝，楊欣翥. 大數據在社會輿情監測與決策制定中的應用研究[J]. 行政論壇，2015（3）.

[7] 趙作為. 政府危機傳播管理視角下網絡輿情風險防範策略分析[J]. 視聽，2017（11）.

[8] 楊興坤. 輿情引導與危機處理[M]. 北京：中國傳媒大學出版社，2015.

[9] 胡建華. 政府輿情危機處理行為的有效性度量研究[J]. 江西理工大學學報，2014（6）：94-97.

基於大數據的網絡輿情應急處置研究

何小霞[①]

[摘　要]　隨著互聯網的不斷發展、網民數量的持續增加、智能手機功能的不斷強大，人人都可以是記者，可隨時隨地通過手機將拍攝的視頻、照片、錄音等信息發送到微博、微信、論壇等新媒體上，其傳播速度極快，影響範圍廣且具有不可預測性，使得網絡輿情的發展已成為影響社會可持續發展的一個重大影響因素。針對網絡輿情泛濫所帶來的社會問題，該如何解決它是現在政府和學術界都很關注的熱點話題，結合如今大數據的崛起和發展，用大數據技術和思維對網絡輿情的發展具有一定的管控作用，可以及時掌握第一手信息，並在一定範圍內可預測下一步即將或可能發生的輿情事件，即可做到及時處理或提前做好可能發生事件的應急對策。

[關鍵詞]　網絡輿情；大數據；社會穩定；應急對策。

一、突發事件的網絡輿情應對現狀

（一）什麼是網絡輿情

輿情即由個人和社會群體構成的公眾，在一定的歷史階段和社會空間內，對自己關心或與自身相關的各種公共事件所持有的群體性情緒、意願、態度、意見和要求交錯的總和及其表現。它有主體、客體、本體和承體。其主體是公眾及其心理反應過程；客體是公共事件，既是輿情產生的刺激源也是其具體指向；本體是多種情緒、意願、態度、意見和要求交錯的總和及其表現；承體是輿情產生、變化的時空情境及社會、歷史等相關影響因素。輿情具有兩大特點：輿情是民意集合的反應，沒有民意就沒有輿情；輿情並非民意的全部，而是那些對政策決議等有一定影響力的民意，所謂民意即公眾對自身利益需求的一種述求和表達。

網絡輿情是以網絡為載體，以事件為核心，是廣大網民情感、態度、意見和觀點的表達，傳播與互動，以及後續影響力的集合，其信息未經驗證，具有主觀性。其傳輸工具主要包括微博、論壇、微信、QQ、電子郵件、播客等社交軟件，形成了

[①]　何小霞，中共成都市委黨校講師，研究方向：公共管理、大數據、幹部培訓。

一種開放、交互的公共空間。網民和社會公眾存在一定的交叉和重構，其表述的輿情言論也並非是社會輿情的全部，而是具有網絡引導和影響力的部分。網絡輿情具有的特點包括：自由性、交互性、多元性、偏差性、突發性。由此可見，在互聯網不斷壯大的今天，網絡所具有的特性也對網絡輿論的發展產生了一些消極影響，如有一些網民通過互聯網傳播謠言，發布一些反社會、反人類等的偏激事件，出現一些謾罵和人身攻擊等現象，網絡輿情已成為影響社會健康穩定發展的重要因素，那麼如何及時掌控網絡輿論發展動向，積極引導網絡輿論導向，不僅是政府該關注的話題，已成為全社會該重視的問題。

網絡突發事件的輿情形成過程：起初由小部分人或機構將具有社會關注的隱性話題或事件作為導火索，通過網絡上各大社交軟件或媒介不斷傳播推動，從而成為社會關注的熱點，最終演變成網絡輿情事件。其具備以下特徵：一是突發性和不確定性，隨著智能手機和互聯網的發展飛速發展，每一個公民都可以成為媒體人，也可以成為新聞第一發現人，學習、生活、工作中的事情隨手一拍發到網上去都有可能成為社會關注的熱點話題，且傳播速度快、爆發突然、社會影響大，事件在網絡上傳播易被放大化，導致事件缺乏真實性，對社會公眾的心理和情緒造成很大的干擾，從而影響社會的穩定；二是內容具有廣泛性，從家庭瑣事、個人隱私到國家大事和國際性事件等多元化的事件，互聯網都會涉及，也都存在成為網絡突發事件的隱患，互聯網打通了國際大門，使得西方思想和意識形態不斷流傳於各群體之間，東西方不同思想文化的碰撞也推動了網絡輿情的不斷發展；三是輿論主體具有組織群體性和個性化，網絡輿情的主體是網民，其輿情表達融入了個人情感和主觀認識等因素，當人們在匿名情況下更能表述自己的心聲，甚至是毫無顧忌地表述一些自己的不滿，並將這種消極情緒通過互聯網傳達給其他網民；四是輿論表述具有互動性和即時性，網絡輿論的互動性主要表現為網民與網民、網民與政府企業、網民與媒體等的交互，且具有較高的時效性，很多輿論都能被及時地發現和回覆，從而能更好地監控，但由於發展速度快也存在發現和處置不及時的問題。

(二) 網絡輿情事件的應對現狀

公共安全事件分為自然災害、公共衛生、事故災難和社會安全等四大類，其直接關係著人民群眾的生命財產安全與社會的和諧穩定發展，是一個城市經濟社會發展的重要保障。但是隨著科技的進步和社會的發展，社會安全已不再局限於一些現實的群體性事件。截至 2017 年 6 月底，中國網民數量已經突破 7.5 億，伴隨大數據的出現、移動互聯網的發展、智能化和物聯網的到來，使得當前的網絡事件紛繁複雜、網絡信息洩露、虛假信息遍布，以及網絡輿論導向偏離實際等現象已成為影響社會安定的重要因素，且其事件爆發具有不確定性、傳播速度快、涉及公眾要害大、處置難度高等特點。隨著互聯網的發展、網民的增多，網絡群體性事件已成為影響公共社會安全的一項不可忽略的問題。

國外針對網絡輿論的管控最主要有三種方式：一是通過政府立法完善相關法律

法規政策，以法律強制性的手段來規範網絡輿論；二是不斷更新技術，利用有效的技術對輿情進行管控篩選，即時追蹤和檢測網絡上流轉的信息；三是對具有良好表現的社交平臺等網絡公司進行獎勵設置，如美國於 1998 年出抬《網絡免稅法》，對自律較好的網絡商給予兩年免徵新稅的待遇。在三者互補的情況下具有一定的實際成效，但其對於網絡輿論歸屬的劃分界限還是不清晰，與傳統媒介的管理體系相混淆，對於如今網絡高速發展的時代並不完全適用。

國內針對網絡輿情的管控也在不斷加強，其運行機制大體可分為三種結構：橫向網絡機制、縱向網絡機制和協作網絡機制。其中橫向網絡機制，即輿情研究職能部門與同級別職能部門之間的聯動互通，主要體現在各個職能機構之間的輿情信息共享，可相互彌補對方信息收集不充分、不確切等問題，但因同級別職能機構之間是一種合作關係，那也就存在一定的相互競爭關係，且信息收集、篩選、匯集歸納的方式方法不同，其傳遞的信息也會存在一定差別；縱向網絡機制顧名思義即具有上下級關係、工作指導性和被指導性關係的職能機構之間的聯動，從中央到省、地市級均有相應的網絡輿情工作機構，且中央輿情管理部門和地方相關管理部門具有輿情管理和服務的雙重身分，即作為輿情決策者，也作為輿情服務對象，縱向網絡機制是中國目前比較常用和重要的輿情監管機制；協作網絡機制，以輿情研究機構為主體，同時聯合社會各大團體、媒體、社會科研院所等作為輔助，隨著社會的不斷發展，出現了很多新的輿情傳播載體，所以需要聯合社會各界包括網民，共同做好網絡輿情管控。雖然中國在網絡輿情管控上具有一定的成就，但也存在一些問題，相關的研究表明，很多網絡輿情管控的知識和方法還處於理論研究階段，實際成效並不十分明顯。如網絡運行方面，政府行政部門管理界限不夠清晰，部門之間和企業之間存在職責和義務不明了的問題；在網絡輿情監控和預警方面，技術發展和認識還不夠成熟，網絡安全技術還需要不斷地更新發展；隨著網絡的不斷發展變化，相關的法律法規也需要及時地更新調整完善；在突發事件處置上，相關聯動機構之間的應急處置機制還需要不斷地加強。

二、突發事件的網絡輿情應對存在的問題

（一）網絡輿情管控存在的問題

通過上述研究現狀表明，目前中國網絡輿情管控中還存在一定的問題。一是針對一些敏感話題，政府刻意迴避或隱瞞實情導致輿情更加泛濫，以往政府面對一些社會敏感話題經常採用避而不談的態度，甚至是使用強硬的手段來封鎖消息的傳播，但是問題已經存在，一味地迴避只能延遲事件爆發的時間，卻也讓事件隨著時間的延伸，不斷地累積矛盾，導致最後爆發時的影響力度更大而已，也導致民眾對政府的信任不斷減弱，從而出現更多的反社會人群，雖然目前政府做了一些改進，對於有些話題不再迴避，但是力度有限。所謂建立信任需要十年，然而失去信任卻只需

要幾分鐘，在這方面還需要政府和民眾雙方的努力才行。二是對網絡突發事件的應急預案還不夠成熟，由於網絡突發事件的傳播速度快、範圍廣和不可預測性，以及互聯網的不斷發展和中國互聯網軟硬件條件不夠成熟等原因，也導致中國網絡輿情監測和管控方面存在不及時的缺陷。三是網絡輿情監測技術不夠成熟，對於一手信息和資料的把控力度不夠，中國目前大多數的輿情信息收集還是依靠人工監測，對於網絡自動監測的還是不夠完善，存在遺漏或是不準確的問題，也存在信息分析不夠準確的問題，如調查對象不夠全面、統計的數據存在偏差、分析方式不統一等，缺乏具有戰略性、長遠性、深度性的輿情研究。四是網絡媒體對輿情信息的把控不嚴，對於一些敏感的事件不能第一時間地正確引導，導致事件不斷的惡化，特別是反應社會陰暗面的事件，對於有些事件避而不談也可能會引起負面的影響。五是網絡輿情職能機構之間的工作不夠協調的問題，主要體現在橫向職能機構之間和協作網絡機制職能機構之間的聯動性不強，缺乏合理的運行機制和約束制度。六是缺少對網絡輿情管控的相關法律法規，因為規章制度不夠健全也使得網絡輿情管控存在一定的缺陷。

（二）大數據的作用

傳統的數據處理方式大多採用的是隨機分析法，存在數據不完整性、缺乏客觀性等缺陷，而大數據剛好與之相反，它具有「5V」特性，即：Volume（大量）、Velocity（高速）、Variety（多樣）、Value（低價值密度）、Veracity（真實性）。大數據的發展並不在於「大」，而是在於數據的「價值性」，正是它的這些特性，才使得大數據的應用越來越廣泛。大數據在國際上很多地方都被運用，如洛杉磯警察局和加利福尼亞大學合作利用大數據預測犯罪的發生，麻省理工學院利用手機定位數據和交通數據建立城市規劃，統計學家內特·西爾弗利用大數據預測2012美國選舉結果等。2015年，中國國務院印發了《促進大數據發展行動綱要》，其中提高、加快政府數據開放，推動資源整合，提升治理能力，預示著中國大數據發展進入了一個規模化的發展狀態中，推動大數據在網絡輿情應急處置中的應用也勢在必行。隨著近幾年來新興媒體的發展，網絡輿情的發展特性也發生了一些變化，從單一性到多元化，使得輿情信息在新老各大媒體之間相互傳播，傳播的載體不斷增多，人群不斷擴大，使得信息的真實度也越來越不可控；網民中具有職業性身分代表的人群在不斷增多，如具有相同專業背景的學者、相同愛好的學者、醫生、律師等自覺地形成了團體，他們可針對某一件事或人在網絡上引起不小的關注和轟動，專業信息的分享也存在一定的誤差等現象都可能對社會的安穩造成影響，那麼合理地運用大數據即可對網絡輿情的發展態勢起一定的管控作用。

雲計算的出現、大數據的發展、自媒體的興起、網絡載體的增多幾者之間都是相輔相成的，存在著「分不開、割不斷」的關係。在這個以數據為支撐的時代，可以說掌握的數據量關係著一個國家發展的命脈，隨著網絡信息的不斷壯大，網絡信息載體和傳播途徑已經不再局限於電影、電視、電腦、手機，還增加了很多諸如智

能手環、智能家電、智能醫療檢測系統等等具有獲取大量個人信息的產品和技術，顯然，傳統的信息抽樣調查方式已不能滿足現狀，且多媒體的發展使得網絡信息數據形態各異，如文字、圖片、視頻、音頻等各異，所以大數據技術也就順應時代而到來了。大數據不僅僅是自動化收集、分析現有數據信息，更重要的是他具有一定的預測性，可以為下一步的發展和措施制定提供一定的參考依據，具有客觀性和科學性。就如大數據在網絡輿情工作上的運用，可以改變傳統的數據抽樣調查和分析模式，盡可能地收集覆蓋了全部網絡輿情的信息，通過數據篩選、分類、挖掘，進行深度的智能分析和建模，與各個數據信息進行聯動分析和潛在的關聯分析，可進一步提高輿情預警功能，且可以用一種清晰明了、動態、可視化的形式將分析結果展現出來，能夠直接運用於決策工作部署中，其大數據的批量處理、關聯動態分析、預警預測功能、數據可視化功能等優勢將是彌補現有網絡輿情管控問題的一大利器。

三、大數據在網絡輿情中的應急運用

隨著雲計算、大數據的崛起，網絡上的信息可以不再是一盤散沙，通過大數據收集、整理可以將相關信息進行歸納匯總，提煉相關的數據進行使用，對下一步事件的發展進行預測，為決策者提供更直接、更客觀、更科學的決策依據，可以說從數據的收集整理到統計分析、決策都可以做到很科學。那麼本研究就針對以上中國網絡輿情管控方面存在的問題，運用大數據從技術和管理思維層面解決一些相關的問題。

（一）層級監測、分類管理

首先是要建立一個合理的網絡輿情管控系統，包括軟件管理系統和人員構造。一個好的系統需要硬件的支撐和好用的軟件，此處可以把輿情管控部門和人員構造看作是硬件，而將網絡輿情管控操作系統看作為軟件，兩者缺一不可，又是相輔相成的。部門配置、人員設定需要同管控系統相互作用，才能將其功能發揮至最好。需要一個統一的網絡應急管理中心對信息進行疏通，運用大數據將不同類別的輿情事件分門別類地進行處理，由不同的部門負責各自管控的領域，同一類別的事件還需要根據其影響範圍和緊急程度分派給不同的系統和人員進行把控。當然，各處室、各人員、各系統之間也並不是相互獨立存在的，因為有些輿情事件涉及的並非獨立的一個事件，而是會同時涉及很多方面，所以需要在各層級、各系統之間建立通道，讓他們能及時地傳輸消息，齊心協力、高效合理地將事件的影響控制到最小化。

（二）以大數據思維提升輿情管控機構的工作效益

做好輿情管控機構管理是網絡輿情管理的重要基礎，上述第一部分提到的中國三大機制：橫向網絡機制、縱向網絡機制和協作網絡機制的運用，存在優勢也存在一定的劣勢，如橫向網絡機制和協作網絡機制因其存在合作和競爭的關係，導致其沒有發揮應有的作用，數據反饋也存在不一致的問題，而縱向網絡機制雖然有一套

較為完成的管理機制，但因其程序過於繁瑣，可能會導致信息傳遞不及時等問題產生。那麼在大數據時代，可以借鑑大數據思維來創造網絡輿情管理機制。所謂大數據思維，可以概括為以十大核心原理來思考問題和解決問題，包括：數據核心思維，意味著計算模式從以前的「流程」形式轉變成了以「數據」為核心的全新計算方法和統計思路；數據價值思維，從非互聯網時代的以「功能」為大到現在的以「數據」為大，所掌握的數據信息代表著一個公司或國家所能創造出的價值；全數據樣本思維，抽象調查的結論與實際是存在一定差異的，而大數據幾乎涵蓋了全部樣本，其得出的結論具有客觀性、科學性；關注效率思維，快速、準確、概率是大數據追求的高效率；相關性原理，探索因果關係已不再是最終目標，而是更好地被關聯性所替代，在大數據裡尋找信息的相關性就可對用戶的行為進行預測；預測原理，大數據因其數據量多而廣，使得預測的效率和準確性也大大提高；其餘的如信息找人原理、機器懂人原理、電子商務智能原理、定制產品原理等，都可以說是人工智能發展的基礎，通過機器主動獲取人們需要的信息，再根據這些信息「按需定制」，無論是產品或是服務都可以運用大數據來提高效益。

針對橫向網絡機制，我們可以運用綜合數據核心思維、數據價值思維和關注思維來管理和改善他們現有的缺陷，求同存異，建立良好的合作和競爭關係，可以保證所獲取的信息具有準確性和科學性。具體體現在：由市場發揮主體作用，政府把控，規範網絡輿情監管機構合作機制，如將具有同類核心工作的機構規整成一類，樹立正確的價值取向，根據事件的不同類別，選擇共享或是購買數據，運用大數據多方對比，確保結論的準確性。針對協同網絡機制，可以運用核心思維和智能化原理來管理，建立網絡核心管控機構和規範的運行機制，分層級、分類別地進行自動化的管理。針對縱向網絡機制，可以運用關注效率思維、相關性原理、預測原理進行管理，根據事件的影響角度、範圍的不同，建立具有相關性機構之間的聯動性，適度地放寬信息上報和下達權限，建立可操作性強的工作協同機制，盡可能地刪除那些繁瑣的流程，對於可能或確定即將發生的事件進行聯動預測，根據大數據分析情況設立、增加或減少區縣級、鄉村等區域的輿情管控機構，不斷完善網絡輿情管控機制。

(三) 通過大數據技術，不斷更新完善網絡輿情應急預案

隨著社會的發展，中國針對公共安全事件的應急預案也在不斷完善，但是對於網絡突發事件引起的網絡輿情事件應急預案卻很少，且存在部門之間網絡輿情管控職責不清的問題，所以需要不斷地完善網絡輿情應急預案，通過合理的預案，可以減少很大一部分輿情泛濫事件。在大數據還沒發展之前，對於網絡輿情監測會存在信息把握不準備和不及時的問題，那麼在大數據日趨成熟的今天，可以很好地幫助我們將網絡輿情應急預案不斷地更新完善，通過雲計算和大數據技術，應急中心可以及時地得到較為準確的第一手信息，還可以通過智能化的統計分析，針對不同類別的事件做出不同的預案機制，一旦事件類別和涉及的部門明確之後，那麼處室部

門之間的職責分工也會越來越清晰，能避免出現管理漏空的問題。大數據的統計分析除了可以將事件合理地進行分門別類之外，對不同網民的心理走向和關注事項也會有一個統計和預測，且預測準確率較高。通過這類心理變化趨勢預測，對下一步針對該網民的把控也會更加的準確，也可以將這一項指標作為應急預案的一項重要內容對待。

(四) 大數據可提升網絡輿情監測技術

對於網絡輿情監測，需要建立統一的執行標準，將各處室、各技術單位或部門統一起來，建立一套可靠、完整的輿情監測系統，並按照統一標準去執行，可提高輿情監測的效率，而且大數據還可以將各網絡媒體連成一個相對統一的整體，方便網絡媒體間更好地合作交流，達到互利共贏的效果，而不是惡性競爭。當有一個統一的分類標準、管控指標和互通渠道之後，各網絡媒體和政府之間也能很好地開展合作。對於負面的網絡輿情通過大數據技術能及時地獲取第一手信息，並根據相應的應急預案，制訂符合事件本身的計劃，將任務分發給相應的部門和人員，具有針對性地處理輿情事件。對於特緊急事件，還可設立專門的渠道，加快事件處置的效率。

結語

網絡輿情不僅影響著每個人的生活，也影響著社會的健康穩定和可持續發展。所以做好網絡輿情管控工作尤為重要，這不僅是政府和企業需要認真對待的事情，更是我們每一個社會公眾需要共同努力完成的事情，建立一個良好的網絡環境也是我們每一個公民的責任和義務。針對網絡輿論，政府應該放寬權限，讓網民參與進來，但也並不是任由他肆意發展，需要對惡意事件進行相關的管控，將事件向好的方向引導，而不是一味地打壓和迴避。當然要做到這些，還需要技術手段的支持，那就是現在運用的大數據。通過大數據我們可以及時掌握網絡輿情的第一手信息，從而能及時控制輿情的發展風向。大數據的收集歸納功能使得網絡輿情事件更加細化，從而使得輿情管控部門職責更加清晰。大數據的統計分析和預測也能幫助我們更好地完善網絡輿情應急預案，對於網民的心理行為分析，也使得輿情監測更加精準化和高效。大數據技術和思維對於網絡輿情監測也具有一定的效用，從技術層面上可大大地提高輿情監測的效率，從思維層面上，也可提高網絡輿情管控的管理效率，無論是管控的技術系統架構上還是人員管理的思維模式上，都具有較高的影響力。通過大數據在網絡輿情中的運用，可大大提高輿情管控的效率，從而進一步保障社會的可持續發展。

參考文獻：

[1] 張小明. 基於網絡輿情研判的突發事件應急輿論引導 [J]. 新視野, 2013 (4): 55-58.

[2] 黃微, 李瑞, 孟佳林. 大數據環境下多媒體網絡輿情傳播要素及運行機理研究 [J]. 圖書情報工作, 2015 (21): 38-44.

[3] 李綱, 陳璟浩. 突發公共事件網絡輿情研究綜述 [J]. 圖書情報知識, 2014 (2): 111-119.

[4] 李勇, 陳剛, 田晶晶. 網絡突發輿論事件的傳播特徵與應急管理對策研究 [J]. 重慶大學學報（社會科學版）, 2013 (3): 138-142.

[5] 王來華, 溫淑春. 輿情信息匯集和分析機制芻議 [J]. 天津大學學報（社會科學版）, 2007 (5): 420-423.

[6] 戴維民, 劉軼. 中國網絡輿情信息工作現狀及對策思考 [J]. 圖書情報工作, 2014 (1): 24-29.

[7] 唐濤. 基於大數據的網絡輿情分析方法研究 [J]. 現代情報, 2014 (3): 3-11.

基於城市住宅小區突發群體性事件的輿情應對策略

練憶茹[①]　夏　楠[②]

[摘　要] 城市住宅小區人員密集、訴求多元，有一致的公共利益，是極易發生突發性群體事件的場所，容易引發輿情影響。應該認真研究，重點防控。本研究以城市住宅小區群體的基本特點及易發、突發事件類型為基礎，分析指出城市住宅小區群體產生突發事件輿情影響的原因是自媒體時代的到來使普通人有了表達自我的意識與平臺，加之法制意識、維權意識、個人意識的提高，小區群體之間相互煽動，對引發輿論效果的充分認識激發了人們利用媒體表達訴求的意願，同時部分責任主體失職及相關部門錯誤的媒體應對策略擴大了輿論影響。並在此基礎上從輿情未擴大的初期、輿情擴大後的高潮期、輿情逐步消散後的末期三個階段分別提出城市住宅小區突發群體性事件的輿情應對策略。

[關鍵詞] 住宅小區；群體性事件；輿情應對；策略。

習近平總書記在十九大報告中明確提出要加強社區治理體系建設，推動社會治理重心向基層下移，發揮社會組織作用，實現政府治理、社會調節、居民自治良性互動。城市住宅小區是城市社區的基本單元，應成為社會治理重心下移後的重要落腳點。現有的城市住宅小區類型多樣，部分已經成立了多樣性的社會組織，許多小區成立了業主委員會，開始了居民自治及自我調節的有益探索。同時，城市住宅小區人員密集、訴求多元、有一致的公共利益，是極易發生突發性群體事件的場所，容易引發輿情影響，應該認真研究，重點防控。本研究將以城市住宅小區群體的基本特點及多發、突發事件類型為基礎，分析原因，提出城市住宅小區突發群體性事件的輿情應對策略。

[①]　練憶茹，中共成都市委黨校實訓室管理與案例開發中心講師，研究方向：應急管理、教育學、文化。
[②]　夏楠，中共成都市委黨校實訓室管理與案例開發中心講師，研究方向：網絡輿情、信息安全、文化。

一、城市住宅小區群體的基本特點

(一) 城市住宅小區類型劃分

城市住宅小區的定義為：城市一定區域內具有相對獨立居住環境、生活服務設施配套的大片居民住宅。城市住宅小區一般設置一整套可滿足居民日常生活需要的基層專業服務設施和管理機構。由此可見城市住宅小區的基本特點是相對獨立性、居住性、生活性且具有一定規模。本研究根據具體情況從以下幾個維度對城市住宅小區進行劃分：

第一，按建成時間劃分：第一類是2000年以前建成的「老舊城市住宅小區」。這類小區多為開放式或半開放式小區，物業管理水準參差不齊，部分小區甚至沒有物管，老街坊較多；第二類是2000—2010年建成的「次新城市住宅小區」，外觀與小區內部都經過設計，較為整潔，一般由物業公司管理；第三類是2010年之後的「新建城市住宅小區」，這類小區按照新建築標準修建，呈現統一美觀的建築風格，小區內部環境優美，幾乎都有配套的物業公司，管理水準較從前高，且物業收費較高。

第二，按房產性質劃分：第一類是商品房小區，該類小區的住戶來源多樣，相互之間不太熟悉，對公共事務不甚關心，但對涉及自身利益的事務高度重視。移動終端普及之後呈現出依託微信、QQ群組相互連接的趨勢。第二類是保障房小區，其中又可細分為公共租賃住宅小區、產權類保障小區（限價房、經濟適用房、人才公寓）、拆遷安置小區幾大類。公共租賃住宅小區、限價房、經濟適用房人員結構複雜，住戶收入較低，對公共事務的關心程度成兩級分化。人才公寓的住戶為有知識的青年，他們工作較忙，個體之間較為孤立，但容易以相同的興趣愛好、行業特徵形成較為緊密的群體，此類群裡一般以網絡為依託，不時會開展線下活動。拆遷安置小區的住戶往往來自一個村、社區，群體之間聯繫緊密，對與自身相關的公共事務很是關心，能夠團結一致爭取利益，容易滋生群體性事件。第三類是單位福利住宅小區，這類小區內居住的住戶來自一個單位，相互熟悉，既是鄰居關係又是同事關係，小區內部連接緊密，人際關係總體和諧，常依託單位工會、退休處等部門開展各種活動，住戶對公共事務的參與度高，能夠團結一致。

(二) 同一城市住宅小區內部群體的類型劃分

同一個城市住宅小區的住戶往往依據不同的關注點自發形成了一些鬆散的群體，群體內部消息傳播迅速，是突發事件輿情監控的重點。大致劃分為如下：

第一，興趣愛好類群組。以年輕人為主的新建剛需類小區的此類群組較多，他們以網絡為依託相互聯繫，時常開展線下活動。如游戲組、運動組、旅遊組等，成員之間有共同的興趣愛好，主要成員經常參與線下活動，號召力較強，是突發事件輿論監控的重點。

第二，家長類群組。群體人員主要以 QQ 群、微信群為依託分享育兒經驗，由於同一住宅小區內同年齡段的兒童常就讀於同一所學校，甚至同一個班級，群組成員之間聯繫較緊密，對於與教育、環保、食品安全等關係孩子的公共事務極為關心，是該類群體性突發事件輿論監控的重點。

第三，投資交易類群組。此類群組通常依託於網絡，形成了股票投資群、閒置物品交易群等形式內容各異的群組。該類群組以投資、交易為主要目的，對影響股市、樓市的政府政策關心程度高，是謠言的高發區。

第四，行業類群組。常見的群組有退伍士兵群、教師群等。住宅小區內該類群組活躍度和數量都不高，但是連接緊密度較高，對關於切身利益的公共事務關心程度很高，是該類突發性群體事件的重點防控對象，其群組核心人物是輿論引導的關鍵。

(三) 城市住宅小區群體的基本特點及其影響

城市住宅小區特點眾多，對輿情可能產生影響的基本特點歸結起來有以下幾條：

第一，類型多樣，關注點各異。城市住宅小區本身就類型多樣，而多樣化的住宅小區內部又依據興趣、行業、需求等組成了為數眾多的群體。群體之間有相互交叉的情況，各個群體關注重點不同，利益訴求各異。同時，一人分屬多個群體的情況也較常見，這就為群體之間交互信息、發酵信息、引發輿情埋下了隱患。

第二，粘性不一，持續性不一。每個住宅小區及其內部群體之間的粘性差異很大。部分小區內部少數群體活動力度大，相互之間聯繫極其緊密，忠誠度高，能夠集中力量辦大事。但目前大多數住宅小區群體處於較為鬆散的狀態，成員忠誠度不高，隨時可脫離組織，對群體的歸屬感不強，這樣的組織一般不容易引發輿情影響。

第三，日常交流依託網絡，信息傳播速度快，深度不夠。信息時代住宅小區內部群體之間，早已不採取過去單位小區或者老式四合院的座談式、廣播式、活動式的聯繫方式，而是大多依託於網絡進行日常的溝通。只有在重要活動、重大事務發生時才有可能聚集群體成員於某一地點進行實地交流。這樣一種聯繫方式就決定了溝通的效率高、深度低，以訛傳訛的機會就會隨之升高。因此由住宅小區內部群體源發輿情或者在不明真相的情況下擴大外來輿情的情況較容易發生。

第四，核心成員數量少、忠誠度高、影響力大。市場化的購房方式產生了絕大多數小區內部成員之間熟悉度不高，對小區公共事務關心度不夠的問題。然而小區內部或者群體內部又確有一些事務需要業主參與，這就使得諸如業主委員會委員、群體核心成員等關鍵人物發揮了重要作用。這些核心成員因為個人興趣、榮譽感、經濟回報等各種因素共同發揮作用，願意參與公共事務，參與的過程通常使其對本人在群體中所處的位置感到滿意或有價值，故這樣的人物雖然數量少，但忠誠度高、影響力大。值得注意的是，普通成員往往偏好在網絡上發表意見，不喜歡參與線下活動，網絡輿情是否轉化為現實中的突發事件，關鍵在於核心成員的發動能力，所以對核心成員的引導就顯得十分重要。

第五，組織專業化程度不一，非專業化組織居多。常見的小區群體中有固定活動場所、固定管理人員、一定規章制度的組織較少，但也有像業委會這樣組織化程度較高的群體。總體來講，群體以鬆散的、非專業化的組織居多。群體內部缺乏管理，缺乏制度約束，更沒有明確的法律督導，所以住宅小區的群體行為較為隨意，尤其是網絡行為更是散漫，不便管理，政府也不好對其進行過多的服務、指導，這就使得其內部存在輿情突然爆發的可能。

總體來講，城市住宅小區群體數量較多、類型多樣、訴求不一，且群組內部緊密程度差異大，群體內部信息傳播快，信息準確度、深度低。對各類群組的輿論防控工作及突發事件輿情應對工作必須有的放矢，不能一概而論。要防控住宅小區群體性事件，並做出適宜的輿情監控並應對需要做細緻的前期摸排工作。對住宅小區群體的基本情況要全面瞭解，包括群組的主要負責人及其個人特點，群組常規性活動與臨時活動，群組關注熱點等重要信息要分類匯總，時時備查，一旦發生輿情，才能第一時間抓住關鍵，「對症下藥」。

二、城市住宅小區群體易發的突發事件主要類型分析

城市住宅小區群體數量多、類型多樣、訴求各異，其容易滋生的突發事件大致可以分為以下四類。

(一) 業主與開發商：房產質量維權類突發事件

這類事件一般發生在業主收房時期及入住初期，往往因為開發商未兌現買房時對房屋結構、綠化、車位、佈局、配套等方面的承諾，而引發一大批業主的集體聲討。事態嚴重的小區曾發生上百人上街吶喊、遊行、集體堵路等嚴重的突發事件。這類事件的產生有幾個方面的原因，一是開發商前期虛假宣傳，或者故意引導消費者進行錯誤判斷，引誘消費者購買了滿意度不高的小區，為後期糾紛埋下了隱患；二是監管部門玩忽職守，沒有對建築質量、合規與否進行嚴格監管，使得小區質量達不到標準，引發輿情影響；三是部分業主為爭取利益，有意擴大輿論影響，煽動業主進行網絡傳播，或者在政府辦公地點前靜坐等。要杜絕此類事件的發生必然要求相關主管部門對開發商及承建商進行時時督查，同時要規範開發商的早期宣傳與銷售行為。

(二) 業主與物業公司：物業管理維權類突發事件

物業公司是專門從事地上永久性建築物、附屬設備、各項設施及相關場地和周圍環境的專業化管理的，為業主和非業主使用人提供良好的生活或工作環境的，是具有獨立法人資格的經濟實體。它屬於服務性企業，它與業主或使用人之間是平等的主體關係，它接受業主的委託，依照有關法律法規的規定或合同的約定，對特定區域內的物業實行專業化管理並獲得相應報酬。就物業公司本身的服務性質及業主與物業公司主體平等的委託關係來講，業主與物業公司之間的維權糾紛絕大部分是

可以通過協商或司法途徑解決的，理論上不應該引發突發性事件輿情。但是事實是媒體曾報導過新舊物業公司交替時，舊物業不願離開而引發群體性打鬥的突發輿情事件；也曾有媒體報導過物業公司突然提高車位租金而引發的業主集體拉橫幅上街靜坐的突發輿情事件。仔細分析可以發現這些輿情影響都是因為物業服務失當，參與事件的業主或者物業人員數量大、情緒激動、不懂法律，使得事情的影響擴大，形成突發輿情。調查發現業主與物業公司的之間的糾紛一般圍繞物業管理水準、物業收費、物業收入公開等方面，這些公共事務如果處理得當是不應該引發輿情影響的，要達到這樣的期望，就需要提高物業行業水準，街道、社區基層幹部也要保持與業主委員會及物業公司的長期友好關係，時時瞭解近況，以便把突發輿情消滅在萌芽時期。

（三）業主與政府：公共資源維權類突發事件

從意願上講，政府是公正的，並不會故意針對某些住宅小區也不會刻意優待某些住宅小區；從實際操作上講，政府行為不可能使各方都滿意。究其根本在於優質公共資源是有限的，比如優質的學校、醫院，而各個住宅小區都期望自己所在的小區擁有優質資源，而部分不受歡迎的公共服務設施也是不可或缺的，如垃圾站、變電站。這樣的實際情況必然使得「幾家歡喜幾家愁」，政府在這一佈局過程中稍有疏忽就可能引發輿情影響。而這類因為政府公共設施布點引發的輿情事件最容易發生在房屋修建及交房時期，後期也可能發生但相對較少，在每年劃分學區及入學的一段時間也容易階段性發生。業主與政府之間有關公共資源維權的突發事件類型多樣。房屋修建期及交房期容易發生的突發事件是對某一公共設施的抵制或爭取。抵制的公共資源一般是有味道、有污染、有噪音、有危險的不受住戶歡迎的項目，相互爭搶的公共資源一般是學校、醫院、公園、菜市場等惠民項目，這其中通常裹挾了開發商前期的不當宣傳及過程中的煽風點火。要想抵制這類事件就必須早做規劃，並及時向公眾公開，徵求民意，同時必須嚴管開發商的不當宣傳，一切以規劃為藍本進行佈局修建。此外，公共資源應當均衡佈局，其理想狀態是優質均衡，在無法達到優質均衡的情況下，要以公平為主，兼顧其他。學區的劃分在尊重現實的基礎上也要考慮歷史緣由，一定要依照規定，做到有據可查，公平公正，一旦劃定不輕易改動。在佈局不受歡迎的公共設施時要盡量避開住宅小區，在實在無法避免的情況下，一定要提早公開，做好宣傳安撫工作。

（四）業主與業主：鄰里糾紛類突發事件

鄰里糾紛理論上講不應該成為輿論關注點，但在自媒體時代，人人都有麥克風，更有甚者專門利用輿論為個人謀取利益，這就使得鄰里糾紛若處理不當也可能引發輿情影響。業主與業主之間的糾紛多為生活瑣事，常見的有噪音、漏水、寵物等由生活習慣差異及建築裝修質量引起的小事，這類糾紛通常也不會成為突發事件，不會引發輿情。只有在事態嚴重、涉及人數較多、涉事人員不講理、有人惡意傳播的情況下才會引發輿情。鄰里糾紛較多，是否具有輿情危害不易判斷，要想減少此類

事件引發的輿情影響，只有依靠基層組織及基層群眾。目前，基層實行網格化管理，設有網格員，可以依靠基層幹部對住宅小區業主進行全面瞭解，對其中有犯罪記錄、精神病史的人員應重點監控，對小區內具有煽動性的群眾領袖、安置小區內的家族首領等進行長期跟蹤，瞭解情況，及時發現、及時制止突發事件及其相關輿情的發生。

三、城市住宅小區群體產生突發事件輿情影響的原因分析

第一，自媒體時代的到來，使普通人有了表達自我意識的平臺。過去人們議論社會熱點只是口口相傳、點對點交流、輻射範圍小，影響力不足。在自媒體時代，發表言論更加方便快捷，且有隱密性，言論的自由度高，人們表達看法時感情色彩會更加強烈。目前網絡、移動終端及各種社交軟件充分普及，諸如微博、微信等自媒體讓個人主體性得到充分釋放，人們對社會熱點的關注度和表達欲被空前釋放。當前中國社會又處於轉型升級的矛盾多發期。在這樣特殊的歷史時期，通過網絡聚集的社會輿情所產生的「蝴蝶效應」也就迸發出前所未有的影響力，而住宅小區又是人員密集、相互聯繫的群體，在其內部發生的突發事件、群體性事件中，網絡輿情影響力更是不容小覷。究其最根本的原因是信息時代的到來，個人及群體有了通過網絡表達意願的意識及平臺。

第二，法制意識、維權意識、個人意識的提高，小區群體之間相互煽動以及對引發輿情效果的充分認識，激發了人們利用媒體表達訴求的意願。首先，隨著經濟社會的發展，中國居民的法治意識、維權意識得到全方位提升。人們知道運用多種手段保護個人權益。此外，部分居民個人意識很強，可能會採取過激手段爭取利益。加之，此前發生的某些個別事件中，輿論對政府及司法部門行為的影響力，給了居民錯誤示範，誘導了居民的行為。相當一部分小區居民認為引起媒體關注、產生輿情影響更有利於爭取利益。因此部分住宅小區群體內部產生的突發事件，常常被故意在網絡上大肆宣揚，目的就是引起媒體關注。此外，住宅小區群體的網絡輿論常常是商量後的群體行為，「群體極化」顯著。「群體極化」指的是一群人一起做決策時經常比自己單獨做決策時更為冒險或者更為保守，容易走向極端，與最佳決策相去甚遠。這也是住宅小區群體產生輿情影響的重要原因。

第三，部分責任主體失職及相關部門錯誤的媒體應對策略擴大了輿論影響。有相當數量的小區群體引發的輿情都摻雜了部分責任主體的失職，這是之所以會產生輿情的根本原因。此外，相關部門錯誤的媒體應對策略則是輿情擴大的重要原因。首先是姿態高，「架子」十足。未全面收集民意，未有真正急人之所急；其次是懼怕媒體，缺乏應對技巧。官員對媒體的畏難情緒導致其在說話做事時畏畏縮縮，授人以柄。技巧不足使得其面對媒體時往往陳詞濫調、原創不足，沒有利用網絡語言、百姓語言與群眾交流缺乏親和力，媒體公關效果差。此外，事先沒有應急預案，或

沒有演練過預案。導致事發之時慌慌張張，貽誤戰機，讓謠言占據上風，為輿情控制製造麻煩。另外，危機公關體制機制不完備、相關人才匱乏、培養體系不完善、關鍵時刻「頂不上來、站不出去」也是輿情影響擴大的一個原因。

四、城市住宅小區群體突發事件的輿情應對策略

城市住宅小區的輿情應對可分為三大階段，即輿情未擴大的初期、輿情擴大後的高潮期、輿情逐步消散後的末期。不是所有輿情都會發展到後面兩個階段，如果處置得當，有可能在初期就得到遏制，這也是輿情應對的最好結果。

輿情初期應對策略：第一，長期跟蹤小區網議熱點，化解輿情風險於萌芽之時。派專門人員長期關注小區各類微信、QQ 群組。發源於住宅小區的突發性輿情，往往有前期徵兆，例如家長都在小區微信群抱怨劃片不合理，甚至有人在煽動其他家長一起去政府請願、去論壇發帖時，相關人員就應當跟進，進行正面引導，引導不成功要立即上報，讓職能部門主動上門疏解，做好應對方案。第二，抓住關鍵少數，利用重點人物控制輿論風向，讓群眾影響群眾。輿情發生時，群眾往往不願意接受官方的說法，此時小區中的活躍分子、意見領袖就成了雙方爭奪的重點。政府必須主動出擊，動之以真情，曉之以理，想方設法讓意見領袖為政府說話，至少要讓意見領袖保持公正、中立。一旦爭取到關鍵人物的支持，那麼這場輿論戰基本「打到」小區內部就結束了。第三，理清輿論傳播途徑，從源頭入手，「抓早抓小」，防範事態擴大。輿情的出現一定有源頭，要找準第一批發布輿情的人和第一批發布輿情的渠道，進行主動對接，並瞭解需求，分析解決路徑，對群眾的合理訴求應幫助解決，對不合理的訴求要及時做好解釋及情況跟蹤工作。

輿情高潮期應對策略：第一，聘請專業團隊，制定應對策略，學習應對技巧。自媒體時代，輿情一旦出現可能很快就會進入高潮期，根本不給相關人員初期處理的機會。而輿論熱炒事件時往往泥沙俱下，需要專業團隊幫助政府進行輿情處置，制定應對策略，才能夠快速平息事態。第二，主動出擊，及時公開，坦誠以待。輿情處置最重要的是把握時機，突出重點，讓真相走在謠言之前，不能因為害怕媒體就畏縮不前。主動出擊往往比被動應對效果更好，相關負責人要主動聯繫媒體，召開新聞發布會，以真誠的態度、生活化的語言，把事實真相原原本本地告知群眾。如果自身存在工作疏漏必須主動公開、真誠道歉，不能坐等對方「開炮」，要學會自我質問、自我批評，只有真誠以待，才能贏得群眾信任，才能真正平息輿情。第三，利用官媒，正面發聲，頻繁報導。微信、微博等自媒體是輿情蔓延的重點，而官媒是政府可以依靠的重要力量。在黨言黨、在黨愛黨、在黨憂黨是官方媒體應有的擔當，一旦有損害黨和政府形象的輿情出現，官方媒體應該正面發聲，相關部門要學會和官媒合作，共同應對突發輿情。第四，依法迅速調查，處理事件責任人。輿情的出現背後一定事出有因，相關部門必須同步迅速調查，如果存在違法違紀的

情況，一定要及時公開，快速處理事件責任人，以平息輿情。

輿情末期應對策略：輿情末期往往已經不像高潮期時那樣擁有高關注度，但是一旦放鬆精神，輿情很可能死灰復燃，所以輿情應對的每一個階段都必須審慎。在控制輿情，追究責任之後需要進一步思考輿情發生的始末，做好原因分析，給出根治處方，深入解決問題，防止類似事件再次發生。此外，應該主動聯繫權威媒體在事件相關輿論不再火熱之後，寫一篇客觀、公正、深刻的文章，力求全方位展示事件始末，分析事件原因，給事件一個合理合法、合情合理的收尾，爭取變輿情影響為前進動力，變負面新聞為正面宣傳，變群眾不滿為群眾滿意。

參考文獻：

[1] 古斯塔夫·勒龐. 烏合之眾：大眾心理研究 [M]. 馮克利，譯. 北京：中央編譯出版社，2004.

[2] 周慶山. 傳播學概論 [M]. 北京：北京大學出版社，2004.

[3] 徐靜. 傳播學概論 [M]. 北京：北京交通大學出版社，2013.

[4] 彭蘭. 網絡傳播學 [M]. 北京：中國人民大學出版社，2009.

[5] 王南江. 淺析政府機關在網絡輿情應對工作中存在的問題及改進建議 [J]. 公安研究，2010（5）：72-76.

[6] 鄭磊，王棟，王玥，等. 上海市政務微信發展報告：現狀、趨勢與啟示 [J]. 電子政務，2014（9）：16-28.

[7] 馬得勇，孫夢欣. 新媒體時代政府公信力的決定因素——透明性、回應性抑或公關技巧？[J]. 公共管理學報，2014（1）：104-112.

[8] 王瑤. 突發事件中政務微媒體的事件應對策略 [D]. 南京：南京師範大學，2015.

[9] 楊仲迎. 高校網絡輿情傳播特點及管理對策 [J]. 新聞戰線，2017（9）：124-126.

[10] 周璐. 微媒體時代的網絡輿情特點及應對 [J]. 人民論壇，2017（9）：82-83.

[11] 趙建明，施鋒鋒. 微信朋友圈對高校網絡輿情工作的影響及其對策 [J]. 繼續教育研究，2017（11）：85-88.

大數據時代網絡輿論生態治理研究

熊 建[①]

[**摘 要**] 大數據時代，人們的信息來源渠道更加多樣化，獲取信息的速度越來越快，信息「發酵」的時間也越來越短。在網絡輿論領域，樹立大數據思維，聚焦新技術，搭建適應新時代要求的政府內部工作機制，深度挖掘並利用數據價值，對做好輿情治理工作有著特殊的意義。

[**關鍵詞**] 大數據；網絡輿論；新技術。

進入 21 世紀以來，隨著科技的進步和網絡的爆炸式發展，人類迅速地進入了大數據時代。由手機、平板、個人 PC、智能設備等各式電腦終端組成的巨大網絡裡，不斷產生巨量數據。據市場調研機構 IDC 統計和分析，全球數據總量目前以 50%左右的年均增長率高速膨脹。預計到 2020 年，全球數據總量將達到 40ZB（1ZB = 2^{70} B）。其中，中國數據量將達到 8.6ZB，約占全球的 21%左右。

因此，「大數據（Big Data）」作為高頻詞彙，近年來越來越多地被提及和關注。人們用它來描述當下信息時代的海量數據，並命名相關的技術與領域。它上過《紐約時報》《華爾街日報》的專欄，現身於 IT 技術界的講座專題，進入了中國政府的年度工作報告。「加快大數據、雲計算、物聯網應用，以新技術、新業態、新模式，推動傳統產業生產、管理和行銷模式變革。」這是 2017 年李克強總理的《政府工作報告》中的一句話，也是「大數據」連續第四次出現在總理的年度《政府工作報告》中。國家大數據戰略作為「十三五」十四大戰略之一，也已經被寫進未來五年的國家發展規劃之中。

一、相關概念及現狀

1. 相關研究的現狀

黨的十八屆三中全會提出了「推進國家治理體系和治理能力現代化」的戰略要求。網絡輿論的生態治理作為國家治理的重要組成，對於推進國家治理現代化具有

[①] 熊建，中共成都市委黨校實訓室管理與案例開發中心講師。研究方向：現代科技與應急管理。

49

十分重要的戰略作用。

目前，國內學術界對網絡輿論生態治理的研究方興未艾。截至 2018 年 1 月底，我們在中國知網（CNKI）以「網絡輿論生態」為篇名進行檢索，找到 78 篇相關文獻，其中近 60 篇都是 2014 年之後發表的。這表明網絡輿論生態問題逐漸引起國內學者關注。

張樹庭等（2015 年）基於中國傳媒大學互聯網信息研究院數據庫統計數據，從輿論平臺、輿論主體和輿論話題等多個側面對中國網絡輿論生態環境進行解析，進而對未來的中國網絡輿論場的發展態勢做出客觀研判；敬菊華等（2015 年）從輿論生態系統要素切入，分析高校網絡輿論生態的現狀，並以思想政治教育效能實現為視角，探究其失衡的原因及有效構建策略；張濤甫（2016 年）以輿論生態的嚴重失衡以及輿論場上「去中心化」「流動性過剩」等問題為視角出發，分析了治理當下中國輿論生態所需要的理念、頂層設計、結構調整等系列措施；杜小峥（2016 年）對網絡輿論生態的形成、變量構成、治理模式和價值考量做了分析，提出了從拓寬利益表達渠道、提升政府網絡素養、健全網絡法律法規和注重公民理性培育等方面構建健康和規範有序的網絡輿論生態環境；龍獻忠等（2017 年）分析了治理現代化背景下，網絡輿論生態中網民個體的行為失範、網絡群體的極化傾向、網絡輿論的民意稀釋等方面的問題和危害，提出需要從轉變觀念、協同應對、疏堵結合、德法並舉、「他山之石」五個方面來探索網絡輿論的生態治理之道；吳凱（2017 年）從網絡輿論生態的同質結構、異質結構、異同結構、同異結構等重要維度，分析了網絡輿論中雜糅性、消解性、滲透性和風險性的影響，提出了網絡輿論生態治理，需要從提升網絡輿論思想效應、強化網絡輿論主體引導和建立網絡輿論調試機制三方面來應對。

通過對現有研究文獻的梳理，筆者發現研究者們主要從傳播學、生態學、系統論等視角來分析網絡輿論生態的內涵和特徵，鮮有依託大數據、信息爆炸的背景，從網絡輿論生態治理的形勢變遷、新技術進步等角度來分析決策的。因此，筆者將在主流的研究渠道之外，從網絡輿論生態的難點變遷入手分析，提出大數據思維，調整政府工作機制，探索輿情治理的新技術等治理途徑。

2. 網絡輿論生態的概念

「輿論生態」研究是從「生態學」理論範疇中演繹出來的，加拿大媒介理論家麥克盧漢（H. Marshall Mcluhan）在 20 世紀 60 年代提出「媒介生態」概念之後，尼爾·波茲曼在紐約大學首創了媒體生態學專業，「輿論生態」作為媒介生態的子領域隨之應運而生，輿論生態研究也迅速成為傳播學和情報學研究的新方向、新領域。

進入網絡時代，特別是大數據時代以後，網絡輿論的聲音和影響力日趨上升。網絡輿論的內涵、特點、主客體關係、發展變化趨勢也與紙媒時代的傳統輿論生態有著鮮明的區別。

筆者認為網絡輿論是指公眾（網民）以互聯網為載體，在網絡公共空間中運用網絡語言等方式，對自己所關注的話題公開表達具有強烈衝擊力和影響力的具有相對一致性和公共性的意見。當前，網絡輿論主要以新聞跟帖、網絡社區、網絡論壇、QQ群聊、微信群聊等為載體或表現樣態，是社會心理的反應和時事的晴雨表，是現實民情民意的體現，其社會「導向性」與「殺傷力」並存，是提升國家治理能力、治理水準與政府公信力的有力槓桿。

從生態學的角度進行分析研究，我們可以把網絡輿論視為一個大的組織系統，各構成要素之間相互聯繫、相互制約、共同演化發展。具體而言，網絡輿論生態主要由輿論主體、輿論客體、輿論載體和輿論環體等四個要素組成（如圖1所示），但隨著互聯網技術的不斷發展，尤其是「三微一端」的興起，給傳統媒體的輿論場帶來了革命性的變革，從而使網絡輿論呈現出個性化的特徵。第一，網絡輿論主體的分散性和匿名性。其主體在現實社會裡可能是遍布全球各種膚色、各個階層、各行各業的人。第二，網絡輿論客體的豐富性和公共性。由於網民分佈於社會各階層、各領域，關注的事件、現象不盡相同，因此，一切社會公共事務都可以成為網絡輿論的客體。第三，網絡輿論載體的開放性和交互性。自由、開放的網絡平臺使任何人都可以成為「新聞發言人」「輿論編輯」「網上評論員」。第四，網絡輿論環境的衝擊性和複雜性。「西化」「分化」勢力憑藉其互聯網技術優勢不斷進行西方錯誤價值觀、意識形態等的宣傳和滲透，使中國的網絡輿論環境受到了嚴重的衝擊。

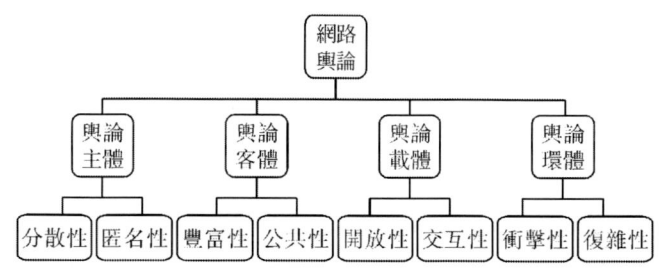

圖1　網絡輿論的生態學要素

3. 網絡輿論生態的複雜現狀

大數據時代，人們的信息來源渠道更加多樣化，獲取信息的速度越來越快，信息「發酵」的時間也越來越短。據工信部發布的數據顯示：今年2月末，中國移動互聯網用戶總數達到11.2億戶，使用手機上網的用戶數接近10.6億戶。普通民眾已經從傳統單向的信息接收者，變成信息的發布者和傳播者。人人手裡都有麥克風，人人都是信息源和「新聞記者」。信息互動已成為當今時代的一個重要特徵，這改變了整個社會的信息傳播規律，衝擊著人們的慣性思維，也讓中國的網絡輿論環境更加複雜。

基於互聯網的新媒體發展迅猛，媒體單位通過各種網絡平臺發布信息十分快捷、方便。但自媒體人士大都沒有接受過專業訓練，缺乏對網絡信息的甄別能力，也無

法把握對新聞事件的報導尺度，極易成為虛假信息的傳遞者乃至炒作者。他們通過微博、微信等渠道，短時間內可以使網絡新聞達到指數級擴張傳播的態勢，特別是「圖片＋短語」的動態信息即時推送方式，更能實現廣泛傳播的作用。

例如：2015 年，成都市龍泉驛區的「2・24 隧道瓦斯爆炸事件」，網絡媒體在事發僅 10 多分鐘，就通過短新聞配圖片的方式，第一時間發布報導，隨即被各大媒體轉載，立即引起全國的廣泛關注。事件在網絡上持續發酵，央視介入報導，事態影響不斷擴大。而政府相關部門反應遲緩、信息閉塞，在事發兩小時後才將具體情況報告給市領導，導致網絡媒體跑在了政府應急處置的前面。

又如，2015 年青島「天價蝦」宰客事件借助網絡傳播，在極短時間內爆發，引發軒然大波，青島市的宰客「黑歷史」也被翻了出來。當時短短一週時間，網絡媒體關於「青島天價蝦」的新聞報導超過 5,000 篇，且報導的主要網站包括中國日報網、《京華時報》、人民網、參考消息網等主流網絡媒體。而與此同時，網民關於「青島天價蝦」的言論更是多達 55 萬餘條，言論主要來自新浪微博。甚至其中一篇微博消息傳播 3.23 萬次，影響人數達 4,731.97 萬人。最終，青島市職能部門面對互聯網輿情壓力，才被動做出處罰處理。這一事件在引發網民指責無良商家的同時，也給當地政府執法能力沉重一擊，「美麗青島」城市形象轟然倒塌，「一只蝦打敗一座城」成為城市管理者心中揮之不去的痛，代價極大，教訓深刻。

大數據時代，網絡信息和輿情態勢紛繁多變，有「危」也有「機」。怎樣借助大數據的優勢，把握輿論宣傳的高地，做好網絡輿論生態治理是中國政府面臨的最關鍵的問題。

二、網絡輿論生態治理存在的的難點

在互聯網廣泛深入普及的大數據時代，網絡輿情傳播速度快、影響範圍廣、信息量巨大。在這種態勢下，進行網絡輿論生態的治理，呈現出前所未有的複雜局面，有著特殊的難點。

1. 網絡民間輿論崛起，影響力持續擴大

人民網輿情監測室發布的《2016 年中國互聯網輿情分析報告》中指出：中國已成為世界互聯網第一大國，網絡輿情成為社情民意的敏感信號。微博、微信平臺化趨勢進一步顯現，微信作為移動智能終端核心的 APP 將占用中國人的更多時間。微博的月活躍用戶繼續增長，向三線、四線城市的滲透會表現在文娛和社會議題的熱度上。

數據顯示，自上市以來，微博活躍用戶規模已經連續 11 個季度保持了 30% 以上的同比增長。2016 年，微博月活躍用戶數全年淨增 7,700 萬，達 3.23 億，移動端占比達到 90%。日活躍用戶數也增長到 1.39 億。此外，微博在三、四線城市的擴張進一步打開局面，二、三線城市用戶已占據微博整體用戶的半壁江山，四線城市及

以下用戶占比達30%。而騰訊旗下的企鵝智酷公布的《2017微信用戶＆生態研究報告》顯示，截至2016年12月，微信擁有全球共計8.89億的月活用戶，而新興的公眾號平臺擁有1,000萬個。

以微博、微信為代表的網絡微媒介平臺在近幾年快速崛起，使中國的網絡輿論形式發生了前所未有的改變。微媒介最大的優點是信息傳播的即時性、交互性、門檻低、便捷性等，正是這些特性使普通公眾擁有了一個更加平等、開放的對話平臺，獲得了更多話語權。而隨著移動互聯網的發展，以微博、微信、客戶端為代表的微媒介逐漸成為公眾傳遞信息的主要渠道。

大數據時代，人人手握麥克風，可以說中國已進入「大眾麥克風」時代，由於普通公眾發布的信息多是時下的焦點議題，具有廣泛的普遍性和號召力，所以在網絡輿情中，民間輿論的關注度絲毫不遜於主流媒體。比如，2011年「7‧23」甬溫線動車事故發生後的幾天，就有微博帖文約5億條湧現；2014年熱點輿情榜首的馬航MH370航班失聯事件，也有微博帖文2,500萬條。網友們大量使用新媒體發聲，既有第一手的「爆料」，更多的是轉發、評論，乃至形成「眾人圍觀」，從而造成巨大的網絡影響力。

2. 政府話語缺失，治理能力滯後

與紛繁的網絡輿情相對應的，常常是我們的政府聲音缺失、應對處置能力低下。分析起來，主要有以下幾點原因：

首先，思維方式尚待轉變。很多地方的政府頭腦中對輿情治理的「管」「控」思維十分頑固，常常忽視網絡輿情信息，還是沿用原來的重處置、輕預防、無引導的舊思路，已經脫離了大數據時代的治理要求。例如三亞宰客事件，在當事人發布涉事微博的當天，網上已有幾萬次的轉發，並形成了輿情熱點，而在事發第二天，三亞市政府卻以「從未接到舉報或投訴」回應，這也成為整個事件輿論升級的爆發點。

對信息的管控不當，甚至於變管控為禁止的處置方式，不僅難以滿足網民的知情權訴求，進而激發了更強烈的抗議，還可能造成境內外輿論場的失衡，進一步加劇了網民的焦慮。而且，在信息全球化的時代，境內媒體「噤聲」的結果，往往是境外媒體的「喧囂」，一些謠言也會隨之而起。廣東茂名「PX」事件發生時，整個輿論場呈現「『牆內』事發、『牆外』喧囂」和「媒體失聲、微博熱炒」的輿論態勢。

其次，運用數據、整合信息的能力缺乏。政府作為行政主體，掌握著大量的數據。但是由於政府的科層制縱向分佈和條塊化的部門組成形式，造成政府內部的數據系統嚴重割裂，難以實現互聯互通、數據開放、信息共享和業務協同。行政主體未充分認識到對數據資源的合理使用會帶來潛在管控優勢，導致數據資源沒有充分整合。同時，一些公共部門對數據資源的技術運用掌握能力不足，導致一些僅僅只是通過網絡單一主體或是少數主體傳播出的輿論危機信息難辨真偽，政府在應對網

絡輿論危機事件的過程中不能快速有效地做出行為調適，以適應網絡輿論危機事件的有效管理。當政府做出的行為反應遠遠慢於網絡媒體的傳播速度時，就會影響公民對政府的信任。

不少地方在網絡輿情治理的過程中，雖然也設置了輿情引導機構，創建了部門聯動、專人專管等工作機制，但是這些舉措僅僅屬於工作模式的優化，沒有統一高效的數據平臺、清晰完整的協作流程、創新有力的技術手段，政府對大數據時代的海量網絡輿情信息只能疲於應付。

3. 網絡謠言洶湧，立法監管力度薄弱

大數據時代的信息洪流中，網絡輿論生態圈充斥著大量良莠不齊的信息，難以判斷真偽。首先，微博、微信、論壇、博客、貼吧等眾多媒介平臺為網絡謠言的傳播提供了便利，幾乎零成本的複製與粘貼方式使得一些網民無意中成為謠言的傳播者。大範圍的傳播強化了謠言的欺騙性並進一步迅速擴散，最終形成「病毒式傳播」模式，加大了闢謠難度。其次，當前中國網絡輿論圈中存在著大量的「網絡推手」「網絡水軍」，他們或者出於利益原因，唯利是圖地協助某些個體或企業提升影響力，有計劃地發帖、刪帖、造勢輿論；更有甚者被西方敵對勢力收買，成為信息滲透、文化入侵的馬前卒。這些虛假的所謂「意見領袖」，嚴重破壞了網絡輿論生態，製造了大量「網絡霧霾」，導致謠言洶湧，混淆了公眾視聽，稀釋了網絡輿論中真實的民情民聲。

大量網絡謠言的產生、傳播和擴大，給網絡輿論生態帶來嚴重的傷害，既給治理主體——政府部門帶來公信力挑戰，又給參與謠言的傳播者乃至圍觀者都造成極大影響。最終，網絡謠言的洶湧擴散，極易給高速發展的中國社會環境製造出各種動盪的隱患點。

良好網絡生態環境的建立，既需要發揮網絡輿論主體的自律功能，更需要網絡法律法規對各行為體的監管，網絡生態文明的實現有賴於兩者的有機結合。目前，中國網絡法制化的程度遠遠滯後於網絡的發展程度，從已有的網絡立法看，中國出抬了《全國人大常委會關於維護互聯網安全的決定》和《互聯網信息服務管理辦法》等法律文件，現有的立法內容主要集中於對網絡營運商的管制和對個人信息的保護。總體來說，中國的網絡法律法規呈現出滯後性、零散性、範圍過窄和可操作性不強等特點，這也是造成對形形色色的網絡亂象監管不力的原因。控制網絡輿論的負面影響最有效的途徑在於立法保障，加強網絡治理的頂層設計勢在必行。

三、運用大數據完善網絡輿論生態治理的對策

《「十三五」國家信息化規劃》明確提出，要建立統一開放的大數據體系，加強數據資源規劃建設，構建統一高效、互聯互通、安全可靠的國家數據資源體系，推動數據應用，強化數據資源管理，注重數據安全保護。

因此，在網絡輿論領域，樹立大數據思維，聚焦新技術，搭建適應新時代要求的政府內部工作機制，深度挖掘並利用數據價值，對做好輿情治理工作有著特殊的意義。

1. 樹立大數據思維

大數據時代的來臨塑造著新信息時代的政治現象。大數據不僅將政治活動場域擴展到虛擬空間，還改造著政府、公民、政黨等政治行為主體的行為模式及其關係。就網絡輿情而言，海量的網絡信息、快速的擴散傳播方式、多元化的話語權，要求我們政府作為輿論生態的治理方，必須擯棄「發生後再處置」的傳統觀念，樹立起「重視數據、預防優先、強化引導」的新思維。

首先，大數據時代的網絡輿情，不再側重於具體個案信息的定位，而是側重於多重交合、互為關聯的數據信息，分散的話語中心，眾多的網民關注點和風險點。大數據思維要求更好地把握網絡輿情發展的整體態勢。其次，大數據的核心優勢是預測，通過對海量數據的分析，發現背後隱藏的微妙關係和發展趨勢。做好數據的分析運用，能夠使輿論致力工作由被動回應向主動預測轉變，提前部署預防應對。在具體的操作運用中，我們應搜集、整理網絡的所有相關信息，包括網民評論、情緒變化、社會關係等，以量化的形式轉化為可供計算分析的標準數據，再通過數據模型進行計算，從而分析輿情態勢和走向。

2. 建立系列機制

網絡輿情的治理是一個系統工程。從工作環節來說，有信息監測、搜集、研判、報送、決策、引導、跟蹤等多個流程；從涉及部門來看，可能涵蓋宣傳部、工信部、食藥監、城管、網絡營運商等眾多單元。因此，要適應大數據時代的治理形勢，需要建立起與大數據思維相適應的系列工作機制。

第一，合理有序的監測預警機制。監測預警的目的，是在輿情發展初期建立起第一道屏障，使輿情工作由被動處置向事前預警轉型，從而達到提前介入、防患於未然、減少危害的效果。具體的設計分析、網絡輿情監測預警工作的機制設計不僅僅包含監測和預警兩個重要環節，還應涵蓋輿情採集、信息篩選分析、投送處置部門、預警結果反饋等流程。

第二，公開透明的信息發布機制。在輿情的應對處置上，做好信息發布工作，有利於表達政府聲音，澄清網絡信息中的各種雜音。大數據時代倒逼公共傳統的管理模式，力推政府以更加開放的姿態，將輿論危機事件中的各項信息公之於眾，保障管理的透明性、公開性。輿論危機事件的發生有其客觀性，而如何將其風險和損失降到最低，需要公共部門和公民的協同參與。因此，全面公開網絡輿論危機管理信息，不僅能有效引導輿情朝更好的方向發展，也能進一步調動社會各界共同參與公共事務的積極性。

第三，暢通有效的協作處置機制。科層制、條塊化的政府部門組成形式，一是容易造成政府內部的數據信息隔離，二是給輿情處置的協作帶來困難。基於大數據

時代的信息處置要求，我們應當抓住數據流轉這個關鍵線條，在政府系統內搭建起信息通暢、調度有效、協同配合的輿情協作機制。

第四，政企合作、社會廣泛參與的協同機制。新時代的網絡輿論生態具有治理主體多元性的顯著特徵。要做好今後的相關治理工作，需要構建政府、社會、媒體、網民等利益相關者的協同應對機制，善於借助網絡平臺，由國家宏觀引導，提供政策資金支持，促使各類媒體機構和廣大網民積極參與、暢通互動，完善話語體系、溝通機制，進行深入溝通，匯聚網絡輿論生態治理的良言善策，構建適應網絡時代的制度安排和治理模式，在共思、共建中治理網絡輿論生態問題，最終實現各利益群體間的利益均衡與共贏。

3. 聚焦新技術方向

針對網絡輿論生態治理的大數據技術研究，可由政府牽頭，開展與高校、科研機構和企業的合作，構建研產用學的完整體系鏈。中國大數據產業雖然與國際大數據行業幾乎同時起步，但是在技術與應用上仍顯滯後，例如在新型計算平臺、分佈式計算架構、大數據處理、分析和呈現方面與國外仍存在較大差距。

就目前可重點關注的數據技術方向而言，筆者認為應重點考慮以下幾點：

一是輿情監測與信息採集。政府應加強對論壇、博客等網絡平臺，微信、微博等社交平臺的重點監測和信息數據採集。技術手段上，可採用定向站點網頁信息抓取、社交網站信息搜集、全文檢索系統、RSS摘要搜集等新型數據處理方法。

二是輿情數據處理。輿情信息的處理上，應探索利用大數據技術，實現信息數據的分類、轉換、建立索引等整理步驟。信息數據的種類和來源是多樣化的，有結構化數據、非結構化數據，需要利用大數據手段，進行信息數據分類、信息去重、數據轉換等數據處理工作，便於下一步進行數據挖掘、輿情分析和研判。

三是數據分析及預警。網絡輿情分析首先要對突發公共事件進行科學的特徵分析和類型界定。然後從輿情數據中快速定位，識別有價值的信息，並分析其背景和特徵，判別事件的關聯性和發展趨勢，從而達到預警的效果。

參考文獻：

［1］李夢茹，孫若丹，車澈. 微信場域中的網絡輿論生態研究［J］. 新媒體研究，2017（24）：1.

［2］龍獻忠，陳方芳. 治理能力現代化視角下的網絡輿論生態治理［J］. 湘潭大學學報（哲學社會科學版），2017（3）：74.

［3］雲新. 工信部：中國移動互聯網用戶總數達到11.2億戶［EB/OL］.［2017-03-31］. http://tech.sina.com.cn/roll/2017-03-31/doc-ifycwyxr8911303.shtml.

［4］佚名. 2016年底微博月活躍用戶數突破3億 移動端占比達90%［EB/OL］.［2017-02-23］. http://news.263.com/17/0223/14/CDVDLK7F000187V5.html.

[5] 王博. 大數據時代網絡輿情與社會治理研究 [D]. 昆明：雲南財經大學，2016.

[6] 洪毅. 中國應急管理報告 2016 [M]. 北京：國家行政學院出版社，2016.

[7] 伍曉華，陳平其. 大數據時代下網絡輿論危機管理機制研究 [J]. 實事求是，2016（5）：49.

[8] 燕道成，楊瑾胡，江春. 網絡輿情新特點及應對策略 [J]. 黨政視野，2016（3）：71.

[9] 杜小崢. 網絡意識形態視角下的網絡輿論生態治理 [J]. 新聞愛好者，2016（9）：27.

[10] 孟天廣，鄭思堯. 信息、傳播與影響：網絡治理中的政府新媒體 [J]. 公共行政評論，2017（1）：31.

提升基層突發事件輿情引導與應急管理能力的研究
——以四川L市為例

鐘繼紅[①]

[摘　要] 突發事件因其具有不可抗拒、無法預料、破壞性強、瞬間聚眾的特點，對基層應急管理工作者提出了較高的要求，加之互聯網的迅猛發展，尤其是智能手機的普及、新興媒體異軍突起，對本來處理突發事件就存在難度的廣大基層應急管理者提出了更高的要求。是否能控制網絡輿情的傳播、正確引導輿論對突發事件的評價傳播，成為衡量基層應急管理能力強弱的關鍵，決定著基層處理突發事件的成效。筆者從突發事件、網絡輿情的概念入手，結合L市輿情引導和應急管理現狀，分析其原因，提出引導基層突發事件輿論和網絡輿論環境下如何加強基層應急管理的對策，以期更好地提升基層處理突發事件的能力，確保社會和諧、穩定。

[關鍵詞] 突發事件；網絡輿情；輿論引導；應急管理；對策建議。

近年來，L市各級、各部門以貫徹落實《中華人民共和國突發事件應對法》《四川省突發事件應對辦法》為主線，以實施《突發事件應急體系建設規劃》為抓手，在應急管理工作中本著以人為本、預防為主、立足市情、實事求是的原則，著力於完善應急管理運行機制，加強應急體系建設，不斷強化社會參與，尤其是加強輿論、輿情的正確引導，提升了應對處置突發事件的綜合能力。在搶險救援、應急處突、防火滅火、防汛抗旱等任務中，打贏了一場場硬仗，維護了社會的和諧穩定，有利於經濟社會發展，但離人民群眾的期盼和各級黨委政府的要求，仍存在一些亟待解決的問題。本研究對L市突發事件網絡輿情的認識、現狀、原因和網絡環境下基層應急管理工作的現狀進行了初步探討和分析，並提出了有利於引導基層突發事件輿論和在網絡輿論環境下加強基層應急管理的對策。

---

① 鐘繼紅，中共內江市委黨校講師。研究方向：黨建、應急管理。

一、基層突發事件輿情引導和應急管理現狀

(一) 正確認識基層突發事件及新舊媒體時代輿情引導的重要性

1. 正確認識基層突發事件

突發事件一般具有不可抗拒、無法預料、破壞性強、瞬間聚眾等特點，而政府或媒體對於突發事件的信息發布是否及時、真實，採取的處理措施是否得力、有效，都成為平息事件、安撫公眾的關鍵因素，媒介融合的傳播優勢也在突發事件的危機公關中彰顯出來。① L市占地面積5,000平方千米，戶籍人口數量約400萬，交通較為發達，一旦突發事件發生，相關部門能在第一時間趕赴現場處理。但由於部分地區地理條件的特殊性，會導致突發事件發生後官方媒體沒有來得及介入，消息已經鋪天蓋地，讓人應接不暇，難辨真偽，給基層突發事件的處理帶來更大的難度。

2. 新舊媒體時代輿情引導呈現出不同的特點

普通媒體時代，如報紙、電視臺等主流媒體的引導相對有一個製作週期，因此官方對突發事件的處理一般遵循「黃金24小時」原則，即在突發事件發生的24小時內通過主流媒體向外發布權威消息。用傳統的「黃金24小時」處理突發事件之法，已經讓人感覺力不從心。

新媒體時代，信息發布具有門檻低、傳播速度快、環境虛擬性等特點。近年來，很多突發事件、熱點事件都是在新媒體平臺上發布，並得到迅速擴散。從輿情生成的規律來看，在一個突發事件發生的最初幾小時之內，意見的呈現是多元的、弱小的，還沒有形成統一的或有意見領袖的民間輿論。但是幾小時的發酵之後，輿論導向或意見領袖一旦占據了主導性優勢，就能很容易影響公眾的意見走向。

對此，人民網的輿情監測室根據突發事件的輿情生成和發展規律，提出了「黃金4小時媒體」之說，即在事發4小時內，利用微博、微信、BBS論壇、QQ群等新媒體傳播平臺，及時有效地發布信息，利用這些「黃金4小時媒體」進行危機公關。這一方面需要政府各部門協調工作，厘清事實真相，組織文字語言，完成信息發布；另一方面，在這段時間內的危機公關可以在短時間內控制事件的傳播、發酵，避免發展成為重大輿論事件。由於基層政府網絡輿情的監控在技術和人力方面還達不到要求，增加了突發事件的解決難度。因此，政府一定要利用好對網絡輿情的監控和輿情發布平臺，第一時間做好把控，當某一突發事件出現時，要及早介入，讓政府的主流意見成為輿論主導。

3. 網絡輿情的概念及特點

所謂網絡輿情，是指在各種事件的刺激下，人們通過互聯網手段表達的對該事

---

① 李偉權. 新媒體與政府輿論傳播 [M]. 北京：清華大學出版社，2015.

件的所有認知、態度、情感和行為傾向的集合，在網絡環境下，輿情信息的主要來源有：新聞評論、BBS、博客、聚合新聞（RSS）等。據中國輿情網以往的研究，網絡輿情具有如下特點：

（1）自由度大。互聯網是完全開放的，它拓展了所有人的公共空間，有利於所有人發表意見和參議政事。每個人都有機會成為網絡信息的發布者，每個人都有選擇網絡信息的自由。通過BBS、新聞點評和博客網站，網民可以立即發表意見，下情直接上達，民意表達更加暢通。互聯網的匿名環境、海量帖文的氣氛渲染、觀點相近人群的頻繁溝通，更容易產生「群體極化」，並可能發展為人身攻擊，甚至威脅社會正常秩序。因此，網絡輿情比較客觀地反應了現實社會的矛盾，比較真實地體現了不同群體的價值。

（2）突發性強。網絡輿論的形成往往非常迅速，一個熱點事件的存在加上一種情緒化的意見，就可以成為點燃一片輿論的導火索。當某一事件發生時，網民可以立即在網絡中發表意見，網民個體意見可以迅速地匯聚起來，形成公共意見。同時，各種渠道的意見又可以迅速地進行互動，從而迅速形成強大的意見聲勢。

（3）涉及面廣。在信息多元化時代，網絡輿情表達快捷、方式互動，具備傳統媒體無法比擬的優勢。網民人數快速增加，根據中國互聯網絡信息中心（CNNIC）8月4日在京發布第40次《中國互聯網絡發展狀況統計報告》（以下簡稱《報告》）。《報告》顯示，截至2017年6月，中國網民規模達到7.51億，占全球網民總數的五分之一。互聯網普及率為54.3%，超過全球平均水準4.6個百分點。手機網民規模達7.24億，網民中使用手機上網的比例由2016年年底的95.2%提升至96.3%。網民手機上網比例在高基數基礎上進一步攀升。根據2009年《人民日報》與人民網聯合進行的網上調查數據顯示，有87.9%的網民非常關注網絡監督，當遇到社會不良現象時，93.3%的網民選擇網絡曝光。網絡監督已經成為暢達民意、維護權益、鞭撻腐敗的便捷而有效的手段。

（4）影響力深。網絡輿情可以對人們的人生觀、價值觀起到潛移默化的作用，影響、改變人們對政府、司法機關的看法和評價，在意識上打上深層烙印。有關的「壞消息」多了，經過網絡發酵，就會從量變到質變，使政府的公信力逐漸降低。

（二）基層突發事件網絡輿情引導和應急管理現狀

1. 突發事件網絡輿情來勢凶猛、複雜多變，其基層難以預測和控制，給社會穩定與管理帶來了挑戰[①]

突發事件網絡輿情由於其自身特點，發生突然、複雜多變、無法預測，加之網民身分隱蔽、來去自由、虛擬無形，基層政府對網絡輿情往往不僅難以控制，而且負面作用突出，影響極大。

---

① 巨乃岐，宋海龍，張備. 中國突發事件網絡輿情：現狀問題與對策 [J]. 哈爾濱學院學報，2011 (7).

（1）網絡發聲者的情緒化導致網絡暴力頻繁出現。由於網絡發言者身分隱蔽，並且缺少限制和監督，面對突如其來的重大事件，有些人會帶著自己的一些焦慮、困惑或不滿等情緒，觸景生情，自由宣洩，發表和散布一些不合實際、不負責任、片面、偏激、個人主義色彩濃厚的言論。隨後，網民們往往通過「人肉搜索」，公開成群結隊評論，導致出現鋪天蓋地的輿論暴力，甚至通過各種方式侵入當事人的生活，給當事人帶來極大的困擾，不利於政府對其事件的處理。

（2）網絡監控員缺失導致網絡虛假信息泛濫，嚴重危害社會秩序。網絡傳媒由於缺少監控員對信息進行篩選過濾，虛假信息和謠言在網上大量聚集，輿情信息良莠不齊、真假混雜、無法辨認，這直接干擾了網民的判斷，也擾亂了正常的社會秩序。

（3）「意見領袖」的惡意引導引發了「蝴蝶效應」，導致突發事件升級、放大，給社會帶來嚴重危害甚至災難。「在每個社會領域，從最高貴者到最低賤者，人只要一脫離孤獨狀態，立刻處在某個領袖的領導之下」[①]。意見領袖往往是突發事件網絡輿情的領頭羊，其意見和看法直接左右輿情的發展方向和態勢。

2. 基層處理網絡輿情存在著一定的誤區，導致對突發應急事件的處理難度加大

（1）線上刪帖線下封鎖。在一些部門單位，一方面，一旦網絡上出現負面信息，第一時間想到的是協調網站、網信部門刪帖，導致冷門帖文打草驚蛇，熱門信息越刪越多；另一方面，對於現實中出現的突發事件，第一時間想到的是「關好大門」，因為瞞報、緩報、漏報現象頻出，導致謠言滿天飛，官方信息真假難辨。「瀘縣太伏中學學生死亡事件」初始，面對如潮般的質疑，官方實行線上言論管控，但20多起謠言仍廣泛傳播，官方回應沒有效果。

（2）輿論引導方式單一。網絡輿情的發酵爆發，既是圍觀網民追求真相的需求，更是情緒的表達和宣洩。有些地方只重視處理突發事件本身，一味強調公布事實真相，忽略網民情緒疏導，導致線下處理得表揚、線上網友不買帳。在引導形成上，有的地方過分依賴新聞發布會、官方平臺發聲等傳統危機事件處置的「規定動作」，沒有正視網絡信息「碎片化」的傳播規律，導致官方和民間兩個輿論場平行，形成想送出去的沒送出去、想得到的又得不到的局面。「哈爾濱大火事件」中，官方通報全文共585個字，「領導高度重視」就占258個字，而對於犧牲的3位戰士和失聯的2位戰士，則一筆帶過。在新聞發布會上，不設提問環節，只有情況通報，最終引發全民憤怒。

（3）信息發布越位、錯位。當前，絕大部分地方高度重視輿情危機事件的信息發布，但又不能把握好時度效。一方面，總想大事化小、小事化了，避重就輕、草率結論，急於下結論、定性質，選擇性地公開信息，結果反而引起網民和媒體「發難」，最終使輿情爆發，不可控制；另一方面，信息發布準備不足，政府官員、新

[①] 古斯塔夫·勒龐. 烏合之眾——大眾心理研究 [M]. 馮克利, 譯. 桂林：廣西師範大學出版社, 2007.

聞發言人因為對信息掌握不全、自身業務素養不高等各種問題，發布信息喜歡用「可能」「也許」，將「墜樓」說成「跳樓」，明明已「拆除」硬要說成「保護」，不時曝出「雷人雷語」，次生輿情更是「火上澆油」。「雷洋之死」事件中，官方回應花費很多筆墨來證明雷某涉嫌嫖娼，卻迴避從被「抓嫖」到死亡發生了什麼、死因如何、執法是否適當等關鍵問題，且僅從官方微博單一發布，造成輿情從發生到平息花了近一個月時間。

(4) 面對媒體盲目自大。網絡輿情會不會發展成危機事件，關鍵還看媒體介不介入、怎樣介入。但很多人「防火防盜防記者」意識不減，面對媒體，主觀上不願意說、行動上不主動說、時間上不及時說、內容上不真實說、態度上不端正說、有關領導不讓說，從而激起媒體和公眾的憤怒，使質疑批評不絕於耳，流言小道消息不斷，事態不斷擴大升級。在「瀘縣太伏中學學生死亡事件」中，新華社三問瀘縣校園死亡事件導致本來快要平息的輿情再次升級。

二、當前基層突發事件輿情引導和應急管理工作存在的問題

(一) 突發事件輿情引導存在的問題

當今，網絡技術突飛猛進，尤其是智能手機的普及，新興媒體異軍突起，推動了傳統媒體的深刻變革，當前信息的傳播方式、傳播格局和輿論格局已發生翻天覆地的變化，給突發事件的應對和處理增加了難度。經過調研，筆者認為L市在輿情引導方面存在以下一些問題：

1. 缺乏對網絡的全面認識

網絡的快捷傳播速度，讓人們獲取信息更加容易、方便，尤其是突發事件，傳播能力超強，但政府對於網絡消息的傳播認識程度不夠，應急管理工作者更是缺乏相關的認知，造成大部分工作人員有的只看到網絡的負面作用，對傳播信息者存有嚴重的抵觸情緒，認為網絡上多為「好事者」「刁民」。在突發事件發生時總存有畏難心理，遇到網絡負面事件和影響不敢及時、正面回應，造成網民與政府之間的溝通形成新障礙，不能相互理解和支持。

2. 缺乏對網絡輿情的及時回應

突發事件具有突發性、不確定性、破壞性、衍生性、擴散性、社會性、週期性的特點。尤其是突發性，有的事件發生時，相關部門可能還沒有反應過來，網絡上鋪天蓋地的消息就已經傳開了。L市曾有類似案例發生，由於缺乏對網絡輿情的把控，當地政府很被動，卻盡量想把事態化小，竭盡全力「捂」，採取「瞞、壓、拖」的「鴕鳥」政策[①]，卻仍然抵擋不住信息在互聯網的快速傳播。若不做出迅速反應，勢必會陷入被動、尷尬的局面。調研中發現，L市在輿情把控能力方面還存在一定

---

① 向駿，向福明. 地方政府應對網絡輿情事件的偏差與對策 [J]. 決策諮詢，2013 (4).

的問題，還未形成快速、成規模的網絡輿論應對力量。這種對正常信息的過度控制會直接導致信息失效，容易使虛假信息通過網絡等其他渠道的廣泛傳播不斷增加，導致部分缺乏信息辨識能力的網民聽信謠言，滋生輿論危機，給應急管理工作和地方政府、企業處理事件帶來更大的難度。

3. 缺乏主流媒體對輿情的正面引導

主流媒體受到新聞傳播管理方面的限制，有時無法在第一時間搶先報導，面對可能產生的負面效應，大多數主流媒體往往採取迴避的態度。然而，這種保守、被動的運作方式往往導致「網絡話語權」鬥爭中負面消息的點擊率高、轉載率高，部分偏激的言論比正面的主流言論傳播速度快、波及面廣，主流媒體在網絡空間的正面引導中無法發揮其應有的作用。所謂「謠言止於智者」，可我們面對的普通群眾，沒有更多的時間讓他們去思考，於是造成「一傳十、十傳百」的現象，謊言說了一千遍，最後真的也成假的了，再來糾正為時已晚。

(二) 基層應急管理工作中存在的問題

1. 組織管理機構設置不規範

一些縣區、鄉鎮、企業雖然成立了應急管理機構，但基本上是隨意指定一個部門和人員代辦此項工作，有的掛了個牌子，有的為了應付上級，形式上成立應急辦，但長期處於缺員狀態。由於應急管理機構不規範、不具體、不明確，造成應急管理人員在實際操作中趨於被動，難以施展拳腳；有時應急辦限於人手少等原因，往往與有關部門、應急機構之間的協調聯動不夠，影響了綜合協調能力的發揮。

2. 應急平臺建設進展緩慢

一些領域監測手段落後、網絡不夠健全，綜合預警能力有待提高；突發事件的隱患底數仍不夠清楚、明晰，地理信息、道路交通、地質災害、水文資料等處置突發事件所需的基礎信息還沒有建立規範、統一、完備的數據庫，難以充分實現信息資源共享；應急指揮平臺建設進展緩慢，縣區甚至尚未啓動，突發事件現場通信聯絡時有不暢，信息獲取、視頻採集能力很弱，統一指揮、統籌協調難度較大。

3. 應急隊伍標準化程度不高

專業應急救援隊伍還存在種類不全、力量不足、佈局不夠合理等問題，開展事故災難、地質災害等緊急救援的大型、特種和先進適用裝備較為缺乏。專業隊伍培訓演練不夠，一些高端裝備只有少部分人員會使用，不能充分滿足實戰需要。遠距離的快速拉動和協同應對能力較弱，現場處置能力尤其是第一時間的生命搜救能力亟待加強。

4. 應急信息報送時效性不強

很多基層政府工作人員都意識到現代社會中隱瞞信息是很不明智的事，只有及時上報信息和向社會公開發布信息才是正確的選擇。但是，在實際工作中仍然存在突發事件信息報送不及時、信息核即時效性不強的情況，造成媒體或者上級政府通過別的途徑得到信息而當地政府還沒有接到準確信息。

5. 應急協調聯動機制不健全

目前，缺乏強有力的協調動員機制，部門之間、條塊之間在突發事件的預防與處置中銜接還不夠緊密，力量比較分散，信息不夠完整，行政資源浪費較多，直接影響工作效率。日常工作中只重視政府職能部門和部隊武警民兵的應急救援作用，忽視工青婦等人民團體和慈善會、紅十字會等公益團體，以及社會公眾的作用，關鍵時刻影回應急處置效果。

三、做好突發事件輿情引導和應急管理工作的對策建議

做好突發事件輿情引導和應急管理工作是當前政府、企業工作中的一件的大事，正確引導輿論是做好應急管理工作的關鍵。科學技術日益發達，「短、平、快、易」的傳播特點，讓人們獲得信息的方式變得更加靈活快捷，交往變得更加簡單容易，生活變得更加豐富多彩，人們的思想觀念、價值觀念、行為模式較之以前有了翻天覆地的變化①。面臨新的形勢，只有做好突發事件輿情的正確引導，才能更好地推動落實基層應急管理工作。

（一）以網絡監測為導向，實現基層應急管理工作科學化

網絡輿情是公眾通過互聯網對現實社會中各種現象、問題所表達的信念、態度、意見和情緒的總和。習近平總書記指出，「把握好網上輿論引導的時、度、效，使網絡空間清朗起來」。新媒體時代下，網絡輿情基本上等同於民眾的意見，已成為民意的「晴雨表」。在公共突發危機事件中，為避免網上不實言論引發社會不穩定，就要及時發現並緊跟輿論熱點，進而研判輿論發展方向，適時主動發聲，掌握話語權，佔領輿論高地，實現基層應急管理工作科學化。一是要建立網絡安全監測預警、信息通報、應急協調機制，定期組織關鍵設施和重點領域專項檢查。二是要健全制度規定，把監測網絡輿情當作一種工作常態來堅持，把引導網絡輿情作為一種能力來鍛煉，前瞻性地做好思想政治工作。要完善機構設置，加強網絡輿情監控工作，準確把握網絡輿情的存在空間，及時搜索發現影響社會大局穩定的苗頭性、傾向性問題。三是要注重輿情表象背後本質的分析研判，不斷提高網絡輿情處置的引導能力。針對網絡中搬弄是非、惡意造謠、隨意傳謠以及不健康、反社會的言論，要迅速鑑別並加以查封和堵截。四是要採取法律和政策手段，健全完善網絡管理制度，加強對網絡信息傳播的監控，把不良信息堵在用戶終端之外，最大限度地淨化網絡空間，營造良好的網絡輿論環境，構建安全的網絡防控體系。

（二）以科普宣教為載體，實現基層應急管理工作常態化

通過科普宣教平臺，向群眾普及應急管理工作知識。一是讓基層幹部群眾認識它、理解它、接受它，並將它作為一項常態工作融入日常生產生活中，才能收到事

---

① 葉皓. 突發事件的輿論引導 [M]. 南京：江蘇人民出版社，2009.

半功倍的效果。二是以科普宣教為載體，以基層領導幹部、應急管理工作人員和廣大群眾為重點，採取發放資料、懸掛標語、舉辦講座、編排節目等多種基層幹部群眾喜聞樂見的形式，全方位、多層次、大密度地開展應急宣教活動，進一步明確應急管理「是什麼、為什麼、做什麼」，並做到持之以恆、堅持不懈，讓應急管理知識真正家喻戶曉、深入人心，讓應急管理工作真正擺上桌面、落到實處，讓基層幹部群眾真正將應急管理工作放在心上、抓在手上，做到對應急內涵有把握、對應急工作有思路、對應急行動有回應。

（三）以建章立制為基礎，促進基層應急管理工作規範化

一是標準要統一明確。要在深入調研的基礎上，吸收和借鑑先進地區的經驗做法，按照「機構健全、人員到位、機制科學、運轉高效」的基本要求，盡快明確基層應急管理工作的基本工作規範，建立健全系列規章制度，定好大方向、大思路、「大筐子」，切實讓基層單位和幹部群眾做到有章可循、有規可依，解決部分基層單位存在的「不會干」「不敢干」等問題。二是運作要科學務實。工作中，要緊密結合基層實際，把握基層特點，瞄準基層需要，堅持因地、因時、因事制宜，把應急管理「大規範」與基層單位「小特點」有機結合起來，即要求形式上「中看」，又要求內容上「實用」，切記形式主義和機械主義，始終保持應急管理工作的實踐特色[1]。

（四）以示範帶動為抓手，實現基層應急管理工作精細化

俗話說：「點亮一盞燈，照亮一大片。」就基層應急管理工作而言，就是要以應急管理示範點為「指路明燈」，強化其示範帶動作用，放大其引導效應，帶動基層應急管理工作全面展開。以鎮鄉（街道）為重點，以村（社區）、學校、醫院等企事業單位為基礎，選擇一批「領導重視程度高、主動參與意識強、現有基礎條件好」的基層單位，大力開展應急管理示範項目建設，並加大管理和培育力度，爭取在每個層次、每個區域、每個行業都建成若干個示範項目，形成完善的示範項目體系。依託各級各類示範項目，採取典型引路、以點帶面的方式，推廣示範項目建設的經驗和做法，讓每個基層單位都能夠在示範項目中找到「同類項」，對照先進逐條逐項地找弱點、查不足、補漏項，做到「比有標杆、趕有思路、干有勁頭」，從而實現「培育一個、帶動一批、輻射全面」的目標，不斷做細、做精、做強基層應急管理工作。

（五）以提升能力為保障，實現基層應急管理工作效能化

一是健全應急預案和應急隊伍體系，強化演練，提升應對能力。應急預案是保障應急救援協調指揮工作順利進行的重要依據，是政府加強應急管理，應對事故災難開展搶險救援的前提。在建立健全綜合應急救援隊伍的基礎上，重點加強防汛抗

---

[1] 楊曉和. 加強基層應急管理工作探析［J］. 中國應急管理，2012（1）：60.

旱、地震、消防、礦山救援等專業應急隊伍建設，並著力完善應急專家、志願者和基層群眾隊伍。強化應急實戰演練，檢驗預案的科學性和實用性，進一步補充、完善各類應急預案。二是加強物資儲備，提升保障能力。強化基層應急物資儲備，既要自我儲備必要的防汛、防火、防風、防雪等常用應急物資，又要與周邊單位合作，實現應急物資和裝備共享共用，為突發事件應急處置做好充足準備。三是完善預警體系，提升防範能力。要結合村（社區）等基層單位特點，有效解決預警信息發布「最後一公里」的瓶頸問題。

（六）以資源整合為目標，實現基層應急管理工作社會化

應急管理既是基層社會管理的重要內容，也是基層經濟社會發展的重要組成部分。[①] 因此，必須從大社會、大發展、大管理的高度來思考和定位應急管理工作，切實樹立起「抓應急就是保民生、保穩定、保增長」的理念。積極整合基層現有各類應急資源，將基層單位特別是村（社區）的防災減災、衛生監督、綜治維穩等有關工作全部裝入應急管理的「大盤子」，實行統籌運作、融會貫通、一體化推進，為基層應急管理工作搭建多支點、多層面、多觸角的社會化、綜合性平臺，從而推動基層應急管理工作在新形勢、新層次上實現新發展、新跨越。

黨的十九大報告指出「要高度重視傳播手段建設和創新，提高新聞輿論傳播力」。作為地方政府、應急管理工作者要充分認識新媒體的互動性與便捷性、海量性與共享性、數字性與虛擬性、多媒體與超文本、個性化與社群化的特點，要在突發事件發生時，加強對輿情的正確研判，把控輿論導向，構建防控安全網，營造良好的網絡輿論環境，只有這樣才能真正讓應急管理工作有的放矢，才有利於維護人民群眾的切身利益，有利於社會穩定和人心安定，有利於突發事件的妥善處置。

參考文獻：

[1] 李偉權. 新媒體與政府輿論傳播 [M]. 北京：清華大學出版社，2015.

[2] 佚名. 處置突發事件的「黃金4小時」法則：新媒體時代 [EB/OL]. [2010-02-07]. http://politics.people.com.cn/GB/1026/11003991.html.

[3] 佚名. 輿情培訓——什麼是網絡輿情？[EB/OL]. [2013-04-03]. http://yuqing.hexun.com/2013-04-03/152808545.html.

[4] 巨乃岐，宋海龍，張備. 中國突發事件網絡輿情：現狀問題與對策 [J]. 哈爾濱學院學報，2011（7）：40-47.

[5] 古斯塔夫·勒龐. 烏合之眾——大眾心理研究 [M]. 馮克利，譯. 桂林：廣西師範大學出版社，2007.

---

① 鐘建宏. 加強應急管理專家組建設 提高科學應對突發事件能力 [J]. 中國應急管理，2011（1）.

［6］向駿，向福明. 地方政府應對網絡輿情事件的偏差與對策［J］. 決策諮詢，2013（4）：84-86.

［7］葉皓. 突發事件的輿論引導［M］. 南京：江蘇人民出版社，2009.

［8］佚名. 學習貫徹習近平同志在黨的新聞輿論工作座談會上重要講話精神［EB/OL］.［2016-04-07］. http://politics.people.com.cn/GB/8198/402525/.

［9］楊曉和. 加強基層應急管理工作探析［J］. 中國應急管理，2012（1）：60.

［10］鐘建宏. 加強應急管理專家組建設 提高科學應對突發事件能力［J］. 中國應急管理，2011（1）：38-40.

突發事件網絡輿情的特點、演變及應對

羅之前[①]

[摘　要] 轉型變革期，中國各類社會矛盾浮出水面，各種突發危機事件時有發生，網絡輿情熱度不減，有時甚至急遽升溫。突發事件網絡輿情呈現出一定的週期性規律，在不同的階段具有不同的特點，這對於突發事件的應對決策具有重要的作用。要加強突發事件網絡輿情的處置應對，應加強對網絡輿情信息的收集和分析研判，及時、妥善處理網絡輿情所反應的實質問題，迅速進行責任切割，從加強網絡輿情的引導與管控、加強網絡危機管理和危機公關隊伍建設等方面著手。

[關鍵詞] 突發事件；網絡輿情；演變；應對。

突發事件，一般來講是指突然發生的重大或敏感事件，如自然災害、恐怖事件、社會衝突、醜聞，包括大量謠言等，通常也稱為「危機」。從廣義上講，突發事件指突然發生的較難或難以應對的、可能引起公眾較高關注的、必須立即採取非常規方法來處理的事件。網絡輿情，是指在各種事件的刺激下，人們通過互聯網手段表達的對該事件的所有認知、態度、情感和行為傾向的集合。在網絡環境下，輿情信息的主要來源有：新聞評論、BBS論壇、博客、播客、微博、聚合新聞（RSS）、新聞跟帖及轉帖等。突發事件網絡輿情是指突發事件發生後，社會公眾以網絡為載體表達對事件或與事件相關的政治、經濟和社會具有影響和傾向性的意見、情緒與態度的總和。當前，中國正處轉型變革期，各類社會矛盾浮出水面，各種突發危機事件時有發生，網絡輿情熱度不減，有時甚至急遽升溫，並不斷出現新的傳播形式和傳播規律。

一、近年來的突發事件網絡輿情現狀

近年來，社會領域多個熱點話題引發網絡輿論深度發酵，不僅深刻地影響著現實的社會秩序，而且也塑造著線上網絡生態。以2016年為例，從「東北女孩怒斥號販子」到多起醫患糾紛，從春節返鄉熱潮到農村治理話題，從網約車頂層設計到地

[①] 羅之前，中共南充市委黨校基礎理論教研室副主任，副教授。研究方向：社會治理和應急管理。

方細則，從王寶強離婚風波到明星發微博維權，從非法使用童工到精準扶貧的推進，從暴力拆遷到公共安全話題，從電信詐騙事件到反思網絡募捐，從抗洪防汛到突發自然災害應急處置，以及從常州毒地事件到一系列環境群體性事件等，中國互聯網見證和推動了一系列大事件。在全年的社會熱點輿情中，事件性社會輿情佔比高達66.8%，政策性社會輿情佔比為27.5%。醫療衛生、突發事件、網絡治理、教育文化、交通管理、社會保障、環境保護等社會話題關注度較高，由於與民生關切息息相關，相關新聞總能在短時間內燃爆輿論場，引發全社會的廣泛關注。

輿情涉事主體涉及的黨政機關最多，相關部門的處置回應有成功案例，也有失敗教訓。中央和各級政府都不斷地在輿情處置中做出努力和突破。涉及企業的社會熱點輿情多為大型著名企業，其輿情處理的得失和公關智慧直接影響著品牌形象。

社會熱點輿情的發酵呈現新的特點和趨勢，熱點話題區域化、行業化、全民化，多個熱點輿情超越地域限制，引發全國性關注已成為常態。自媒體成為主要發酵平臺之一，網民實現了「指尖發聲」，輿論進入「圍觀新常態」。主流媒體仍然是推動輿情話題發酵的重要因素，一方面讓討論不斷深入，同時對敏感議題還具有「脫敏」效果。「標籤化傳播」仍十分常見，網民刻板認知致使「輿情反轉」頻現。明星頻頻介入公共話題，社會力量持續發展。整體輿論生態出現微妙變化，主流意見趨向積極。從社會輿情反響來看，政策類輿情比較容易產生正向輿論效果，事件類輿情造成次生輿情災害的比例較高。

整體來看，公權力自律、放權、施惠的，輿論反響較好；公權力為直接涉事主體的，其輿情處置能力面臨著較大考驗。新華網輿情監測分析中心認為，未來社會輿情仍將長期保持較活躍的態勢，教育、醫療、社會保障、環保、旅遊等依然是輿情高發、頻發地帶。隨著深化改革的全面推進，政策實施層面將承載更多的輿情，輿論訴求對象也將從中央轉向地方。以中產為代表的群體參與社會性公共事務的熱情持續增高，輿論訴求也將更加著眼於權利實現，成為良性輿論環境的建設者。此外，鑒於互聯網在社會治理中扮演的角色也越來越重要，網絡治理仍將是社會治理的重要部分，良性的網絡空間秩序有待於持續建設與維護。

二、突發事件網絡輿情的基本特點

突發事件網絡輿情的發生千差萬別，仔細梳理其共性，一般具有以下特點：

第一，自由多元。互聯網是開放的，它拓展了人們的公共空間，給了所有人發表意見和參議政事的便利，每個人都有機會成為網絡信息的發布者，每個人都有選擇網絡信息的自由，通過BBS、新聞點評、微信微博等，網民可以立即發表意見，下情直接上達，民意表達更加暢通。由於互聯網的匿名特點，多數網民會自然地表達自己的真實觀點，或者反應出自己的真實情緒。因此，網絡輿情比較客觀地反應了現實社會的矛盾，比較真實地體現了不同群體的社會認知。網絡輿情的主題極為

寬泛，話題的確定往往是自發、隨意的。從輿情主體的範圍來看，網民分佈於社會各階層和各個領域；從輿情的話題來看，涉及政治、經濟、文化、軍事、外交以及社會生活的各個方面；從輿情來源上看，網民可以在不受任何干擾的情況下就社會事件和現象發表言論，發表後的言論可以被任意評論和轉載。正因突發事件的網絡輿情具有自由多元的特點，所以防不勝防，其一旦爆發，常令人無所適從、心生畏懼。

第二，急遽爆發。網絡輿論的形成往往非常迅速，一個熱點事件的存在加上一種情緒化的意見表達和炒作，就可以成為點燃一片輿論的導火索，令人猝不及防。當某一事件發生時，網民可以立即在網絡中發表意見，網民個體意見可以迅速地匯聚起來形成公共意見。同時，各種渠道的意見又可以迅速地進行互動，從而迅速形成強大的意見聲勢。在互聯網上，網民普遍表現出強烈的參與意識。在對某一問題或事件發表意見、進行評論的過程中，常常有許多網民參與討論，網民之間經常形成互動場面，贊成方的觀點和反對方的觀點同時出現，相互探討、爭論、相互交匯、碰撞，甚至出現意見交鋒。這種網民之間的互動性即時交流，使各種觀點和意見能夠快速地表達出來，討論更廣泛、更深入，網絡輿情能夠更加集中地反應參與者的觀念和情緒心態，在短時間內能迅速聚焦，形成輿論的汪洋大海。

第三，偏差偏激。互聯網輿情是社情民意中最活躍、最尖銳的一部分，但網絡輿情還不能等同於全民立場。隨著互聯網的普及，新聞跟帖、論壇、博客的出現，中國網民們有了空前的話語權，可以較為自由地表達自己的觀點與感受。雖然不乏理性和建設性的發言，但由於網絡空間中法律道德的約束較弱，如果網民缺乏自律，就會導致某些不負責任的言論，比如熱衷於揭人隱私、妖言惑眾、偏激、非理性、盲從、衝動，有反社會傾向等。由於發言者身分隱蔽，並且缺少規則限制和有效監督，網絡自然成為一些網民發泄情緒的平臺。人們在現實生活中遇到挫折，對社會問題片面認識等，都會利用網絡得以宣洩，因此在網絡上更容易出現庸俗的言論。由於受各種主客觀因素的影響，一些網絡言論缺乏理性，比較感性化和情緒化，甚至有些人把互聯網作為發泄情緒的場所，通過相互感染，這些情緒化言論很可能在眾人的回應下，發展成為有害的輿論。

第四，娛樂共振。突發事件網絡輿情共振表現為某種輿情累積及特定輿情與網民情緒複合累積。一是不同事件的輿情共振。一些突發事件發生在不同地區、不同時段，誘因也有差異，但事件卻帶有共性因素，如徵地拆遷、官員腐敗、司法不公、城管暴力等，這類事件接連或斷續發生會強化或激化某類輿情。二是特定對象的輿情共振。即只要涉及某類對象，網民輿情會趨同化，如在對政府行為、形象判斷和評價中，網民提出「凡是」概念，極端地認為凡是政府贊揚的都反對，凡是政府闢謠的都真實。事件輿情的娛樂化也是值得注意的現象。網民希望在網絡上實現創作、「惡搞」、娛樂活動，將好玩、戲謔、法不責眾乃至趁火打劫的情緒不斷放大。由於網民娛樂化特點，各種凸顯直觀性、形象性的符號和元素受到網民追捧。如將事件

中的現象、話語、行為等引入到其他社會現象中,通過多種社會元素嫁接、融合,促使網民和大眾形成對官場腐敗、官員無能、政府無信等反面、否定的認知;或將事件中低俗性、淫穢性、私密性的元素不斷擴展、補充和凸顯,以激發網民和大眾的快感化想像和消費性心理,造成大量的網絡言論低俗化、娛樂化。

第五,衍生擴散。衍生擴散是指由原生突發事件的產生而導致其他類型突發事件的發生。有兩種情況:一種情況是衍生突發事件的危害程度、影響範圍低於原生突發事件,社會的主要力量,集中精力集中於原生突發事件的處置,應急活動的主要對象不會發生改變;另一種情況是衍生突發事件的危害程度、影響範圍高於原生突發事件,從本質上講,問題的主要矛盾已發生了轉移,應急活動的主要對象已發生了變化,需要重新調整社會力量和精力解決面臨的主要問題。就第二種而言,只有少數情況是難以避免的,多數情況是由於處置時對問題考慮不周和控制失誤所導致。隨著社會的進步和現代交通與通信技術的發展,地區、地域和全球一體化的進程在不斷加快,相互之間的依賴性更為突出,使得突發事件造成的影響不再僅僅局限於發生地,會通過內在聯繫引發跨地區的擴散和傳播,波及其他地域,形成更為廣泛的影響。而且有些突發事件本身帶有一定的國際性色彩,其產生的背後具有某些國際勢力的支持,自然會出現聯動效應,比如恐怖事件、社會騷亂,這些都會給突發事件的應對帶來更大的難度。

三、突發事件網絡輿情演變的基本階段

突發事件網絡輿情有其熱度和關注度的變化,從而呈現出一定的週期性規律。突發事件網絡輿情的產生與變化可以分為若干階段,其演進和消退具有一定的階段性。關於輿情週期的研究不盡相同,大致包含發生期、擴散期和消退期三個階段。如果再做細分,突發事件網絡輿情一般可分為五個階段,即潛伏醞釀期、萌動始發期、爆發加速期、成熟穩定期和衰退復原期。

(一)潛伏醞釀期

潛伏醞釀期的網絡輿情表現為突發事件的因素已經存在,但因為能量不夠或缺乏強力觸發而暫未顯化為民眾所感知的突發事件,這一階段屬於平靜階段。在2016年的「趙薇事件」中,自從製片方開始選擇支持過「臺獨」的戴立忍和有辱華言行的水原希子作為電影《沒有別的愛》的主演後,便為引起社會公眾劇烈反對埋下了種子,網絡輿情便進入了潛伏醞釀期。

(二)萌動始發期

這一階段表現為突發事件網絡輿情已現端倪,少量的信息開始湧現,但可能不大為人所關注。4月25日,在趙薇公布了新電影的幾位主演(其中包括戴立忍和水原希子)後,就有網友質疑戴立忍支持過「臺獨」,水原希子有辱華言行。此時關注的網民人數尚少,況且之後製片方存在換人另擇主演的可能,輿論未加深究,但

是輿論反對的信息已經傳出了，並有隨著事件的發生向爆發方向演變的可能。

（三）爆發加速期

爆發加速期的網絡輿情表現為網絡能量快速集聚、意見領袖出現、熱度大幅增加，這一階段的特點是網絡輿情熱度極高，呈現出爆發性。6月27日，《沒有別的愛》殺青，趙薇發微博慶祝並放出與戴立忍的合影，引發網友的第二波熱議，微博接替天涯論壇成為「主戰場」。一時間，戴立忍大量的言行被網友扒出。6月30日，戴立忍與片方官微分別發聲，否認傳言。對於官微和戴立忍的聲明，網友顯然不買帳，依然在各大主流媒體平臺深扒並曝光其相關內容。官方媒體的加入成為引爆該事件的關鍵導火索。共青團中央官方微博轉發長文《趙薇、戴立忍及〈沒有別的愛〉為什麼遭網友普遍譴責抑制》，發布後疑似被刪除，後被恢復。「紫光閣」也轉發該文並評論「怕你再被刪帖」。國家文化安全研究中心官方微博「思想火炬」發聲表達立場。該條微博獲得千萬閱讀量、十幾萬轉發量，反響十分強烈。當晚趙薇再次發博，稱自己為「中國國籍」，稱戴立忍非「臺獨」，並宣稱水原希子未參與出演《沒有別的愛》。與此同時，網絡議程已經從「臺獨」問題朝向電影以外的混亂議題狂奔而去，各種陰謀論層出不窮。因有人指出，趙薇團隊對戴立忍事件進行大規模刪帖，其背後絕對有神祕力量支持，由此牽扯出「資本控制輿論」的種種猜測，與趙薇交好的馬雲、李連杰等紛紛被「拉下馬」，「共濟會」陰謀論產生。7月13日，發端於天涯爆發於微博的話題，開始出現大量關於「你好萬維網」負責人吳樂水的妻子萬惠的新聞，網傳趙薇對其進行跟蹤竊聽並強行送入精神病院。此話題一下引爆社交網絡，除天涯、微博外，豆瓣、晉江等小眾論壇也紛紛跟進。在這一階段，網絡輿情加速爆發，愈演愈烈，進入高潮。

（四）成熟穩定期

成熟穩定期，網絡輿情的網絡主導意見已形成，關注人數相對穩定，熱度處於平衡。7月14日，人民日報官微及眾多媒體終於不再保持沉默，紛紛轉發《國防報》官方微博評論文章為事件定性，即「底線不可觸碰，臺獨必遭抵制」。權威輿論一錘定音，網絡輿論主導意見已經完全形成，輿論的力量不可逆轉。

（五）衰退復原期

這一階段表現為熱度開始冷卻，社會關注度下降，新的網絡熱點開始出現並替代原來的熱點。7月15日，《沒有別的愛》官方微博再發聲明：撤換男主角戴立忍。當日，水原希子發布道歉視頻，解釋了近日被網友熱議的辱華事件，表明自己對中國的喜愛。事件有了符合網絡主導輿情意見的基本結果，關注告一段落，熱度開始衰減。當事方的相關舉措是促使輿情消退的重要因素，同時網民關注輿情的時間也是有限的，如果有新的吸引人眼球的話題，網民的注意力會很快轉移。從這個意義上說，外界刺激也是輿情消退的重要外因。但輿情的消退並非輿情的終結，輿情消退了也可能會再反覆，特別是遇到相同或類似的話題時便很容易形成連鎖反應。

突發事件網絡輿情在不同的階段具有不同的特點，這些特點對於突發事件的應

對決策具有重要的作用。

四、突發事件網絡輿情的處置應對

（一）加強網絡輿情的信息收集和分析研判

建立專門的輿情監控小組，開展包括網絡輿情在內的信息監測、分析和研判，撰寫輿情報告，與有關網絡或傳統媒體進行溝通與互動，在網絡上組織發布正面消息引導輿論，撰寫網絡輿情評估與總結報告等工作。輿情監控小組密切關注網絡輿情變化，利用包括高科技如大數據技術等各種手段強化網絡輿情分析研判，把握總體態勢，加強深度分析，捕捉具有苗頭性的信息，分析找出問題形成的原因，提出解決問題的對策和建議，預測和判斷事件的發展和走向，逐日形成輿情報告，以供決策參考，把網絡輿情應對關口前移，有效預防突發事件輿情爆發。當網絡輿情突發事件發生時，網絡監管隊伍可迅速轉成網絡輿情突發事件指揮中心。這樣可以提高政府對事件的回應速度，盡快採取有效措施，沉穩應對網絡輿情突發事件。

建立健全網絡輿情應對和防範機制。一是利用先進的網絡技術，不斷即時收集、篩選、分析、研判、過濾網絡上的負面網絡輿情。通過網絡信息分析研判系統，即時監控網絡信息的發生和發展動態，提高負面網絡輿情的預警度。二是繼續發揮內部網絡作用，建立信息預警機制，使網情動態等涉及群體性事件方面的情報能夠達到即時共享、一方預警、多方聯動。最後建立快速有效的聯動機制。

（二）及時妥善處理網絡輿情所反應的實質問題

當前不少地方政府政績觀與公眾心目中的期望水準總體上仍存在較大反差，特別是教育、醫療、就業、司法公正、社會保障等公共服務領域出現供給短缺，這就需要政府部門從社會整體利益和共同利益的角度出發，在平時的工作中根據社會和市場需求，通過政策法規、經濟手段並提高管理水準，優化服務等給予真情關注，保護群眾的根本利益，最大程度上降低矛盾的級別，從而從根本上降低群體性突發事件發生的機率。在危機事件中要坦誠面對民意，勇於承擔應該承擔的責任，爭取公眾的理解和支持。2014年5月，杭州餘杭民眾因反對垃圾焚燒發電廠項目而大規模聚集，並出現打砸車輛、圍攻執法人員等違法行為。省、市主要領導均鄭重承諾：「項目沒有徵得群眾充分理解支持的情況下一定不開工！沒有履行完法定程序一定不開工！」同時，依靠耐心細緻的群眾工作，用事實去說服教育群眾。2014年7月至9月，中泰街道共組織了82批、4,000多人次赴外地考察，讓群眾實地察看國內先進的垃圾焚燒廠。「不看不知道，一看放心了。」現身說法，讓群眾一個個打消了先前的顧慮，最終讓垃圾焚燒發電廠項目實現原址開工建設，化危為機，事情得到妥善處理。

（三）迅速進行責任切割，將事件界定在「個別」「個案」的小範圍

危機事件發生後，在事實基本清楚的情況下，有關部門不應有護短包庇心理。

但凡突發事件危機應對較好的案例均有「迅速責任切割」的危機管理動作。政府部門特別是地方政府部門面對輿論危機時，應該首先要考慮到的危機應對動作是「責任切割」，從而捍衛政府整體和體制的公信力，並在問責個案中反省和修復體制機制。2011年11月，河南宋慶齡基金會曝出涉嫌違規經營，網民批判聲如潮湧，宋慶齡基金會迅速在官網掛出了「宋慶齡基金會總會與地方宋慶齡基金會無上下隸屬關係」的聲明，迅速實現了「責任切割」，保護了2011年受「郭美美」影響的慈善機構的脆弱聲譽。2016年11月，一名德國戴姆勒汽車集團駐中國高管因車位問題發生糾紛，竟蔑稱「中國人都是雜種養的」。周邊圍觀群眾與之理論，此人竟拿出辣椒水噴霧驅散人群，導致一名中國業主受傷。京華網、人民網等媒體很快進行了事件的報導，並核實涉嫌辱華的男子為戴姆勒卡客車（中國）有限公司總裁兼首席執行官，事件引發網民熱議，網絡輿情爆燃。在樸素的愛國情緒驅動之下，很多網友憤怒地表示要讓這位高管滾出中國，並號召抵制奔馳車。21日，戴姆勒公司針對事件「一天兩聲明」，對事件進行了切割。21日早上，涉事外籍男子所在的戴姆勒卡客車（中國）有限公司回應稱，涉事員工辱華行為屬私人糾紛，員工言論不代表公司立場；21日晚，戴姆勒對高管辱華事件做出了第二次回應，稱當事人雙方已通過協商方式私下達成和解，已對辱華高管進行了免職處理，並向公眾致歉。輿論開始好轉，雖然多數網友仍對此事表示憤怒，但不乏媒體及網友故意將一起「搶車位」的鄰里糾紛上綱上線變為「辱華」的質疑。戴姆勒公司的第二次回應，根據警方的通報和自己的調查結果，有了實際的處理措施，處置升級了，除了對涉事高管免職之外，還明確定性是員工對私人糾紛處理不當，與公司的企業文化、品牌理念、價值觀背道而馳。這也爭取到了很多人的支持，較為迅速地避免了輿論繼續發酵引發的負面影響，重新把握了話語權。

（四）加強網絡輿情的引導與管控

在由網絡輿情引發的危機管理中，政府處於管理的中樞位置，既要處理好各部門對現實危機的聯動機制，採取有效措施減少危機帶來的損害，又要與網絡、傳統媒體進行有效的溝通與管理。應做好以下幾點：一是建立權威的信息發布平臺，第一時間發布權威信息，及時發出正面聲音，保證口徑統一。對曲解的事實進行澄清，對偏激言論要正確地引導，對蓄意炒作要進行批駁；二是加強網絡輿情技術管控。常用的網絡技術手段包括對IP地址的監測、跟蹤、封殺；網管全天候值班監測，對負面消息進行及時清除；運用智能型軟件進行敏感詞組的自動過濾；對論壇發帖的延時審查及發布等。加大對謠言的打擊力度，嚴厲查處確鑿的造謠者，往往能起到殺一儆百的作用；三是發揮「意見領袖」的引導作用。習近平總書記在2015年5月中央統戰工作會議上強調，「要加強和改善對新媒體中的代表性人士的工作，建立經常性聯繫渠道，加強線上互動、線下溝通，讓他們在淨化網絡空間、弘揚主旋律等方面展現正能量」。網絡上的「意見領袖」對普通網民有著巨大的影響力。

（五）加強網絡危機管理和危機公關隊伍建設

從中長期角度來看，在以人為本、遵紀守法、規範行政的基礎上，相關管理部

門和工作人員應該要熟悉現代網絡環境，建立起一支良好的危機公關隊伍，並且在危機學習中不斷提高危機處理能力。互聯網的基本功能由海量信息生產、溝通社會成員轉為重構社會關係、組織社會成員。與之相應，虛擬社會不再是現實空間的簡單投射和延伸。當人們的思考、言說和行動在「線上」和「線下」之間可以自如地穿越，虛擬與現實的邊界變得模糊的時候，一個整體性的、嶄新的人類生活場域開始形成。這個場域的核心價值在於，它通過改造個體最基本的生活和生命路線圖來改造社會，也因此可能在最徹底的意義上影響政治、經濟和文化的結構和軌跡。現代是網絡化的時代，是公民力量崛起的時代，政府的危機公關要尊重公眾的社會心理，要讓人民感受到黨和政府的溫暖，不能再像過去那樣用高音喇叭喊話，違背科學的傳播規律，任意拔高宣傳內容。傳播學上有很多研究傳播效果、傳播技巧的理論，如「一面理」「兩面理」、訴諸情感、訴諸理智、鋪墊效果、議程設置、二級傳播等。對突發事件危機處理時要學會運用這些理論，用科學的理性的方法引導輿論。網絡時代，政府宣傳需要學會「講故事」，危機公關需要強調「拉關係」。用公眾能夠聽得懂、聽得進的語言，將自己承擔的公共責任、社會職能呈現給公眾；讓公眾感覺政府是他們的「自己人」「貼心人」，只有贏得了公眾的信任，公眾才會和政府站在一起共同面對危機，戰勝危機。

參考文獻：

［1］石萌萌.美國網絡信息管理模式探析［J］.國際新聞界，2009（7）.

［2］王國華.突發事件網絡輿情的發展態勢與政府應對［J］.學習月刊，2011（15）：38-39.

［3］2016年度社會熱點事件網絡輿情報告［EB/OL］.［2017-01-04］.http://news.xinhuanet.com/yuqing/2017-01/04/c_129432155.htm.

［4］胡百精.健康傳播觀念創新與範式轉換［J］.國際新聞界，2012（6）.

［5］臧海平.「一天兩聲明」有效地責任切割是危機應對的首選動作［EB/OL］.［2017-10-16］.http://yuqing.dzwww.com/yqjd/201612/t20161209_15260059.htm.

突發事件中網絡輿情的傳播過程及社會影響分析

王 彥[①]

[摘 要] 突發事件的發生往往伴隨著極強的心理震撼性和廣泛的社會關注度，因此每一起突發事件都有可能成為社會輿論關注的焦點和熱點話題，並給社會帶來各種不同層面的影響。在當前互聯網社會，一起小的事件也有可能成為全民關注的熱點，即使很多事件本身不具社會價值，但在社會輿論的關注下，也使事件產生了某種社會價值，並對相關方面產生較大的影響力。而突發事件發生往往涉及群眾相關的切身利益，因此更能在社會中引起較大的社會關注度，產生較強的社會影響力，考量著政府對突發事件輿情的處置能力。因此瞭解突發事件中網絡輿情傳播過程及所產生的社會影響力，有助於有效應對突發事件中所產生的網絡輿情事件，提升網絡輿情治理的方法策略和藝術水準。

[關鍵詞] 突發事件；網絡輿情；傳播過程；社會影響。

互聯網技術發展，不僅影響著社會的方方面面，其更重要的作用在於改變了傳統的傳播模式，形成新的社會輿論生態和傳播格局，並且使對話產生了較大的後續影響力。因此，當輿論與社會關注事件相結合時，其所產生的影響力已是任何個人、社會組織都無法阻止的。在當前互聯網技術的快速推動下，互聯網的群體使用規模相比傳統的媒體使用規模發生了質的改變，社會傳播模式、傳播結構也發生了很大的變化，社會各階層話語參與權、表達權、監督權也有了較大的改善與變化，社會問題也逐漸在網絡中呈現，並被社會關注、重視。特別是近年來，以微博等為代表的自媒體，拓展了社會話語傳播渠道，擴大了傳播效果，並且在很多時候扮演著議程引導者的角色，改變了社會議程、政策議程、媒介議程三者議程博弈的局面，甚至在一些事件中，往往是社會議程引導媒介議程，改變政策議程。而突發事件本身的性質，決定了突發事件能在較短的時間內引發社會公眾關注，產生較大的社會影響力，引發社會群體從多元視角對事件進行評價、圍觀，考量著政府對突發事件輿

---

① 王彥，中共廣元市委黨校講師。研究方向：傳播學研究。

情的處置能力。在網絡技術的推動下所形成的輿情常態化，也預示著政府執政能力需發生相應的變化，應對輿情能力成為新時代環境下各級政府部門的必備能力。

一、突發事件的網絡傳播過程

突發事件的發生，具有突發性、意外性、震驚性等特點，並且伴隨著極強的心理震撼性和廣泛的社會關注度，因此每一起突發事件都有可能成為社會輿論關注的焦點。特別是在當前傳播迅速、反饋及時的社交媒體下，突發事件在社交媒體中往往能迅速凝聚大規模的情緒、意志、力量對事件進行圍觀，導致事件影響擴大化。網絡媒體的發展一方面擴大了社會信息覆蓋面，彌補了新時期社會群眾對信息的需求；另一方面，多元化的傳播渠道、信息良莠不齊，在網絡輿論作用下所產生的各種網絡謠言、小道消息將造成迅速而廣泛的負面影響並有可能引發新的次生危機事件，給社會帶來多重影響。

突發事件從爆發到結束往往會經歷潛伏期、發生、發展和死亡的週期。依據突發事件的發展過程，可以將其分為潛伏期、突發期、擴散期、解決恢復期。在突發事件的突發期，網絡社交媒體上迅速出現有關突發事件的碎片化信息，這一時期，網民會通過不同渠道去瞭解事情發生的來龍去脈，在對事件不確定的情況下，猜測、疑惑、觀望是網民面對輿情事件時的慣有態度。而在這一時期，網民對突發事件的評論、交流往往是負面情緒、負面觀點較多。一方面源於網民希望通過此種方式盡快獲取事件真相，最大限度地引起政府部門對該事件的關注並解決；另一方面，在現代化發展過程中，風險已成為當前社會發展的一種常態化趨勢，群眾希望盡快地獲取相關信息，確保對未知風險的把握和掌控。在社會發展過程中，涉及社會民生、社會公正公平、社會道德等的問題，都可能成為引爆網絡輿論的一個導火線，這些關係社會公民切身利益的事，隨時都牽動著群眾的敏感神經，稍有不慎，就可能引發大規模的群體事件。

網絡媒體對突發事件的討論、交流，引發主流媒體對事件的關注與跟進，主流媒體報導的專業性、權威性彌補了碎片化信息的不完整性與真實信息的缺失性，推動信息被更多的社會群體接受和關注。在當前複雜的信息環境下，主流媒體與網絡媒體的交叉傳播，往往能促使輿論影響快速升級，促使社會議程被快速地推到政策議程層面，有效推動社會相關事件被解決。對於政府來說，一個帖子的點擊量和關注度達到一定數量後，就會成為一個事件，給相關機構和個人帶來壓力。網絡媒體所帶來的影響力，不僅使得以前難以看到的一些社會事件、社會現象被公眾所關注和重視，同時也倒逼政府積極主動地轉變行政思維和行政方式。但也不得不說在很多時候，有了主流媒體的報導，很多危機事件才能在較短的時間內進入政府議程，因此當事件被「主流化」後，才能更快更迅速地進入到社會視線範圍內。如山東「辱母殺人案」最先是由南方週末記者所報導，再通過網絡媒體的轉發、評論擴大

社會影響，主流媒體再跟進，這種螺旋式的上升，最終推動事件在較短的時間內引發社會不同群體對該事件的關注。突發事件被政府關注和重視後，網絡媒體和主流媒體也漸漸退居幕後，網絡輿論走勢也隨之降溫，但事件如沒得到妥善解決，在網絡媒體新的輿論聲勢下，往往又將引發新一輪的輿論攻勢，其處置的難度、所帶來的社會影響往往更加複雜，導致政府深陷「塔西佗陷阱」。

很多時候，政府對突發事件的態度也決定了輿情走勢，政府的態度反應出群眾利益被重視的程度。在當前社會化快速發展的趨勢下，誰也不能保證我們能「獨善其身」，關注、維護其他群體的切身利益和社會訴求，本身也是在維護、關注自身利益，這也是為什麼很多時候網民對於與其無關的事件也十分關注、重視的原因。

二、突發事件下網絡輿情的傳播特點

（一）互動性強

隨著移動設備、移動網絡技術的快速發展，信息實現了以秒計算的傳播速度，網絡技術的無縫聯通讓公眾可以隨時隨地去發布、評論和轉發信息。特別是對於突發事件本身的爆發，網民對突發事件的關注度往往高於其他一般輿情事件，如溫州動車事件、廈門公交縱火案等，一經網絡傳播，便引發網絡熱議。據有關數據統計分析，網絡事件的信息發布與網絡輿情爆發之間的時間差大概在一小時之內。一般來說，網民互動性越強，所產生的社會影響力也就越大，參與群體也會不斷增多，交流的範圍也將隨之擴大，並且在交流的過程中，隨時可引發新的輿情。如山東辱母殺人案，事件一經爆出，在一天的時間裡，其轉發、評論量便達到上億條，在較短的時間裡引發了社會的廣泛關注和重視，除此之外，還引發了網民對相關性話題的討論。

（二）參與群體、討論議題呈多元化

突發事件雖爆發在一個特定的區域，但涉及範圍往往十分廣泛，涉及的群體也較多。這幾年突發事件發生較多的領域主要是民生領域，包括醫療、教育、環境、食品衛生等多方面。這些社會公共事件涉及較多群體的切身利益，社會敏感度較高，因此極易成為社會關注度較高的話題。除此之外，突發事件爆發後，參與關注和討論的群體也往往多元化，不同群體對涉事主體進行質疑和「聲討」，而網民對事件的持續關注促使輿情事件如滾雪球般越滾越大。

（三）情緒性強

傳播學理論認為，情緒具有感染性和暗示性，在群體活動中，情緒是極易傳播和感染他人的。突發事件往往涉及人身財產等重大切身利益問題，而網民容易有弱勢群體代入感，因此對受害者往往抱有同樣的心理，對事件評論的情緒性較強。如當前網上常常展現出這樣一種現象，即社會上的強勢群體在網絡中往往是弱勢群體，這類群體易成為網民關注的對象，只要事件涉及這類群體，往往網民就會不分青紅

皂白，將其列為被討伐的對象，這也是為什麼當前很多政府官員害怕面對媒體的原因，稍有言行不當，就有可能成為輿論談論的重點。網民的情緒性主要表現為有主張、無論據，常常站在道德制高點對事件進行評價，而網絡輿論表達的情緒性控制不好，很容易演變為網絡暴力，給當事人和事件帶來極大的負面影響。當前，中國社會處於轉型期，常常面臨著不同的利益訴求和利益衝突，這是導致輿論爆發的關鍵因素。社會的分層化，理想與現實的距離造成民眾的相對被剝奪感，致使公眾情緒淤積，如遇到涉及與自身有關的事件或是社會不公正等，容易發生一些情緒性行為。如近幾年的環境污染、食品安全、子女教育問題等問題，稍有處理不好就演變為線下的社會行為。因此，政府在解決相關輿情事件時，不僅要處理好線上問題，同時也要解決好線下問題，很多網上的問題往往就是因為現實社會問題、社會訴求沒有得到解決或重視而導致的，因此網上輿情最終徹底地解決還是要靠現實問題的解決。

（四）影響範圍廣

傳統的信息傳播和輿論的形成，受制於空間距離，輿論難以產生較大社會影響力和廣泛參與度。除此之外，傳統媒體的「把關人」設置，能引導公眾對不同事件的關注和重視，並通過新的議程設置，較快地轉移公眾注意力，因此事件往往能得到較好的處置，其社會關注度也較小，政府處置的壓力也相對較小。但隨著互聯網時代的到來、時空限制的消除，一件很小的事情便可在全國引發較大的社會影響力，而突發事件自身所具有的影響力，一經網絡傳播，便可迅速引發網絡圍觀，產生較大的社會影響力，如「孫志剛事件」「躲貓貓事件」等，這些事件都是在網絡輿論的影響下，事件的走向不僅發生改變，也引發了公眾對事件背後原由的探討和深思，甚至還促使國家層面對事件高度重視，促進了相關法律制度的修改和完善。

三、突發事件下網絡輿論所產生的影響力

網絡輿論之所以強大就在於網絡輿論作為意識形態的重要組成部分，反應的是當時社會的民情、民意、民聲、民智。也正是這些網絡輿論的推動，我們很多難以被看到的一些社會問題和社會現象被曝光、解決，相關群體的利益訴求被重視、關注。除此之外，還引發了我們在道德層面的反思以及相關立法方面的討論，也正是這一件件網絡輿論事件，使相關群眾的權益得到了保障，有力地促進社會的公平、公正。但網絡輿論並不全是理性的聲音，網絡輿論所產生的負面影響，也給社會發展及群眾的工作、生活帶來了不同程度的影響。總的來說，突發事件下網絡輿論所產生的社會影響力主要表現在以下幾方面：

（一）突發事件下網絡輿論更易激發公眾的話語表達權

傳統時期，由於傳播資源的稀缺，普通個體的話語表達十分有限，傳播權往往被社會權威所掌握，由此附帶的影響便是個體在國家方針政策制定、落實方面的參

與權、表達權、監督權往往被弱化、邊緣化。但隨著互聯網時代的到來，整個社會的輿論格局發生了很大的變化，相比現實社會，網絡社會中的道德約束、行政約束、社會秩序約束比較薄弱，而社會話語表達空前增多、信息傳播門檻大大降低，互聯網成為草根與精英的「共舞之地」，並且隨著普通群體的增多，一些民生問題在網上頻頻出現，使得一些社會問題被社會關注、瞭解。在突發事件中，網絡輿論不僅涉及群體多，參與範圍也十分廣泛，加之網絡輿論的匿名性，網絡輿論表達往往能更加真實、深刻地反應當下許多社會問題，有力地促進了社會民意表達和社會現實問題的解決。相對於一般事件，突發事件更能激發網民的社會參與意識、責任意識、擔當意識，如最近幾年的網絡反腐、環境污染、弱勢群體權益保護等都激發了網民積極主動地表達意願。通過網絡群體社情民意的表達，不僅能有效緩解群眾的不滿情緒，同時也大大降低了社會群體性事件發生的可能性。當前政府也積極地通過網絡媒體來問政於民、問計於民，通過民眾來瞭解相關情況，從而快速有效地解決社會問題，通過這種方式也使政府能及時地瞭解當下突發事件中的社會情緒和公眾心理，促使政府的行政效率的提升和政府群眾工作方法的改進，從而減少一些不必要的負面事件發生。

（二）突發事件下網絡輿論促進公民積極參與社會監督

新時期，公民權利意識覺醒，更加要求社會的公平公正，因此公眾對信息的接收已不再滿足於對最終結果的知曉，轉而更加關注事件發生與發展的具體過程，並在其中對黨和政府的行政行為的合理性、合法性進行監督。當前政務媒體的建立與完善，新聞發言人制度的設立、網絡問政平臺的設置，都有力地促進了政府與群眾之間的交流互動。近幾年，《陽光問政》電視直播節目在各地開播以來，便受到群眾的廣泛認可和好評，問政的內容涉及政府相關工作、作風效能、依法行政等多方面。通過這種形式的問政，被問政對象的回答內容、面部表情，同步直播在觀眾面前，增強了觀眾的現場感和節目的可信度。一方面，通過此種方式，讓民眾來監督相關職能部門的工作，推動黨風政風和幹部作風的轉變，促使公權力、社會公職人員及一切涉及社會公共利益的人與事置於輿論監督之下；另一方面，通過陽光問政的方式，讓事件公開透明化，從而進行有效的輿論引導，讓群眾實實在在地瞭解政府工作，增進理解，從而獲得群眾對政府工作的支持和認可，推動政府工作順利實施。當前網絡輿論監督已涉及了社會政治、經濟、文化等各個領域，已成為推動社會民主發展、公平公正的重要力量和渠道。網絡輿論監督不僅展現出當前社會公眾公民權利意識的覺醒，同時也展現出社會公民政治參與的熱情，但網絡輿論監督是民眾自發的行為，網民參差不齊的素質影響著網絡輿論監督質量，如何規範監督過程，同時又實行對社會相關群體、組織、部門的監督，這也需要我們深入思考，避免因不實言論對社會秩序和社會個體帶來負面影響。

（三）突發事件下網絡輿論能迅速凝聚人心、形成共識

網絡輿論在溝通政府和群眾方面發揮著高效、顯著的作用。在突發事件的傳播

中，網絡的及時性、匿名性使得網絡媒體迅速成為「上情下達」「下情上達」的最好橋樑，也往往能在較短事件內，掌握較多社會信息，減少傳統時期因信息層層傳達所導致的相關問題，在黨和政府的危機管理中扮演著十分重要的角色。政府通過政務媒體，既可及時向公眾提供真實、準確、客觀、全面的事實報導，也可以宣傳黨和政府的主張。同時，網絡輿論也起著通達社情民意，反應人民心聲，開展輿論監督，凝聚社會共識的作用。通過網絡媒體關注民生、匯聚民智，形成合力，不但保障了人民群眾的知情權、表達權、參與權和監督權，也有利於促使突發事件更穩妥、更快捷、更有效的解決。

（四）突發事件下網絡輿論易導致信任危機和隱私侵權

突發事件發生往往涉及規模較大的群體的人身財產損失，因此在重大社會公共事件發生後，公眾最想瞭解事故發生的原因、人員傷亡情況、政府如何處置等相關情況。如果公眾不能在第一時間得到及時、準確的信息，那麼小道消息就會占上風，在難辨真假的情況下，那些帶有強烈情緒性和煽動性的言論很容易干擾普通公眾的判斷，給社會帶來極為不利的影響，增加了突發事件的解決難度和阻力，引發公眾對政府的質疑和對事件的猜測。如在溫州動車事故中，網上流傳著大量的負面信息，這些都表現出群眾對相關事件的懷疑態度；除此之外，網上群眾也開始通過各種途徑人肉搜索鐵道部新聞發言人王勇平的相關隱私信息，給他和家人造成了極大的影響。特別是近幾年「符號化」的表達現象增多，如「躲貓貓」「高鐵體」「俯臥撐」等網絡流行詞開始成為大眾一種新的批評手段，背後展現出網絡群體對一些政府部門行為的不信任，其很大程度上由信息發布的滯後性導致，沒有及時將相關信息公之於眾。因此面對突發事件的網絡輿論，要及時、持續地發布動態信息，引導輿情走向，解決「怎麼看」和「怎麼辦」的問題。「怎麼看」是認識，是輿論引導；「怎麼辦」是關照社會現實，是解決問題，只有問題得到公正、妥善的解決，輿論事件才會很快被平息。

（五）突發事件下網絡輿論容易演化為網絡暴力。

近年來，突發事件通過網絡輿論，快速有力地推進了事件發展的進程，在改變個體命運、完善政府治理等方面，網絡輿論發揮著高效、顯著的作用。但在突發事件下，網絡輿論所產生的負面影響也給相關部門、社會公眾帶來了深遠的影響，甚至在一定程度上影響了相關事件的發展進程，如網絡輿論監督所引發的人肉搜索，不僅洩露個人隱私，同時也給當事人帶來極大的精神壓力等。如2010年6月，江西遭遇特大洪災，央視《24小時》主持人連線採訪江西防總辦公室副主任平其俊，詢問汛情，因其「廢話太多」而被主持人打斷兩次。這段新聞一經播出，便在網上引發了輿論風暴，平其俊迅速成為被人肉的對象，網民搜索出其家庭地址、子女就讀學校等詳細家庭基本信息，給其家人的生活、工作帶來了極大的負面影響。很多「語言」在傳播，信息就變得「面目全非」，而我們的網民很難辨別網絡話語的真假，並且網民自身也很難有時間和經歷去獲取相關的真實信息，一旦涉及一些社會

關注話題，當事人就成為眾矢之的，即使真相漸浮水面，網民如「吃瓜群眾」一般散去，等待下一波看點，而輿論給當事人帶來的負面影響卻沒有任何說法，法不責眾成為當前網絡群眾的一種常見的網絡心態，因此如何規避這種影響，是我們當前在互聯網發展過程中亟待解決的問題。語言可以毀滅一個人，但也可造就一個人，規範網絡用語，才能在網上獲得更多的言論自由。

(六) 突發事件下網絡輿論容易影響社會穩定

突發事件發生後，遭受損失的一方往往容易情緒激動，心理也極易受到外界刺激，特別是針對各種負面新聞，其關注度更高、參與性更強，他們會集結利益共同體，對政府施加壓力，如政府在突發事件處置中沒能較好地考慮到相關情況，外界信息不能及時反應，容易導致受害者被外界信息所引導，極易產生大規模的群體性事件。很多網絡輿論事件表明，網絡批評、網絡謠言本身就帶有感染性和誘導性，甚至在一定情況下就有可能成為相關群體不滿情緒的導火索。因此在面對突發事件時，政府的新聞發言人要注重以下幾點：不說假話、姿態低調、言語懇切，站在受害者的立場去說話、做事、考慮問題，減少理性用詞、對立用語等話語修辭，避免因言語表達不當帶來負面影響，而導致事態的擴大化。在較大的社會性事件中，群眾更關注的是政府的態度，所以面對輿情曉之以理不如動之以情，通過與群眾溝通，想他們所想、急他們所急，解決他們最想解決的問題，說他們最想聽的話，把這些事情做好了，再難的問題，也能得到有效化解。在信息化時代，「敏於行，善於言」，同等重要，對於政府部門來說，兩者缺一不可。

隨著社會經濟的快速發展，社會利益矛盾錯綜複雜，由此導致的社會輿情事件也頻頻發生，特別是在互聯網技術的快速發展下，中國群體性突發事件呈現出易發和多發態勢。在這一大背景下，增強政府應對群體性突發事件網絡輿情的能力和相應機制，已成為信息時代環境下各級黨政機關和領導幹部不得不面臨的新課題和新挑戰。群體性突發事件的網絡輿情主要包括形成、擴散、爆發和終結四個階段。在不同階段，突發事件的網絡輿情呈現出不同的特徵，如在群體性突發事件網絡輿情的初始階段，網絡輿情分散性言論較多，主題不明確、社會影響度較小；而輿情議題形成時期往往是網絡輿情的爆發階段，社會影響力呈突發性擴大趨勢。但隨著政府部門的主動表態，加之網絡空間新的信息生成的快速性，網民也會逐漸被新的信息所吸引，原來的網絡輿情關注度也會逐漸「降溫」。但我們需注意的是，有些群體性突發事件的網絡輿情表面上已風平浪靜，但如果事件本身未得到妥善解決或信息公開不全面，未能真正滿足社會群眾對該事件的需要，那麼在以後同類事件的刺激下仍然可能再一次生成新的輿論事件，如江蘇啓東事件等。可見，政府部門信息發布的及時性，對於輿情走勢有著十分重要的影響，把握好信息傳播的「時」「度」「效」，是有效應對輿情的重要手段和方法；除此之外，還要落實到對事件的現實問題解決上，通過線上與線下兩者的結合，事件才能得到最終解決。

參考文獻：

［1］萬熙瓊. 突發事件的網絡傳播機制及其應急管理研究［D］. 上海：復旦大學, 2009.

［2］喻國明. 新媒體環境下的危機傳播及輿論引導研究［M］. 北京：經濟科學出版社, 2017：43.

［3］李曉芬. 網絡輿論對突發事件的影響及其引導［J］. 中國雲南省委黨校學報, 2013（5）.

公共治理視域下突發事件網絡輿情應對策略研究

蘇 亮[①]

[摘 要] 隨著網絡技術的快速發展，網絡輿情對社會生產生活的影響愈來愈顯著。突發事件網絡輿情是突發事件借助網絡平臺的一種特殊表達，是網絡輿情和突發事件的綜合呈現。本研究重點對突發事件網絡輿情應對困境進行剖析，發現其問題主要在於對形勢認識不到位、應對思維僵化、信息公開不充分、輿情引導不夠、治理主體單一、協同參與不足、應對措施缺乏、處置能力較弱等。突發事件網絡輿情發展新態勢使得單靠政府或是某一部門的力量難以實現對其進行有效的引導和管控，必須運用公共治理思維，按照現代公共治理體系要求，綜合運用各種治理手段，充分發揮多元主體的協同治理效應，以不斷提升突發事件網絡輿情的綜合治理能力。

[關鍵詞] 公共治理；突發事件；網絡輿情。

近年來，伴隨著移動互聯網的普及，以網站、博客、微博、微信等為代表的新媒體呈現快速發展的趨勢，網絡媒體已滲透到了民眾工作、生活的各個領域，成為社會公共生活中表達民意、暢通民情、集中民智的重要渠道。而中國社會轉型和經濟轉軌的特殊國情所造成的時空壓縮效應、簡單現代化和風險社會效應凸顯，使得長期以來累積的各種矛盾、問題不斷激化，且沒有得到一個妥善、徹底的解決，加之網絡時代、自媒體時代的到來，網絡上產生海量的網絡輿情數據，大大增加了矛盾風險因素轉化為突發事件和危機事件的可能性。這單靠政府或是某一部門的力量已難以實現對突發事件網絡輿情的引導和管控，必須充分發揮多元主體的協同治理效應，不斷提升網絡輿情的綜合治理能力。

一、突發事件的兩個現實背景因素

對於突發事件的關注由來已久，並由此引發了相關的一些研究，如應急管理、

---

① 蘇亮，中共德陽市委黨校講師。研究方向：社會發展與行政改革。

危機管理、風險管控等。各地行政部門也自上而下成立了相應的應急管理部門。那麼，在現階段，研究的必要性或是特殊性何在呢？主要是時代變了，問題產生的現實背景因素已經不同了，應對的策略也應因時而異。作為一項應用性研究，與時俱進的探索不僅是必須的也是必要的。

中國的經濟社會發展已經進入了一個新時代，相應地有了很多新特徵、新態勢、新要求等。與突發事件研究密切相關的有兩個重要的現實背景因素。一是簡單現代化。我們的發展、我們的奮鬥，都是為了實現中國特色社會主義現代化。應該說，在現代化的推進過程中，我們取得的成績是有目共睹的，並將在未來取得更大、更好的成就。可是，在這一進程當中，我們確實出現了很多問題，如經濟發展了但環境被破壞了；社會主流價值觀遭到質疑、社會的公平正義遭到了破壞；自然災害突發事件多發、社會內部衝突不斷等，而這些可以歸納為簡單現代化的產物。按照吉登斯的觀點，「所謂簡單現代化是由外部風險、福利國家、解放政治、自由民主、生產主義、福利依賴、預後關懷等概念組成。」簡單現代化產生的原因是多方面的，但最為重要的一個因素就是我們在快速、加速度地推進現代化的進程當中，沒有很好地處理好現代性和現代化的關係。具有悖論性格的現代性，它既能給人類帶來福祉，也可能帶來災難。一旦把握不好，悖論性凸顯，簡單現代化盛行，現代性極易走向與人的意願相反的方向，現代化就無法健康地持續下去。二是風險社會的到來。簡單現代化和風險社會是一個問題的兩個方面。我們的國家、社會經過近四十年追趕式、跨越式的現代化進程，已然進入一個風險社會，並且是「高風險社會」，突出表現為風險的全球性和極端性；「人化」風險成為主要風險；風險的普遍性與不平等性並存；風險的不可控性和危害性更劇烈；解決風險的努力面臨著知識的局限性，風險治理的困難大大增加等。作為制度主義理論的代表人物貝克、吉登斯等認為現階段的風險主要是由現代化所引起，是制度的產物，風險的本質是不確定性。風險社會本身既是一個理論問題，也是一個現實問題。我們國家各項改革和發展正在全面、快速地推進，正在面臨並將在很長一段時間內繼續面臨現代性悖論和簡單現代化及風險社會的考驗。而這樣一種社會發展狀態會大大增加矛盾風險因素轉化為突發事件和危機事件的可能性。

二、對公共治理與突發事件網絡輿情的認知

自 20 世紀 80 年代之後，「治理」作為一種理論逐步盛行並成為了當今西方學界最為流行的理論之一。中國的改革也深受西方治理理論的影響。依據治理範圍的不同，治理分為兩種基本類型：一種是指對私域的治理，例如公司治理；一種是指對公域的治理，即公共治理。從形式上看，治理有三個基本特徵：第一，允許多個治理主體出現，政府只是眾多行動者當中的一個，強調非政府組織在政策決策中的廣泛參與，注重公私夥伴關係的培養。第二，這些主體在一個既定的範圍內運用特

定的方式共同參與事務的管理，形成一個自主自治的網絡。第三，所運用的方式是靈活的、多樣的，但主要是協商和合作的方式，所以治理主體之間理論上講只是分工不同而已，都是平等的參與主體。具體而言，治理關注談判、協調、商議、合作和聯盟形成，而不是傳統的強迫、命令和控制過程。正如 Rhodes 所指出的，「他們經常進行資源交換和通過類似博弈的互動來談判，根源於信任，通過博弈規則來調節，通過網絡參與者談判和協商」。從本質上看，第一，治理強調多向度的權威中心出現。第二，治理高度重視精神價值追求，強調公平和正義，崇尚自由，提倡公眾的話語權與參與權。第三，作為市場、政府之外的方式，治理是以自組織為載體，通過自組織完成其主要的功能。第四，它的最終目的並不是謀求利益最大化，而是為了達到一個良好的政府狀態和社會狀態，讓政府與社會能夠借此緩解甚至解決自身所面臨的難題，並能夠健康地存續下去。

　　2007 年 8 月通過的《中華人民共和國突發事件應對法》指出：「突發事件是指突然發生，造成或者可能造成嚴重社會危害，需要採取應急處理措施予以應對的自然災害、事故災難、公共衛生事件和社會安全事件。」網絡輿情是指在互聯網這一特定的領域中，網民及網絡媒介等對涉及公共政治、公共事務和公共利益的人物、事件、觀點的情感、認知和評價。為此，我們可以對突發事件網絡輿情做出這樣一個界定，突發事件網絡輿情是指當突發事件發生後，網民及網絡媒介通過網絡平臺對該事件的討論、報導、觀點，及其所產生的一系列情感、認知和評價。簡而言之，突發事件網絡輿情是突發事件輿情在網絡平臺上的特殊表達。目前中國已進入「高風險社會」，突發事件多發頻發，並呈現出複雜性、關聯性、多樣性、衍生性等特點，突發事件一旦被網民或是網絡媒體關注，短時間內便會迅速傳播，被重複轉載，並形成突發事件網絡輿情。

三、突發事件網絡輿情應對中存在的問題

（一）形勢認識不到位，應對思維僵化

　　隨著網絡傳播的快速普及，網絡輿情對社會生產生活的影響愈來愈顯著。網絡化、信息化時代的到來與網絡輿情的廣泛滲透，突發事件的內涵和外延已遠遠突破了傳統意義上的規定範疇。從某種意義上而言，網絡輿情與突發事情已是不可分割的一對孿生體，往往是當突發事件發生後，網民及網絡媒介就會通過網絡平臺產生一系列的網絡輿情。而突發事件網絡輿情是網絡輿情和突發事件的綜合呈現，具有高度的不確定性、事態發展的高風險性、網絡輿情演變的複雜性、應對的不可控性等幾個關鍵性特徵。但是，在現實生活中，目前對突發事件網絡輿情的發展態勢和關鍵特徵並沒有形成充分認識，在突發事件輿情引導和應對過程中經常出現失語、冷漠、滯後、試圖掩蓋事件真相等不當處置行為。究其原因，主要是運用傳統的思維方式和常規的管理方式應對現代非常規突發事件網絡輿情，這顯然已經不能適應

現代突發事件網絡輿情的發展需求。

(二) 信息公開不充分，輿情引導不夠

互聯網絡具有即時性、交互性、自由性、公開性等傳播特點，再加之突發事件自身的高度不確定性與演變的不可預期，使得網民非常渴望通過網絡平臺第一時間瞭解事件動態，對該事件進行討論報導，並發表意見、觀點等。儘管我們已經意識到該項工作的重要性並做了一些探索和改進，但是信息不對稱、信息公開不及時、不充分的問題依然存在，廣大網民便從各自的角度去認識、發表、挖掘更深層次的相關信息，這些信息通過網絡平臺進行互動、發酵，形成網絡輿情的同時，也為流言、謠言的傳播提供了滋生土壤和發展空間。此外，在此過程中，官方媒體和政府部門往往扮演著信息提供者和輿情引導者的重要角色，但是由於行政部門的官僚體制與封閉性特徵，容易錯失信息公開的最佳時機，在輿論引導上更顯被動。信息公開不充分與輿情引導不夠往往是不恰當、不真實的突發事件網絡輿情迅速傳播的一個直接導因，也是政府公信力遭到質疑的一個重要因素。

(三) 治理主體單一，協同參與不足

現代社會是一個風險社會，具有高度的不確定性、複雜性、多元性、高危型等特點，抵禦現代風險絕非個人或是某一主體有能力單獨實現的，需要多元治理主體的共同參與。現代突發事件網絡輿情也不例外。但現實情況卻是，政府在突發事件網絡輿情應對過程中自始至終都扮演著主導者的角色，而忽略了充分發揮網民、大眾媒介、社會力量的參與作用。尤其是作為網絡搬運工和網絡推手的網民，他們是網絡輿情的主體，能夠左右網絡輿情的走向和發展，並將進一步對突發事件的網絡輿情產生重要影響。公共治理理論允許多個治理主體廣泛參與公共事務和公共決策，政府只是眾多行動者當中的一個，這些主體在一個既定的範圍內運用特定的方式共同參與事務的管理，形成一個自主自治的網絡。顯然，單一的政府治理主體是不符合公共治理理論的本質要求的，而在突發事件網絡輿情的實際應對過程中，單一的政府治理主體不僅不能及時有效地破解突發事件的發展困境，還會因應對力量的不足錯失應對突發事件的最佳時機及有效速度，應對不力還會引發公信力喪失、後期應對成本增加等一系列問題，參與不足更會影響多元主體協同效應的發揮。

(四) 應對措施缺乏，處置能力較弱

每一個突發事件都是具體的、突發的、特殊性的，但是這並不意味著我們在突發事件面前就無能為力或是被動等待。隨著信息化網絡化時代和風險社會的到來，我們反而更應該對突發事件主動出擊，量體裁衣，積極制定應對措施，在實踐中不斷提升應對處置能力和應急管理水準，真正做好突發事件網絡輿情應對這項系統工程。但在具體的突發事件網絡輿情應對過程中，我們往往走流程、「一刀切」，如具體應對措施沒有針對性，應急預案不切實際，應對處置操之過急，科學合理的應急管理機制缺乏等。體制機制的不規範和具體應對措施的缺乏將制約各治理主體的應對處置能力，對政府的合法性和良好形象將產生不良影響，使政府部門陷入「塔西

佗陷阱」的尷尬，觸發政府信任危機。這也將進一步對社會秩序造成負面影響，引發虛擬世界和現實世界的惡性循環，導致社會不穩定甚至混亂。

四、公共治理視域下突發事件網絡輿情應對策略

突發事件網絡輿情的發展態勢和關鍵特徵使得傳統應對方式的局限性日益凸顯，要求我們必須運用公共治理的思維，走出突發事件網絡輿情應對困境，充分發揮多元主體的協同治理效應，不斷提升突發事件網絡輿情綜合治理能力。依據公共治理理論，針對現實問題，可以從以下五個方面著手對突發事情網絡輿情應對策略進行探索。

（一）積極主動地更新思想觀念，適應突發事件網絡輿情發展態勢

隨著互聯網的高度普及，中國已經全面進入信息化時代和自媒體時代。公民通過網站、博客、微博、微信等新媒體參政議政是時代發展的主流方向，各種各樣的網絡交流方式將催生網絡輿情的孕育和發展。在這樣一種背景下，突發事件一旦發生，網民通過網絡平臺將其呈現到互聯網上，立即就會引起全國網民的普遍關注和廣泛討論，短時間內便會得到迅速傳播、被重複轉載並形成突發事件網絡輿情。傳統的以封閉式循壞、強制性管控、單向作用方式、工具理性導向為價值取向的應對方式已經不能適應新形勢、新要求的發展需要。為此，我們一定要及時更新思想觀念，主動適應突發事件網絡輿情的發展態勢，高度重視網絡傳播，充分認識到網絡媒介的特殊性，全面掌握突發事件網絡輿情的關鍵性特徵，迅速應對並做出反應，如積極接受並充分參與新媒體，第一時間瞭解網絡輿情動態，化解網絡輿情癥結，科學引導網絡輿情走向等。正確引導廣大群眾通過網絡參與經濟、政治、社會、文化等各項公共事務和突發事件，使網絡成為各種合理利益訴求匯聚的有效平臺，並能做到及時關注訴求和解決問題。此外，要樹立「大媒體觀」，現代媒介不僅包括政府部門和傳統媒體在內的信息傳播者，還有網民及各類的網絡媒介，它們交互作用，共同影響突發事件網絡輿情的發展和動向。

（二）暢通輿情信息公開渠道，提高突發事件網絡輿情應對速度

突發事件網絡輿情的產生主要基於兩點，網民對突發事件關注的迫切性和對信息公開不及時或不充分。在突發事件和網絡輿情的綜合作用之下，輿情往往呈現加快擴散甚至不可控制之勢，這也為謠言、流言的傳播提供了土壤。在此背景下，暢通輿情信息公開渠道，及時、充分地公開信息、迅速反應並採取有效的應對措施，是加強突發事件網絡輿情治理的內在要求。一是要注重信息公開的常態化建設。中國《政府信息公開條例》已出抬多年，近年又先後出抬了兩份關於信息公開的文件，對權威信息發布的實效及方式都以制度化的形式做了明確規定。為切實保障信息公開且有效踐行，必須將信息公開的制度化和常態化有機結合，在現實背景下，尤其要注重信息公開的常態化建設。二是要重點做好輿情信息的收集、研判、監測

工作。網絡平臺短時間便會產生海量的網絡輿情數據，無論真實與否，都會借助網絡平臺快速傳播並擴散開來，造成巨大輿論壓力的同時，還會影響公眾正常的生產生活秩序，那麼，及時做好輿情信息的收集、研判、監測工作就顯得尤為重要。三是要及時做好輿情引導工作。網絡信息十分豐富，對輿情信息的收集和研判，不僅是為了瞭解和掌握輿情信息，更為重要的是要運用輿情信息進行網絡輿論引導，以不斷提高網絡輿論引導能力。此外，及時、正確地引導網絡輿論，不僅能夠有效疏導公眾情緒，還能及時化解矛盾糾紛，倡導一種健康向上的網絡文化，為經濟社會的發展營造良好的社會輿論環境。

（三）各種治理方式多管齊下，豐富突發事件網絡輿情應對手段

突發事件網絡輿情具有高度的不確定性和複雜性，我們應主動面對突發事件網絡輿情的挑戰，積極探索規律，綜合運用各種治理手段。就目前而言，一是要注重法律規範和道德自律相結合，尤其要重點培育廣大網民的道德自律。首先要建立並完善相關的法律體系，彌補新技術、新媒體領域的立法空白，在充分保障網民基本權利的同時，要積極引導、規範並約束網民的網絡行為，並堅決嚴懲網絡不法行為。此外，要加強教育和宣傳，培育網民的道德自律，只有良好的網民素質，才能更好、更快地形成文明、健康的網絡環境，更有利於網民的自我管理。法律規範和道德自律的有機結合，可以有效規範和淨化網絡空間，減少和緩解突發事件網絡輿情的發生。二是要注重電子政務和網絡技術相結合。加強突發事件網絡輿情的有效治理，僅僅依靠有限的人力、物力是不夠的，必須夯實網絡技術基礎，注重網絡信息技術和管理技術的研發，充分認識到網絡技術、網絡平臺是網絡傳播者、網絡輿情的重要載體。政府作為提供公共產品和公共服務的關鍵主體，要順應現實需求，不斷發展和規範電子政務，將網絡技術和政府服務結合起來，通過「政府在線」的方式提供更為便捷、高效的服務的同時，加強與廣大網民的溝通，及時瞭解輿情、引導輿情，通過對輿情的分析、研判，使突發事件網絡輿情得到合理有效的治理。

（四）多元治理主體協同參與，充實突發事件網絡輿情應對力量

在公共治理的理論框架下，原則上所有的公共關係主體都是治理主體，既包括各方面的公共權力主體，也包括私人機構和公民個人等權利主體。具體而言，在突發事件網絡輿情治理過程中，既包括政府、官方媒體等公權力主體，又包括網民、網絡媒體等社會主體。一般而言，一旦發生突發事件，「首先由網民爆料和傳統媒體報導引起關注，隨著事件本身的發展和調查處理的深入引發公眾的討論、質疑和抵制，以及對災難信息的焦慮和恐懼，從而形成公眾話語場。隨著公眾網絡輿情的發生、發展，逐步嵌入到現實的社會情境之中，引起傳統大眾媒體話語和官方權力話語的注意，迫使政府部門關注。在這個多重的話語互動過程中，存在著網民個體之間、媒體與網民之間、官方與網民、官方與媒體等多重話語互動關係。」公共治理理論的一個重要的本質特徵就是允許多個治理主體廣泛參與公共事務和公共決策，這些主體在一個既定的範圍內運用特定的方式共同參與事務的管理，形成一個自主、

自治的網絡。公共治理特別強調，在這種自主自治的網絡中，層級或者獨裁型領導不再起作用，正式的政府也許會參與網絡，但並不是必須的；政府只是眾多行動者當中的一個，更為注重公眾、非政府組織和自組織在各項公共事務和政策決策中的廣泛參與，注重公私夥伴關係的培養；認為多向度的權威中心，即公眾的認同所形成的群體作為參與主體更為關鍵。顯然，在突發事件網絡輿情的應對過程中，單一的政府治理主體是遠遠不夠的，參與不足更會影響多元主體協同效應的發揮。為此，各治理主體要充分參與到突發事件網絡輿情應對中來，通過平等參與、密切協作、共同協商等靈活多樣的方式，在充分發揮政府和官方媒體對突發事件網絡輿情合理、有效引導作用的同時，更要注重政府與網民、大眾媒體、自組織的良性互動、協同參與，共同努力實現突發事件網絡輿情的有效治理。

(五) 運用現代公共治理理念，完善突發事件網絡輿情應對體系

公共治理是治理理論在公域層次上的運用，公共治理並非僅僅是一種活動或是過程，它是一整套相互作用的有機體。歸納起來，公共治理作為一個龐大的系統，大致可以分為三大塊來進行分析——公共治理主體、公共治理客體和公共治理環境。在突發事件網絡輿情治理語境中，公共治理主體包括政府、官方媒體等公權力主體和網民、網絡媒體、自組織等社會主體，各治理主體要在互信、互利、相互依存的基礎上進行持續不斷的協調談判、參與合作，化解網絡輿情衝突，實現協同治理，所以各治理主體之間理論上講只是分工不同而已，都是平等的參與主體。公共治理主要是以公共事務作為治理對象的，在突發事件網絡輿情應對中，治理客體就是突發事件，事件本身是網絡輿情產生的導火索，且不同的突發事情具有不同的特點和屬性，需要不同治理主體或是不同治理主體的協商與合作，與此同時，同類突發事件在不同的環境下對治理主體也會有不同的要求，為此，對突發事件本身的重視和關注必須放在首位。公共治理環境涵蓋體制機制等制度化因素和網絡技術。對突發事件網絡輿情的治理，即要重視應急處置和網絡發展等相關法律規範的建設，不斷完善互聯網監管體系，在保障網民基本權利的同時，更要強制性地規範和約束網民的網絡行為，創造一種良好的輿論環境和健康的網絡文化。但是網絡輿情有其特殊性，要加強突發事件網絡輿情的有效治理，僅有制度規範是遠遠不夠的，必須夯實技術基礎，對網絡信息進行有效的監控、過濾，及時更新和升級網絡輿情監控技術，尤其是網絡輿情的數據採集和網絡輿情檢索分析技術，不斷強化網絡信息控制和引導能力，適應互聯網和自媒體發展的新要求和新態勢。

總之，公共治理所包含的開放性、包容性、多元性、自主性、靈活性、多樣性、廣泛參與性等本質屬性，能夠較好地應對新時代、新態勢下的各種挑戰——網絡自媒體時代的即時性、交互性、開放性和現代風險社會的高度不確定性、極端複雜性、不可控性、損失的潛在性等，是應對突發事件網絡輿情的綜合有效路徑。為此，必須運用公共治理思維，按照現代公共治理體系要求，充分發揮多元治理主體協同治理效應，各種治理方式多管齊下，不斷提升應急應對能力和應急管理水準，才能及時、有效地做好突發事件網絡輿情應對這項系統工程。

參考文獻：

［1］徐剛. 公共治理與公民社會［J］. 中國商界，2009（3）.

［2］Rhodes R A W. The New Governance：governing without government［J］. Political Studies，1996，44（4）：652-667.

［3］孟建，裴增雨. 網絡輿情的收集研判與有效溝通［M］. 北京：五洲傳播出版社，2013.

［4］嚴利華，宋英華. 非常規突發事件網絡輿情的關鍵要素和發生邏輯［J］. 中國應急管理，2015（4）.

政府供給側改革與突發事件網絡輿情應對研究

楊 奧[①]

[摘 要] 隨著自媒體時代的到來，每個人都成為了網絡輿情的傳播者與受眾。突發事件之所以能成為網絡輿情的焦點，有著內在的生成邏輯。網絡傳播的「蝴蝶效應」與突發事件的突發性契合、網絡輿情的匿名性與公共危機事件的不確定性契合、烏合之眾與公共危機事件的複雜性契合，使得突發事件與網絡輿情猶如孿生兄弟，相互影響，相互交織，這大大增加了政府控制網絡輿情的難度。因此，政府可以嘗試從政府供給側改革的角度，厘清政府與網絡輿情權利邊界、轉變政府職能、強化制度供給、尊重民意、完善民意表達平臺、規範政府行為、提升政府供給質量、提升領導幹部能力等，探索政府應對突發事件網絡輿情的路徑。

[關鍵詞] 突發事件；網絡輿情；供給側改革。

自媒體時代賦予社會每個個體發布信息和傳播信息的權利，個體根據自身的價值觀和選擇偏好傳播輿論信息，每個人都是一個完整的網絡輿情傳播體系。因此，網絡輿情對突發事件的聚焦和關注，就是對社會價值和公共利益的聚焦和關注。

一、突發事件與網絡輿情的耦合邏輯

（一）網絡傳播的「蝴蝶效應」與突發事件的突發性相契合

突發事件往往會帶來巨大的人員傷亡和財產損失，給國家、社會和公眾造成政治、經濟上的損失和精神上的傷害，影響社會穩定，嚴重破壞經濟建設，危及正常的工作和生活秩序，甚至威脅到人類的生存。從這個角度講，非常規突性發事件關乎國家發展、公眾社會生活，事關公共利益，具有極強的公共性。正因為如此，非常規性突發事件一旦發生，將大大激發公眾的關注度和參與熱情，使之成為社會焦點。突發事件發生的時間、地點、危害性難以預測，往往超乎人們的心理慣性和社會常態秩序。公眾對突發事件信息獲取的需求異常迫切，這正好契合網絡傳播迅速、及時的特點。與傳統媒介相比，網絡傳播的速度更快、效率更高，恰好滿足了公眾

---

① 楊奧，中共德陽市委黨校講師。研究方向：行政管理理論與實踐。

對突發事件信息知曉和關注的要求。然而，網絡傳播的高速、高效並不代表真實、有效。公共危機事件在傳播過程中，一旦出現誤差，事件的真實性就很容易隨著網絡傳播而被扭曲變得面目全非，謠言也就順勢而生，並逐漸被無限地擴大或扭曲，最終成為改變人們認知、歪曲事件真相的網絡暴力。這就是人們常常說的「蝴蝶效應」。「蝴蝶效應」下的網絡輿情傳播是一種典型的非線性傳播，信息從傳者經由網絡向受者的傳播過程是複雜的、動態的，作為網民的受方不再是簡單的、被動的信息接受者，而是主動扮演著信息塑造者的角色。看似一個虛擬的網絡傳播途徑，最終的事件應對和消釋還是迴歸現實，加劇了社會的不穩定，衝擊了社會結構或社會形態。

（二）網絡輿情的匿名性與公共危機事件的不確定性相契合

自媒體帶來了深刻的社會變化，話語體系、信息傳播、公眾思維、社會格局，甚至國家大政方針都深受自媒體時代的影響。在這樣一個信息互通的互聯網時代，人人都有「麥克風」、人人都有發言權成為事實，因為網絡的匿名性，人們可以自由地進出網絡，可以自由地選擇或更換議題，可以自由發表意見或傳播消息。公眾群體只要稍加利用，就會變成信息傳播的始作俑者，因為網絡具有匿名性，群體在網絡語境中只是有名而無責任。正是在這種情況下，公眾在網絡信息傳播渠道中能自由轉換角色，在傳播者和受眾之間瞬間完成角色互換。因此，在網絡輿情中，誰將成為傳播者、誰是受眾都充滿了不確定性。網絡輿情的不確定性恰好與突發事件的不確定性高度契合。突發事件通常是在人們毫無心理防範和思想準備的情況下發生的，讓人們猝不及防，使人們感到恐慌，因為突發事件在起因、時間、空間上都難以預測。同時，突發事件在影響程度和事態演變進程中也充滿了不確定性。如果社會應對突發事件不力，突發事件可能會產生連鎖反應，引起一系列的其他突發事件，最終演變成為影響地區、國家，乃至全球的重大危機事件。

（三）烏合之眾與公共危機事件的複雜性相契合

隨著互聯信息技術的急速發展，網絡信息的承載空間逐漸擴大，使得互聯網絡容納了海量信息，由於普通民眾知識的局限性，很難甄別這些海量信息的真實性。「如果一開始組內成員的意見比較保守的話，經過群體談論，決策就會更加保守。相反，如果個人意見趨向於冒險的話，群體談論後得到的決策就會更加風險。也就是說，群體談論會得到更加極端的決策」，這種觀點常常被稱為群體極化。由於公共突發事件具有危害性大、複雜性強的特徵，在網絡輿情初始條件難以被精準確定時，突發事件經由網民公開傳播—認知—再傳播的反覆演進，在輿情推進中演化成具有鮮明非線性與不規則的運動軌跡，進而引發了網絡輿情在不同群體、不同空間、不同時間、不同場景下不規則的傳播與突變。公共突發性事件網絡輿情在信息傳播過程中，正是遵循著這種規律，信息在不知情的公眾之間遵循不規則、非線性的傳播。由於公眾對突發事件的瞭解和關注十分迫切，在網絡中，人們對突發事件的關注涉及政府處置措施、事件背後的社會道德、體制等。而對這些問題的關注和揭露、

探討過程就是一個公眾在互聯網絡中表達、交流、共享信息,以解答疑問、達成共識為目標的過程。然而,在信息的傳播過程中,難免會出現偏差,網絡世界的複雜性容不得公眾停下來進行理性思考和甄別。這樣,看似來自於不同領域、不同地域的異質化群體,卻能在群體極化的作用下逐漸變得趨同,有意識的人格消失得無影無蹤,意志和辨別能力也不復存在,合理質疑與理性批判失去市場,非理性主張成為主流話語,最終公眾成為了盲目的行為跟隨者、肇事者,將網絡中的群體非理性付諸實踐。

二、突發事件網絡輿情與政府供給困境

(一)以自媒體為代表的大數據時代與網絡輿情政府應對的鴻溝

自媒體時代不僅改變了媒體、輿論的運行規律,更是改變了人們的生活方式,改變了社會生活、人際關係的縱橫網絡。自媒體帶來的「個人—社會—政府」無規則、非線性的自由關係替代了傳統的「政府—個人」二元對立關係,傳統的科層制結構和二元行政運行模式面臨前所未有的挑戰,國家治理也面臨著一系列治理困境。就當前網絡輿情治理而言,大數據時代帶來的困境至少有三大方面:一是如何建立網絡輿情大數據治理生態系統的結構模型,即解決其邊界和範圍的問題;二是如何構建網絡輿情大數據治理生態鏈;三是探索輿情大數據流在錯綜複雜的傳播演化進程中有無規律可循、如何及時把握輿情動態、如何準確判斷輿情走勢,以保持輿論生態系統和諧。因此,社會需要對言論自由網絡輿情中政府與個人、公與私之間的關係進行重新審視,政府需要平衡自由與政府權力之間的關係,對自身權利邊界和社會輿情的權利邊界進行重新劃分。對於政府而言,必須對治理主體、治理對象、治理手段進行重新認識和轉變,明確:除了政府外治理主體還有哪些,個人、社會團體、企業是否能成為法定主體;各種治理主體扮演著什麼角色,發揮多大作用,彼此之間是什麼關係;如何對開放、多元、複雜的網絡媒體及其輿論價值進行監管;如何構建滿足大眾需求、探求事件真相、提供合理決策、解決實際問題的全新網絡輿情治理體系和技術架構成為了網絡輿情政府治理的難點和重點。然而,面臨如此之多的挑戰,目前的政府觀念過於僵化保守,行動有些遲緩,制度建設也稍顯滯後,二元對立的治理模式沒有發生根本改變,政府、市場、社會組織和個人的權力邊界仍然模糊不清,「大政府、小社會」的格局依舊沒有發生根本改變,政府按照自身運行的邏輯防止網絡輿情演化,兩者之間處於完全不同的平臺或狀態,其結果是政府花費了大量的力氣一拳打在了海綿上,甚至是完全「打水漂」。

(二)網絡輿情政府治理的路徑依賴

新媒介技術深刻地改變了社會傳播格局以及輿論生成和演化的路徑。傳統媒體的壟斷地位被打破,信息的發布權向草根階層轉移。從主流聲音獨霸舞臺到草根階層眾聲喧嘩,主流媒體的議程設置權力被弱化。在新媒體語境中,信息和意見的複

雜程度非以往任何時候可比，一些偶然的「小事件」或「小事端」在新媒體語境中借助於輿論力量被迅速放大，從而演繹成重大公共危機事件。面對如此迅速而又深刻的變化形勢，地方政府顯得倉皇失措、束手無策，或者錯誤地判斷形勢，將地方政府陷入被動的應對格局。出於對「正能量」「穩定壓倒一切」的片面理解，不少地方政府仍然通過傳統媒體、傳統方式來予以應對，如「報喜不報憂」「強行壓制」「捂住」「拖延」「隱瞞」，更有甚者，少數政府機構利用行政或司法手段進行強制干預，試圖將消息扼殺在搖籃之中，而不是挖掘和報導事實真相，不是研究網絡輿情發生的內在邏輯，不是探索從制度建設與完善等方面加以應對。一場探尋真相和維護穩定的「戰爭」悄然打響，網絡輿情也在事實真相和社會秩序中尋找自身的發展趨勢，然而，政府在這場「戰爭」中處於劣勢。

（三）政府應對網絡輿情的行為供給缺陷

在自媒體時代，公共危機突發事件往往具有不確定性、信息來源途徑多元性、信息內容複雜性的特性，這使得政府難以獨立主導信息傳播格局。面對這些困境，政府部門及其工作人員的行為應對和處置方式往往出現問題。一是應對不及時。輿情信息遵循幾何發散、非線性方式迅速傳播，在網絡輿情應對的整個過程中，政府反應速度慢、新聞信息發布延遲、有效回應不足。二是應對方式不科學。針對複雜的公共事件網絡輿情，不少地方政府往往存在處理能力不強、處理行為不得當、處理方式不科學、處理態度不友善等問題。甚至有地方政府違背公眾意願，違反法律規範，蔑視網民強烈的建議，無視公眾合理訴求，不做出實質性的處理舉措。一些政府部門在面對輿論質疑時，不追查事情真相，而是以居高臨下的官本位思想自居，用主觀、輕率、偏頗的言辭發表意見，導致官方媒體在網絡輿論中失去引導主動權，甚至變主動為被動，變正面影響為負面影響。三是網絡輿情治理平臺單一。慣性思維決定了政府二元治理體系的慣性對策，一旦突發事件網絡輿情發生，政府能想到、能做到的就是依靠政府，不能有效利用社會組織、市場商用網絡平臺和自媒體等各種平臺，沒有能力整合各種媒體網站的力量，導致政府信息發布慢，處理方式單一，大大降低了政府的公信力。

（四）治理失序與制度供給缺失

制度供給包括法治供給和道德供給。黨的十九大報告指出，「堅持依法治國、依法執政、依法行政共同推進，堅持法治國家、法治政府、法治社會一體建設，堅持依法治國和以德治國相結合，依法治國和依規治黨有機統一，深化司法體制改革，提高全民族法治素養和道德素質。」在網絡輿情治理中，制度的供給也包括法治供給和道德供給，其中道德制度供給也稱作軟件制度供給，正如學者所說「網絡輿情治理的供給制度分為軟性制度、強制制度和契約制度」。目前，中國網絡輿情治理的軟件制度建設基本處於真空，文化、價值觀、社會風俗完全脫離了自媒體網絡；契約制度更是無法將個體、市場、社會、政府有效地整合起來，形成多元主體合作共治的理性格局；剩下的只有依賴現有的網絡輿情治理的強制制度。然而，中國政

府—個人對立的二元管理體制長期主導著網絡輿情，政府在應對突發事件網絡輿情時採取被動式、防控式的管制思維，制度設計仍然停留在「守門人」的角色，無法適應新媒體的出現和利益主體多元化的時代要求，政府職能及其部門設置逐漸僵化，公共政策供給嚴重短缺。同時，由於法治制度建設滯後於公共政策，網絡輿情治理法治供給更是滯後，網絡輿情應急預警、對網絡輿情侵害公民權利的保護和監督方面更是一片空白。在這種情況下，政府不僅沒能實現自我能力調試，更不能充分調動市場、社會組織和個人等多元治理主體的積極性。

三、基於政府供給側改革的突發事件網絡輿情應對

（一）厘清政府與網絡輿情的權利邊界，優化網絡環境

網絡輿情的政府供給側改革的核心就是正確處理好政府與網絡輿情的關係，處理好有效制度供給與網絡輿情的關係，處理好政府服務與網絡輿情的關係，處理好政府監管與網絡輿情的關係。因此，劃清政府與網絡輿情的權利邊界就是網絡輿情政府治理的首要問題。一是給予網絡輿情更多的言論自由空間。「伴隨著經濟社會的發展，中國民眾的公共需求正從生存型向安全型、享受型和發展型轉變。總的趨勢是從低層次向高水準、從重數量到重品質、從整體性到差異性的轉變，所有這些需求變化及其特徵對服務型政府建設提出了更高要求，帶來了更大挑戰。」在互聯網世界中，自由言論是公眾參與和精神追求的一種文明表達形式，政府的職責是維護網絡秩序、淨化網絡環境，而不是禁止人們說話乃至行為方式。因此，對於政府而言，應該從供給側的改革路徑出發，對於公眾文明的表達追求以及各種意見應當持包容態度，擴大對網民言論的允許範圍，給予更多的言論自由空間。二是加快職能轉變步伐，強化公共服務職能。淨化網絡環境、引導文明上網是構建和諧社會的重要內容。要實現網絡輿情治理中的文明用語，政府必須從實際出發，從突發性事件關聯性角度著手，從尊重和考慮網絡輿情的多樣性開始，給予網民更多的包容，才能夠實現真正意義上的網絡環境文明化。同時，由於突發事件的不可預知性和不確定性，加之對官方媒體應對不及時或處理不恰當，公眾更願意相信網絡信息，尤其是那些非官方、非主流的網絡信息。這樣一來，容易導致謠言的肆意傳播，引起不必要的恐慌。因此，政府應該加快職能轉變步伐，著力強化公共服務職能，健全網絡輿情治理機制，提升網絡輿情服務水準，提供一個文明的、和諧的網絡環境。

（二）轉化政府職責，強化制度供給

任何一種健康且有效的社會治理機制都是在客體內在運作規則以及機制構建下進行合理操作和科學把控得到的，因而政府部門應當在對網絡輿論與其所生成的機制特性充分瞭解的情況下，制定出科學合理且有效的輿情治理規則才是符合情理的，這也是在網絡輿情治理下進行供給側改革的核心所在。錢穆曾經說過：「古代中國，從沒有一項完全好的或者十足壞的制度，更沒有一成不變的制度，壞的只是：用死

的制度捆綁活的人事。」放在互聯網時代，更是詮釋了網絡治理與制度變遷之間的緊密關係。可以說，互聯網的出現是對政府資源價值、權利、結構功能以及傳播力等進行激活的重要渠道，政府部門作為被動的制度設計的激活者，必須對互聯網出現的新的問題、場景、生態鏈條等做出快速回應，不然留給政府的將是一片責備、謾罵，甚至冷暴力。在網絡輿情治理中，政府供給側改革的核心就在於政府如何引導和完善一個用於輿論表達的現代化規則體系構建。政府作為輿情的管理者，應當將更多的精力放置在構建、實施和調整各項規章制度中，而不是以內容直接輸出的方式對輿論進行管理和引導，因為這樣是無法有效地對輿論進行總體把控的，更談不上有效管理。換言之，網絡輿情治理的關鍵在於規章制度的有效構建。對於政府治理而言，構建完善的規章制度十分必要。然而，構建一個完善的互聯網運行的規章制度必然是一項系統龐大的工程。從信息傳播的渠道來看，至少包括信息發布、信息傳播、信息接受、信息轉化、信息傳播等環節；從信息的相關責任主體來看，至少包括發布者、傳播者、接受者，亦或者政府、市場、個人、企業、家庭、團體等。總之，這樣一個龐大系統的制度建設可謂相當棘手，但是，這並不意味著面對網絡輿情，政府就會束手無策，在筆者看來，政府制度供給至少可以從以下幾個方面入手：一是構建網絡輿情大數據治理體系。對於網絡輿情治理而言，大數據就是推動網絡輿情治理現代化的一種技術路徑和現實選擇，它具有催生網絡輿情監管和引導模式創新的效果，必將給網絡輿情治理帶來清新的空氣和嶄新的氣象。政府應該著眼於國家網絡安全和輿情健康發展大局，加強網絡輿情制度建設，構建網絡輿情大數據治理體系。二是建立網絡輿情應急處理機制。網絡輿情應急處理機制包括構建網絡輿情研判指標體系、網絡輿情預警模型、網絡輿情干擾機制等，對潛在的或可能發生的事故類別和影響程度進行事先預判，並提前制定相應的應急處理方案，網絡輿情應急預案能夠針對突如其來的危機事件提供制度供給選擇方案，讓政府應對自如。三是建立「新聞發言人」制度。「新聞發言人」制度必須尊重黃金時間原則，在公共突發事件發生之後的黃金時間內，及時發布相關權威信息，讓事件真相公告於眾。四是完善網絡輿情監管制度。對於網絡輿情事件中的推手、黑手等水軍群體、「刪帖」公司等隱蔽組織予以警告；對於嚴重危害社會、國家、公眾利益的非法操控的力量，政府要依法嚴厲打擊，並引導普通網民認識到輿情背後異端力量的存在，引導公眾客觀公正地認識事件真相。

（三）尊重公眾意願，完善民意表達平臺

從國家治理的角度講，政府與市場、社會的互動關係，政府內部多元治理主體之間職責權限的分工，構成了現代國家治理體系成長的兩大主軸。後者涉及的是如何在合理地制定各個政府職責和權限的基礎上，建立縱向和橫向的政府間合作關係，以提升政府治理的整體績效；前者的核心問題是合理地界定政府、市場、社會相對自主的行為邊界，形成三者既相互制約又相互支撐的合作治理框架，以共同應對公共事務治理的政府失靈、市場失靈及組織失靈問題。換句話說，在應對突發事件時，

應合理地界定政府、市場、社會相對自主的權力行為邊界,相互支持和融通是一種有效的合作方式,市場、社會也有發聲的權力和需求。因為,面對重大突發事件,人們的選擇和價值偏好出現了驚人的同質化。那麼,網民到底需要什麼,為什麼能在不同需求的情況下出現網絡輿情的同質化,這些問題成為政府應對網絡輿情的邏輯起點。陳志霞等學者認為公眾關注網絡輿情重大事件有著共同的社會心理特徵:「對社會不公正現象的強烈關注」「社會信任和政府信任問題」「對社會安全的擔憂」「愛國意識和民族自豪感的提升」「對經濟問題的關注與民生主題的凸顯」「道德危機感與道德重建的呼籲」六大核心問題。仔細分析,這些問題都圍繞著一個核心問題——價值觀念,而這種價值觀念所隱藏的價值取向主要是道德至上與同情弱者。所以,一時間,「宣洩」「起哄」「訴苦」等極端行為成為網絡輿情的主流。因此,政府應該尊重公眾利益訴求,搭建民意表達平臺,盡可能滿足網絡輿情中的公眾訴求,讓民眾發聲、市場發聲、社會發聲,最終讓真相大白。黨的十九大報告要求,「打造共建共治共享的社會治理格局。加強社會治理制度建設,完善黨委領導、政府負責、社會協同、公眾參與、法治保障的社會治理體制,提高社會治理社會化、法治化、智能化、專業化水準。加強預防和化解社會矛盾機制建設,正確處理人民內部矛盾」。

(四)規範政府行為,提升政府供給質量

在網絡輿情中,公眾對於認知和瞭解突發事件最核心的要求是及時、有效、回應、跟蹤等相關信息的報導。因此,對於政府來說,一是要追求、跟蹤突發事件真相,第一時間發布權威消息。一直以來,政府應對網絡輿情出現的關鍵性失誤就是網絡傳播中的信息不對稱問題,由於政府與公眾之間缺乏直接或有效的信息溝通渠道,導致長期以來公眾對政府產生了一定的不信任,在此基礎上,容易引起公眾對政府信息的質疑至是對抗性解讀,由此產生如謠言、炒作以及一些「道德缺失」或者「思維、行為極端」的網絡推手等不良行為,使得原本真實的信息被無端猜測甚至被扭曲,造成公眾對政府的信任危機。因此,變被動為主動,追尋突發事件真相,還原突發事件初始現狀就成為政府贏得民眾信任、對應網絡輿情的前提和基礎。二是要著力解決「現實民生」難題,提高網絡輿情服務供給能力。針對網絡輿論質疑或疑問,政府應及時予以回應。網絡輿情的治理就是政府公共服務有效供給的途徑。不少學者認為,「網絡畢竟是虛擬的,要有效引導網絡民意,提高地方政府的公信力,還得從突發事件實際情況入手」,然而,網民也是真實的利益群體,突發事件最大的實際情況就是公眾的利益,網絡輿情中最大的實際情況就是網民的利益,政府只有規範自身行為,努力做到為事實說話、為群眾說話,網絡輿情才能實現和諧。

(五)提升領導幹部能力,「補」齊短板

網絡輿情反應的是虛擬環境中人們的利益訴求,然而與虛擬環境不同的是網絡輿情中利益訴求是公眾的真實表達,「公共安全治理之所以有別於傳統的政府危機管理,主要是奉行了不同的風險分配和利益分配邏輯。」面對網絡輿情新的時代特

徵，政府官員必須努力提升自身素質，放棄「威權」下家長式的管理安排，採取公共治理下的「多元化」治理模式。從供給側改革來講，當前政府供給的短板就是政府工作人員的能力與水準，特別是領導幹部的能力與素質。因此，提升領導幹部能力，就是政府供給端發力的關鍵。一是要傾聽民意，提高網絡輿情引導能力。要將網絡視為做好群眾工作、滿足群眾需求、維護社會穩定的實踐現場，以現代治理中的主體平等對待網絡聲音，尊重網上言論。只有真心為民，著實解決民生問題，政府才會獲得長久的生命力。二是要努力掌握新媒體話語技巧，提升網絡輿情表達水準。政府要注重網絡用語的藝術，改變長期以來居高臨下、官方告知的語言表達方式，努力回應網絡輿情中的民眾利益表達，回應突發事件的網絡民眾質疑，用真心話、情切語使網絡民眾信服，贏得民眾的理解。

參考文獻：

［1］陳潭，黃金. 群體性事件的網絡輿情及其傳播邏輯［J］. 理論探討，2011（4）.

［2］泰勒. 社會心理學［M］. 謝曉非，等，譯. 北京：華夏出版社，2002.

［3］嚴利華，宋英華. 非常規突發事件網絡輿情的關鍵要素和發生邏輯［J］. 中國應急管理，2015（4）.

［4］勒龐. 烏合之眾［M］. 戴光年，譯. 北京：中央編譯出版社，2004.

［5］翟雲. 網絡輿情治理的未來願景、現實困境與實現路徑［J］. 行政管理改革，2015（1）.

［6］韓永軍，詹成大. 網絡輿情治理的政府供給側改革路徑研究［J］. 理論月刊，2017（2）.

［7］李昕. 基於網絡輿情治理下的政府供給側改革路徑分析［J］百家爭鳴，2017（4）.

［8］陳志霞. 從網絡輿情重大事件看公眾社會心理訴求——對2007—2012年120起網絡輿情重大事件的內容分析［J］. 情報雜志，2014（3）.

［9］林閩鋼. 轉型期政府應對公共安全的行動邏輯［J］. 國家治理，2015（29）.

突發事件網絡輿情的引導策略探究

劉維薇[①]

[摘　要] 隨著社會的進步、網絡的發展和民意表達空間的擴展，網絡輿情在突發事件本體的演化過程中常常升級和擴散，甚至影響和決定著社會輿論的走向。實現方式的互動性、輿情傳播的即時性、網絡用戶的隱匿性、網民群體的非理性、涉及內容的多元性、社會影響的持續擴大性是突發事件網絡輿情的重要特徵，其演化一般經歷生成、高漲、波動和終結淡化四個階段。對網絡輿情的引導，必須強化危機意識，切實增強輿情應對的預見性和主動性；創新機制體制，建立公開透明、及時權威的政府信息發布制度；推動全媒體良性互動，營造積極的社會輿論網絡；培育網上意見領袖，引導網民自我教育；依託網絡輿情監控系統，對不良信息進行及時處理；加強監督管理，建立健全的法律監管制度。

[關鍵詞] 網絡輿情；突發事件；輿情引導。

自20世紀90年代以來，互聯網已經深度融入到社會發展和人民生活之中，並成為社會和公眾生活的重要組成部分，網絡化生存成為了信息化時代的基本事實。網絡的興起使所有的媒體傳播都向公眾敞開了「參與之門」，話語權更多地「讓渡」給了公眾，網絡也逐漸成為社會事件、問題與矛盾孕育、發展和變換的重要場所。電子網絡技術的發展和網民規模的擴大，為強化網絡的媒介功能與效應提供了客觀條件。網絡貫穿於突發事件的生成、發生和變異過程中，尤其是在突發事件發生後，網民的自發行為在網絡媒介功能的作用下，往往使現實中的本體事件因為網絡原因演變為差異性的變體事件，即在網絡誘致下，引發新的網絡風險或公共危機事件。近年來，「天津港『8·12』爆炸事件」「甬溫動車事件」「杭州飆車事件」「烏坎事件」等突發事件，都印證了網絡的強大能量。從這些典型的突發事件中，我們可以看出，隨著社會的進步、網絡的發展和民意表達空間的擴展，網絡輿情在突發事件本體的演化過程中常常升級和擴散，甚至影響和決定著社會輿論的走向，進而滲透到現實社會中，並對現行的政府公信力、政府公共決策、政府運行機制等生成制衡或約束，成為影響和諧社會建設的重要阻力因子。

---

① 劉維薇，中共資陽市委黨校助理講師。研究方向：網絡傳播學、輿論學。

當前，中國正處在社會轉型期，社會變革和經濟結構調整使社會生活更加多元化和複雜化，社會矛盾和群體性突發事件呈現多發態勢，且波及範圍大、危害增加。因此，研究突發事件網絡輿情，掌握突發事件網絡輿情的演化規律，進而實施科學、有效的突發事件網絡輿情引導，對於有效化解突發性矛盾，持續提升政府公信力意義重大。

一、突發事件網絡輿情的內涵及特徵

（一）突發事件網絡輿情的內涵

姜勝洪認為，突發事件網絡輿情是指民眾以網絡為平臺，借助網絡論壇（BBS）、網絡聊天（Chat-ting）、博客（Blog）、微博客（Micro Blog）、維客（Wiki）、電子郵件（E-Mail）、網絡新聞組（Usernet News）等網絡工具，圍繞即將發生或已經發生的自然災害、事故災難、公共衛生事件和社會安全事件等突發公共事件發布信息，所表達出來的社會政治態度。康偉認為，突發事件網絡輿情是指通過新聞報導、網民發表言論等方式來呈現個人、群體及組織在網絡空間中發布傳播的基於突發事件的含有情緒、態度、意願、觀點或行為傾向的信息。因此，經過深入思考，筆者將突發事件網絡輿情定義為：當發生突發事件後，網民對於突發事件的意見、情緒和態度的總和。

（二）突發事件網絡輿情的特徵

一是實現方式的互動性。與傳統媒體的單向傳播相比，網絡傳播的最大特點在於：網絡是一種雙向的交互式的信息傳播通道。二是輿情傳播的即時性。時間是影響輿情價值量的重要因素。網絡輿情傳播擺脫了傳統新聞媒體的束縛因素，縮短了人們信息傳播的距離，加快了輿情生成的速度。三是網絡用戶的隱匿性。加里·馬克思曾提出過現實社會中個人身分識別的七大要素：合法姓名、有效住址、可追蹤的假名、不可追蹤的假名、行為方式、社會屬性（比如性別、年齡、信仰、職業等）以及身分識別。而在網絡環境中，這七大要素都可以實現一定程度的隱匿，從而使得網絡輿情的生成和傳播具有一定的隱匿性。四是網民群體的非理性。伴隨隱匿性而生的網絡輿情的另一個特徵是網民群體的非理性。社會心理學研究表明，人在匿名狀態下容易擺脫社會角色關係的束縛，容易個性化、情緒化，最終走向非理性。面對突發事件造成的心理衝擊，網民往往會將網絡作為自己排解緊張、焦慮、困惑、不滿、擔心等心理情緒的渠道，使得網絡上充斥著各種以原生態形式出現的非理性的情緒、態度和意見。五是涉及內容的多元性。網絡輿情最顯著的特徵表現為它是一種信息。隨著現代網絡媒體時代的到來，互聯網已被公認為是繼報紙、廣播、電視之後的「第四媒體」，成為輿情信息的主要載體之一。而多元性是網絡傳播信息最主要的特徵。六是社會影響的持續擴大性。現代社會人的環境包括現實環境和輿論環境，人所接觸到的現實環境是有限的，而輿論環境則往往是無限的，輿論環境

對人們價值理念和行為趨向的影響愈益顯著。有些突發敏感事件發生後，通常都會在網絡上刮起不小的旋風，引起網民關注和討論，進而生成強大的網絡輿論，給參與事件處置的政府部門和突發事件中的相關方帶來極大的壓力。再加上傳統媒體的介入，會進一步影響網絡輿情演變動向和影響範圍。

二、突發事件網絡輿情的演化過程

突發性、公共性是突發事件的顯著特點，因而其本身就具有社會新聞價值。當突發事件遭遇網絡，必然形成網絡輿情，其演化發展往往與政府對事件處理的力度、網民情緒的波動等因素息息相關，還可能受某些偶發事件的影響而改變演化的軌跡。因此，從網民情緒變化的維度考察突發事件網絡輿情的發展過程，大致可分為生成、高漲、波動和淡化終結四個階段。

（一）網絡輿情生成

突發事件最初一般是由網民以發帖或者微博、朋友圈的方式傳播到互聯網，引發大量網民關注後，會得到主流媒體的跟進報導，從而促進網絡傳播範圍進一步擴大，就很容易形成「信息聚合」。網民根據自己對突發事件的瞭解和理解，紛紛發表見解並交流意見，由此生成突發事件的網絡輿情。

（二）網絡輿情高漲

網絡輿論熱點一旦生成，隨著網民的情緒、意見等不斷高漲，這些熱點受關注的程度越來越高，影響越來越大，通過發散而不是層級的方式呈幾何生長傳播，進而吸引更多的網民關注甚至參與其中。這種高漲的態勢根據熱點問題受關注的程度，有的持續較短的時間，有的則經歷一個較長的過程。

（三）網絡輿情波動

網絡輿情熱點的發展過程並非總是直線式的上升或下降。某些時候，網絡輿情會呈現出波浪式發展的軌跡，即發展到一定高潮後，會經歷一定時期的萎縮或沉寂，但受某些偶然因素的影響又會出現新高潮，這種「高潮—萎縮、沉寂—發展」的週期可能會重複多次。

（四）網絡輿情淡化終結

網絡輿情熱點持續一段時間後，隨著新事件的湧現、新刺激的產生，或者事件得到公正的處理，多數網民就會自動轉向新的目標，原來的輿情熱點便會慢慢冷卻，最終沉寂下來。當然，依照輿情自身的變動規律，那些影響深遠、關係重大的突發事件對網民的刺激和引發的輿情，只能說是「階段性沉寂」，一旦有新的誘因關聯性的事件發生，極有可能被網民舊事重提而再度成為熱點。

三、當前網絡輿情事件引導面臨的困境

突發網絡輿情事件考驗著各級政府的應對能力，值得肯定的是，近年來各級政

府在不斷應對各種頻發的網絡輿情事件的過程中，其應對能力得到了有效的提升，部分地方政府在引導和處置網絡輿情事件時的某些措施具備參考和借鑑意義。但從總體上來看，當前仍有相當一部分政府及其官員在應對突發網絡輿情事件上面臨著諸多困境，亟待加以突破。

（一）危機意識淡薄，及時回應能力明顯薄弱

當前，部分政府官員的危機意識淡薄，對網絡輿情事件的認識不足，對已出現的敏感矛盾和問題重視不夠。具體表現為：一是對網絡輿論的認識水準有待提高。面對網絡輿論要麼充耳不聞，不作為；要麼敷衍了事，亂作為。草率處理群眾急需解決的事情，往往引發群眾不滿，造成幹群關係緊張。還有的視網絡輿情為「洪水猛獸」，通常採取「拖」「堵」「刪」「等」方法應對。一旦事件爆發，往往準備不足，手忙腳亂。二是對網絡輿論引導方式的認識狹隘，認為對於一些有損政府形象的網絡輿情只要採取強制性的行政手段，諸如強行刪帖或強制關閉網站的方式便可達到目的，而忽視了利用媒體來進行政府公關，恢復政府形象。

政府的回應能力主要有以下兩個不足：一是政府迅速回應網絡輿論的能力欠缺。因為網絡具有即時性、廣泛性和互動性的特點，社會焦點問題一旦被網絡媒體揭露，就會形成社會輿論，這就要求政府能夠及時做出回應，立即採取有效措施積極疏導網絡輿情。但目前中國一些地方政府對突發事件的回應十分滯後，例如，雲南昆明「豔照門」事件發生10天後才得到干預；韓峰局長的「日記門」事件發生數個月後相關部門才干預；廣州汕尾「最牛菸草局長」遭到多次舉報，但相關部門調查了十多個月仍無結果，導致謠言不脛而走。二是政府較少採納網民的意見。政府通過網絡平臺聽取民意，及時回覆網民關心的社會焦點問題和滿足公眾需求的行為還相對較少。

（二）信息公開體制不完備，錯失輿情引導的最佳時機

在網絡社會，網絡輿情正在逐漸成為民意的「晴雨表」，政府官員若無視或輕視信息公開，沒有及時通過有效途徑發布權威信息，等於將正面引導網絡輿論的平臺拱手相讓。而當各種不實信息以及充滿負面情緒的傳聞充斥網絡時，又沒有及時做出針對性的輿論引導，有利時機一旦喪失，部分缺乏辨偽能力的網民自然容易聽信謠言，滋生輿論危機，進而擴大事態並激化矛盾，甚至激起網民的反抗情緒。

依據社會燃燒理論，網絡輿情的爆發通常要具備三個「燃燒」要素，即可燃物、氧氣和火源。以廣州汕尾「最牛菸草局長」陳文鑄為例，當時網絡上接連曝光政府官員的貪污腐敗行為，而有關執法部門的不作為或亂作為導致民怨沸騰，這是引發網絡輿情的「可燃物」；有關部門對陳文鑄涉嫌貪污調查長達十多個月仍無定論，使得公眾對有關部門的調查產生懷疑，導致網絡上謠言四起，使得政府失去了對事件的話語權，還成為網絡媒體攻擊的對象，這是事件的「氧氣」；陳文鑄被媒體曝光利用職權倒賣高利潤名菸牟取暴利，違規提拔親友30多人和涉嫌豪華消費等，則是「火源」。由於謠言為「可燃物」提供了足夠的「氧氣」，所以一旦接觸到「火源」便可迅速燃燒。可見，如何牢牢掌握輿論導向的主動權，及時切斷網絡輿

情事件的「氧氣」，對於事件的成功處置有著極端的重要性。

（三）法治理念相對滯後，缺乏明確的相關法律法規

無可否認，各級黨委政府對網絡輿情引導是非常重視的，都是從以人為本、維護社會穩定的角度出發，把預防突發事件和引導網絡輿情作為工作的重中之重。然而，實際上，有些政府部門的法治理念滯後，不能理性認識和引導網絡輿論，有些領導幹部擔心信息公開會引發公眾恐慌，擾亂社會正常秩序，因此嚴格控制媒體，對信息進行無限過濾。更有甚者過分依靠高壓手段來處置網絡輿情，對網民在網絡上討論的一些社會敏感問題，採取封殺網頁、屏蔽信息和刪帖來阻止網絡輿論的蔓延。而且，在中國的法律體系中，至今尚未形成一部完善的專門處理網絡輿情事件的法律條文，與之相配套的應急措施也不健全，使得政府在治理突發事件網絡輿情時沒有法律可以參照，行為也缺乏法律規範和制約。由於缺乏法律的指導，一些領導幹部在輿情引導的過程中，經常分不清事件性質和發展態勢，誤把所有涉及社會熱點的問題和社會動亂聯繫在一起，處置方法不得當，最終導致事態惡化。

（四）利益訴求渠道不暢，壓制和扭曲社情民意

在當前利益主體多元化的背景下，需要建立一個長期有效的利益溝通協調機制，使各種利益群體的訴求可以得到充分表達。隨著網民數量的迅速增加，網民借助網絡發表輿論的機會也在逐漸增多，導致網絡突發事件發生的原因呈現多樣化。目前中國由於制度不完善、社會管理滯後、政府與公眾之間缺乏有效的溝通渠道，使得弱勢群體在其合法權益受到侵犯時無法通過有效的利益溝通協調渠道來解決，再加上某些地方政府官員的執政理念偏差，往往以犧牲群眾利益為代價來追求自身的利益，不惜欺上瞞下，扭曲社情民意。當群眾的合法利益無法通過正常途徑得以實現時，就會在網上發布謠言來詆毀政府的形象，借此發洩心中的怨恨，其他不明真相而又義憤填膺的群眾看到這些信息後，情緒也會被迅速煽動起來，產生「共振」效應，直至釀成重大的網絡輿情事件。

四、突發事件網絡輿情的引導策略

網絡輿情是隨著電子網絡技術發展而產生的一種新的輿論形態，並已成為社會輿論的發源地和放大器。網絡輿情是一把雙刃劍，既能引領和推動社會經濟的進步，也能混淆視聽，錯誤導向，並擾亂正常秩序。尤其是突發事件發生後，網絡輿情很大程度上體現了公眾對事件的意見或情緒，正向引導將有利於事件處理，負向失控將導致新的社會風險或公共危機出現。

近年來，在各種複雜環境或利益衝突的助推下，網絡輿情的負效應容易借助互聯網強大的滲透力、互動力和擴展力而放大，加劇了個體問題普遍化、簡單問題複雜化、細小問題膨脹化等，並將事件矛頭指向政府、公務員等特定群體，激化社會矛盾，引發社會危機的連鎖反應，嚴重影響和諧社會建設。因此，有必要提出更加

切實有效、科學合理的突發事件網絡引導策略。

（一）強化危機意識，切實增強輿情應對的預見性和主動性

網絡的快速發展既為政府開展宣傳思想文化工作提供了新載體和新陣地，同時又給政府的新聞管理特別是突發敏感事件的輿論引導帶來挑戰和考驗。由於網絡輿情的產生並非「無中生有」，而是伴隨著突發事件在網絡上事態的擴大而產生洶湧的網絡輿情。因此，應對網絡輿情事件最有效的方法就是增強政府官員的危機意識和回應能力，爭取盡快解決處於萌芽狀態的問題。

實現上述目標，一方面要進一步增強預防和應對網絡輿情事件的危機意識。政府部門必須重視輿情監測工作，建立一個由專業人士負責的網絡輿情分析的機構，密切關注各個網站的時事熱點和網絡輿情，並對重大新聞報導的網絡輿情實施監控，及時發現潛在的危機徵兆。而負責網絡輿情監控的人員要具備甄別網絡信息的能力和判斷社情民意的能力，能夠從網民的評論中瞭解網民的真實看法，把握輿情的發展動向，從而提高決策的科學化和民主化。同時，要加強對網絡輿情的匯集分析。從突發事件的徵兆出現到危機開始，就應該對網絡輿情信息進行整理、分析和鑑別，善於捕捉輿情的表象，提前做好預防工作，制定出行之有效的應對方案，盡早解決問題，以防止輿情進一步擴大和升級。另一方面要著力提升政府官員的回應能力。必須牢固樹立以人為本、執政為民的執政理念，建立信息反饋機制，加強與網民的溝通，對網民提出的問題、意見和要求予以詳細解答，將網民合理的批評建議納入政府決策範圍，及時解決群眾在日常生活中遇到的難題，並對群眾的意願和要求做出積極回應，以爭取公眾的幫助和理解，不迴避、不敷衍，切實做到全心全意為人民謀福祉。

（二）創新機制體制，建立公開透明、及時權威的政府信息發布制度

互聯網之所以能夠成為公眾利益表達和情感宣洩的場所，除了它本身具有的自由性、交互性和快捷性等特點之外，還有一個重要的原因是其他的信息公開渠道閉塞，導致謠言泛濫成災。近幾年來，突發網絡輿情事件的頻發，實際上就是各種謠言和矛盾相互交織的結果。要化解這些危機，政府必須及時公開信息，讓信息公開、透明化。同時做好政府的網絡輿情引導與宣傳，用事實粉碎謠言，瓦解矛盾。

首先，擴寬信息公開渠道，及時公開信息。網民在面對突如其來的事件時往往會陷入極度恐慌的狀態，主要是因為獲取的信息渠道窄，對信息瞭解甚少。因此，及時、準確地發布信息可以盡快穩定民心，防止小道消息滿天飛，充分保障公眾的知情權、參與權和表達權。要以政府信息網站建設為平臺，促進公眾與政府的溝通，積極主動地拓寬信息渠道，鼓勵公眾回饋信息，不斷提高公眾參政的熱情。在網站建設上，強調「以人為本」，加強政府網站中互動模塊的建設，以方便公眾獲取信息為出發點，滿足公眾獲取信息的需求，為其查閱相關的信息資料提供幫助，使其成為社會公眾反應信息和政府回應公眾信息的重要渠道。與此同時，政府應該積極與媒體合作，充分利用新聞媒體，及時向媒體公開有關突發事件的信息，這樣做不

僅滿足了公眾的要求，也為有關部門處理危機提供了決策參考，還有利於遏制謠言泛濫，避免社會恐慌，把造成的損失降到最低程度。

其次，加強網絡媒體的輿論引導。快速、公開和暢通的信息渠道是引導網絡輿情的重要手段。如今，網絡和媒體已經成為了人們的利益表達和情感宣洩的主要途徑，它對社會發展具有引導和監督作用，也為政府瞭解民意和匯集民智提供了一個新平臺。因此，政府必須加強網絡媒體的輿論引導，充分利用網絡堅持正確的輿論導向，不斷更新突發事件的新聞報導，確保信息的真實性和可靠性，努力搶占先機，贏得主動。要準確把握網上輿論態勢，避免一些別有用心者有可乘之機，使一些「不明真相」的網民群情激憤，讓政府工作陷入被動局面。還要善於借助各種媒體獲取和提供有效信息，並通過媒體做好網絡宣傳工作，營造積極向上的主流輿論，用正面宣傳擠壓各種負面觀點，消除不良影響。

（三）推動全媒體良性互動，營造積極的社會輿論網絡

網絡媒體與傳統媒體各有千秋，網絡信息的即時性、互動性、豐富性是傳統媒體所欠缺的；傳統媒體的公信力、權威性和可靠性為網絡媒體所不及。兩者聯合使用，互動互補，就能營造積極的社會輿論環境。近年來，許多引起社會關注和政府重視的事件，都是傳統媒體和網絡媒體相互推動的產物。因此，要加強網絡媒體和傳統媒體的良性互動，結合各自的突出優點，為公眾提供及時的信息發布渠道和豐富的觀點表達陣地。

（四）培育網上意見領袖，引導網民自我教育

所謂意見領袖（Opinion Leader），是指那些能夠對其他網民意見產生重大影響甚至左右某方面輿論的網民。意見領袖較之一般網民有更高的理論素養、更寬的視野和更強烈的社會關懷，在網絡輿情生成、發展歷程中發揮著啟動者、組織者和引導者的作用。意見領袖的親身影響對許多人來說，是在大眾傳播信息和個人對信息做出反應這兩者之間的一個重要仲介過程。網民視意見領袖的意見為權威意見，對其能產生較強的依賴感，易受其控制。因此，一方面，我們要密切關注意見領袖的言論，加強與他們的溝通交流，引導其理解黨和政府的方針政策，理解政府解決種種複雜問題的基本思路和實際操作，鼓勵其多提建設性意見，少提破壞性意見；另一方面，我們要加緊培育我們自己的網上意見領袖，通過他們來引導網絡輿論，強化主流輿論，爭取中性輿論，孤立反動言論。這樣通過網民引導網民，用網民自己的聲音引導、感染網民，實現網民自我教育、自我引導，往往能夠達到事半功倍的效果。

（五）依託網絡輿情監控系統，對不良信息進行及時處理

研發完善突發事件網絡輿情監測與預警系統，運用技術手段對網絡信息進行過濾控制，對於管理涉及反動、恐怖、煽動群眾、蠱惑人心等內容的網絡信息而言是必要的。網絡輿情監測與預警系統的工作原理是：從海量網絡信息中發現輿情話題（事件），並分析和獲取網絡輿情態勢；利用機器自動推理技術，對輿情的威脅程度進行定量估計，發出預警信息，並實現可視化。一方面，對於已經發生的突發事件，

監測其網絡輿情態勢，實現事後預警；另一方面，通過分析、把握可能誘發群體極化事件的因素，進行先兆預警。

（六）加強監督管理，建立健全法律監管制度

加強法治建設，實行網絡監管將有利於規範網絡媒體的行為，能夠為網絡媒體營造一個健康文明的輿論空間。英國學者哈耶克認為：「法治意味著政府的全部活動應受預先確定並加以宣布的規則的制約——這些規則能夠使人們明確地預見到在特定情況下當局將如何行使強制力，以便根據這種認知規劃個人的事務。」在保障公民輿論自由的基礎上，通過制定法律對公眾輿論的內容、參與方式等做出明確規定，是政府有條不紊地進行各種活動的最有力保障。

政府在引導網絡輿情的過程中，不僅要重視網絡的輿論監督，加強社會熱點問題的輿論引導，完善重大突發事件的新聞發布制度，切實保障公民的輿論自由，從制度層面上減少網絡輿情事件發生的頻率，而且還要充分利用法律手段實施輿論監督。政府部門必須加強對網絡輿論的引導和規範，不斷提高網民的法制意識，使法制理念深入人心，成為每個網民內在的約束力量。並且，賦予網絡媒體在法律允許的範圍內對那些違法亂紀的網民進行曝光的權力，引導公眾用理性的方式表達自身訴求，逐漸減少具有危害性的網絡輿情的表達方式。

參考文獻：

[1] 姜勝洪. 微博時代突發事件網絡輿情研究［J］. 理論與現代化，2012（3）.

[2] 康偉. 突發事件輿情傳播的社會網絡結構測度與分析——基於「11・26 校車事故」的實證研究［J］. 中國軟科學，2012（7）.

[3] 曾潤喜. 網絡輿情信息資源共享研究［J］. 情報雜志，2009（8）.

[4] Kling R. Assessing Anonymous Communication on the Internet［EB/OL］.（1999-02-09）［2008-02-12］. http：// www.Slis.Indiana.edu /TIS /readers /full-text /15-2% 20kling.pdf.

[5] 肖文濤，林輝. 群體性事件與領導幹部應對能力建設［J］. 中國行政管理，2010（2）.

[6] 唐喜亮. 中國突發公共事件的網絡輿情研究［D］. 成都：電子科技大學，2008：22.

[7] 陳月生. 突發性群體事件與輿情［M］. 天津：天津社會科學院出版社，2005：82-85.

[8] 凱斯・桑斯坦. 網絡共和國：網絡社會中的民主問題［M］. 黃繼明，譯. 上海：上海人民出版社，2003：47-51.

[9] 梅爾文・德弗勒，鮑爾・洛基奇. 大眾傳播學諸論［M］. 杜力平，譯. 北京：新華出版社，1990：215.

突發事件網絡謠言傳播的邏輯與應對
——以四川省 LZ 市「TF 中學事件」為例

謝 熠[①]

[摘 要] 基於新浪輿情大數據庫，以四川省 LZ 市 TF 中學學生死亡事件在新浪微博中的傳播為例，分析網絡謠言傳播的邏輯與應對。通過對本次事件網絡謠言的分析發現，網絡謠言沿著不信任、不確定、不及時的否定邏輯，在公眾情緒化、從眾心理和網絡推手的推動下通過多元化的渠道和載體迅速傳播。為有效應對突發事件的謠言傳播，需要權威部門綜合新舊媒體及時發聲，並做到信息公開透明、可檢驗，同時加強社會心理引導，發揮網絡自身的淨化功能，促進網絡輿情治理法治化和規範化。

[關鍵詞] 網絡謠言；TF 中學事件；謠言傳播；謠言治理。

隨著互聯網技術的迅猛發展，在人人都是信息接受者、人人都是信息傳播者的網絡世界裡，網絡輿情既是現實世界的真實寫照，又是虛假信息的泛濫地。理性的網絡輿情，對於經濟社會的發展具有推動作用，而虛假的或者具有煽動性的網絡輿情將阻礙經濟社會的發展，甚至成為社會恐慌和大規模集體行動的罪魁禍首。2017 年 4 月 1 日，四川省 LZ 市 L 縣 TF 中學突發一起中學生墜亡事件，該事件迅速在網絡上發酵蔓延，引起了全國網民的關注，在網絡上被統稱為「TF 中學事件」。本研究通過新浪微輿情大數據庫，以「TF 中學事件」「TF 中學學生死亡」為關鍵詞，選取 2017 年 3 月 31 日到 2017 年 4 月 28 日期間新浪微博產生的 391,834 條相關信息為研究對象，分析突發事件的網絡輿情特徵，探討突發事件網絡謠言傳播的邏輯與應對。

一、「TF 中學事件」簡介及其相關謠言

（一）「TF 中學事件」簡介

突發事件是指突然發生，造成或者可能造成嚴重社會危害，需要緊急處理的事

---

① 謝熠，中共宜賓市委黨校經濟社會發展研究所教師。研究方向：社會心態、社會治理。

件,突發性、危險性、緊迫性和不確定性是突發事件的主要特點。突發事件不僅會引起現實輿情的高度關注,還會誘發網絡輿情井噴式增長。網絡輿情應對構成了科學處理突發事件的重要組成部分。「TF中學事件」本是一起普通的中學生墜亡事件,因為涉事的該縣官方處置不當,而在幾天時間內成為了引起群體聚集、警力封路、謠言四起的輿情大事件。該事件最終經過上級部門的介入處置,才逐漸平息。截至4月28日,在新浪微博上僅由中國青年報發起的「TF中學事件」的話題閱讀量就達5.2億次,並引起了30.2萬次討論。

(二)「TF中學事件」相關謠言

網絡傳播的崛起,為謠言的滋生和傳播提供了更加廣闊的空間,網絡謠言出現在公共事件中愈加頻繁。謠言的滋生和傳播容易激發社會的潛在風險,增加公共衝突的暴發、擴散和升級的可能性。突發事件發生後,事件發生的原因和處置過程往往是公眾關注的焦點,同時也是公眾信息需求最為強烈的節點,成為了謠言最易產生的環節。然而,由於事件的突發性,又通常會面臨信息匱乏或滯後的困境,促使謠言主要分為了針對事件本身和針對政府主管部門處置過程兩大類別。「TF中學事件」在網絡輿情擴散過程中,就產生了針對事件本身和處置過程的大量謠言,其中傳播較為廣泛的如表1所示。

表1 「TF中學事件」相關謠言

謠言類別	謠言內容	傳播形式	謠言來源
事件本身	死者生前被毒打	視頻、文字	人為嫁接的類似事件
事件本身	用鋼管打死孩子的凶手是鎮長、派出所所長、校長之子	文字、圖片	無中生有
事件本身	學生在教室被人用鋼管毆打	視頻、文字	W市初三學生教室內打架
處置過程	軍警鎮壓老百姓	視頻、文字	法國巴黎抗議華人被殺現場
處置過程	婚紗店老闆拍攝事件現場被政府雇傭黑社會毆打	視頻、文字	某房地產銷售部門的糾紛打架
處置過程	現場警察拔槍	視頻、文字	公安部門處置另一起事件
處置過程	屍體被強制火化	文字、圖片	無中生有
處置過程	L市停電斷網	文字、圖片	正常停電
處置過程	L市官方政務微博因此封號	文字、圖片	並未正式開通

基於對「TF中學事件」網絡謠言的分析可以發現,突發事件網絡謠言傳播具有以下特徵:一是傳播面廣,速度快。新媒體時代,特別是即時社交媒體的發展,為信息傳播提供了更快速的傳播通道和更廣泛的受眾,打破了信息傳播的地域、時間、人物的限制,極大地提升了信息傳播效率。然而,網絡信息傳播的高度便捷,也為謠言的滋生和傳播提供了更大的空間。從4月1日「TF中學事件」發生,到4月3日演化成為引起全國關注,謠言四起的輿情大事件僅用了3天時間。二是謠言

傳播形式生動多樣。針對突發事件的謠言傳播不僅能夠以文字、圖片的形式，還可以用視頻等形式通過網絡平臺迅速、大面積地擴散。生動形象的謠言傳播，既增加了公眾對謠言的判斷難度，又極易調動公眾的情緒性，催生謠言的大面積擴散。三是謠言煽動性強。從「TF中學事件」相關網絡謠言的內容分析可以得出，無論是針對事件本身的謠言，還是圍繞事件處置過程的謠言，不少都暗含了認為事件發生和處置具有不公平的因素，再以生動形象的傳播形式呈現，極易引發公眾對事件的高度關注和對弱勢群體的同情，以及對處置過程的猜疑和不滿。

二、「TF中學事件」網絡謠言傳播的邏輯

謠言的傳播具有複雜性。對謠言的經典學術研究可追溯到美國心理學家奧爾波特（Allport）和波特斯曼（Postman），兩人提出了最初的謠言傳播公式，即謠言傳播等於事物的重要性和證據的模糊性相乘，兩者共同作用。而後經過克洛斯（Chorus）、羅斯諾（Rosnow）等謠言研究專家的大量實驗和論證，將謠言傳播公式修正為了謠言傳播等於信息不確定性、事件重要性、涉入感、刺激性相乘之積，除以批判意識和透明度。國內學者結合新媒體的發展，在經典謠言傳播公式的基礎上，加入了媒介、新聞價值和管控力度等變量。其中不確定性、事件重要性、涉入感、刺激性、新聞價值、媒介與謠言傳播呈正相關，透明度、批判意識和管控力度與謠言傳播呈負相關。經典謠言研究對分析當下網絡謠言的傳播具有重要的借鑒價值。在已有謠言傳播研究的基礎上，通過分析「TF中學事件」相關網絡謠言的傳播，發現推動該事件網絡謠言傳播的主要因素在於公眾的不信任與從眾心理、信息的不確定與網絡推手的干擾、公眾的情緒性強，以及傳播載體和渠道的多元化。

（一）公眾的不信任與從眾心理

信任具有提高公眾對信息不確定性的寬容的功能。隨著經濟的迅速發展，社會的深度轉型、利益的多元化，社會矛盾的增多，加之少數公務人員貪污腐敗、違法亂紀事件時有發生，公眾對政府的不信任逐漸增長。政府公信力一旦喪失，無論政府做好事還是壞事，都將不再得到群眾的信任和支持，即陷入「塔西佗陷阱」。在突發事件的網絡輿情中，公眾的不信任是謠言產生的社會心理支撐，從眾心理則助推了謠言的大面積擴散。從眾行為既包括理性的遵從、服從和順從，也包括非理性的盲從。理性的從眾會產生好的社會效應，增強社會凝聚力，具有正向的社會功能，而非理性的盲從則可能使群體失去判斷力，甚至在特殊的情況下產生失理和違法的行為，具有一定的社會危害性。突發事件在網絡上往往會引起群體性的高度關注，而處於群體中的個體往往會表現出明顯的從眾心理，產生偏執、判斷力下降和責任意識缺失等心理現象。從眾心理既會提高突發事件的被關注度，加速對事件相關信息的傳播，又會造成突發事件網絡輿論觀點「一邊倒」的現象，產生群體性的憤怒、譴責和猜疑。在「TF中學事件」的微博信息關鍵詞中，「不信」出現了 7,362

次，較大程度地體現了網絡輿情中基層政府的信任危機。該事件中「學生被校園霸凌致死，而非墜亡」「有官二代參與其中」「斷網無用，就開始斷電了」等謠言的廣泛傳播，實際上就是對最初 L 縣官方公布該事件為普通的學生墜亡事件不信任的直接體現，也是網民不加分析而盲目從眾傳播的結果。

（二）信息不確定與網絡推手的干擾

由於突發事件信息發布往往面臨不確定和不及時的困境，導致突發事件最初的信息發布通常具有模糊性，而信息的模糊性是謠言產生和大面積傳播的重要因素。除在傳播過程中信息本身的模糊性和自然失真以外，網絡推手有意和無意的渲染推動也起到了重要作用。網絡推手，既包括別有用心的造謠者，也包括帶有感情色彩傳播事件的關鍵個人和媒體。4 月 1 日「TF 中學事件」發生後，L 縣官方於 4 月 3 日發布對事件的初步調查結果為「無證據證明死者系他殺，其損傷符合高墜傷特徵……爭取家屬同意並啟動屍檢程序，屍檢工作將嚴格按程序展開，檢查機關全程監督，盡快查明死亡原因」。死亡原因不明的結論實質上就是一個模糊的信息，這既給予了公眾猜疑的空間，也給予了網絡推手造謠傳播的可能。在查明死亡原因的這段時間裡，就產生了關於該事件的諸如「中學生被霸凌致死」「有官員之子參與其中」等謠言，並迅速擴散。事後查明，該事件的造謠者既有對社會心存不滿、或者自身法律意識缺失的個人，也有國外邪教組織參與其中。此外，部分媒體和個人帶有感情色彩的傳播，進一步助推了該事件的網絡謠言擴散。例如「血案」「活活打死」等成為傳播過程中的高頻詞，有媒體在報導時運用「剛剛步入人生花季，卻成為一具冰冷的屍體」等表達方式，進一步激發了公眾對弱勢群體的同情和對事件的憤怒情緒，加速了該事件的謠言傳播。

（三）公眾的情緒性強

情緒性強是突發事件在網絡中傳播的又一重要特徵。突發事件中產生的網絡謠言大部分都會暗含對弱勢群體的同情，對優勢群體的譴責，以及對社會不公平的震驚和憤怒等情緒。謠言本身的情緒性會通過情緒感染等心理途徑促使受眾產生相類似的正負情緒。與此同時，突發事件的多數信息傳播者會將個人的情緒帶到傳播過程中，甚至會將個人在生命歷程中遭遇的不公和不滿的情緒借機發泄出來。含有傾向性和感性色彩的謠言傳播，容易激發網民的情緒共鳴，進一步強化謠言傳播本身的情緒性，形成公眾情緒與謠言情緒的共振。在情緒的影響下，謠言受眾的信息理性分析能力將會下降，並增強對謠言的轉發意願，從而為謠言的大面積地迅速擴散提供催化仲介。新浪微博中「TF 中學事件」的網絡評論表情符號排名第一的為「憤怒」，「吃驚」「流汗」等符號表情也占據了主要地位，就是傳播情緒性強烈的最直觀表現。在評論具體內容上，輿情大數據庫挖掘發現「停電有利於維穩麼」「LZ 可以建國了」「簡直無法無天」等成為了微博評論的代表性觀點，進一步印證了網民對該突發事件強烈的情緒性表達。然而，「停電有利於維穩麼」這一排名首位的代表性網絡評論，實際上是基於針對該事件「斷網無用，就開始斷電了」這一

111

謠言而來的情緒化表達。

（四）傳播渠道和載體多元化

網絡技術和自媒體的發展為謠言傳播提供了多元化的傳播渠道和載體。「TF中學事件」的網絡輿情和謠言首輪傳播載體是當地的網絡論壇、QQ、微信、微博等自媒體，次輪傳播載體是中新網、重慶晚報等新聞網站和平面媒體。自媒體的發展，人人都可以成為網絡信息的發布者，在網絡上具有影響力的意見領袖隨之誕生。意見領袖對公共事件的信息發布往往會引起大面積的轉發和評論，甚至影響著整個網絡輿情的走向。儘管意見領袖通常不會直接扮演謠言的傳播者，但是意見領袖對公共事件有意或無意地轉發或者評論，往往會影響公眾對該事件的關注度和態度，從而影響網絡謠言的消亡或者再次擴散。例如「TF中學事件」中，網名為「魯國平先生」的微博用戶，對於該事件的轉發就引起了5,539次轉發、24,307次評論、12,839次點讚，遠遠超過了L市當地官方微博在網絡中的影響力。雖然謠言傳播主要是在微信、微博等自媒體中，新聞媒體等對網絡謠言的傳播並沒有直接推動作用，但是新聞媒體的客觀報導會直接擴大事件的被關注度，促進突發事件的網絡輿情發酵，從而在事件並未得到有力說明的情況下，間接促進網絡謠言在自媒體中的擴散。

三、突發事件中網絡謠言的應對

（一）權威部門及時準確發聲

突發事件發生以後，往往會面臨信息匱乏與人們對信息急切渴求的雙重困境，從而導致謠言更大概率地被人們輕信並擴散。針對突發事件，信息的公布需要權威性、主動性、及時性和準確性。一是信息公開的權威性和主動性。權威公開與小道消息具有不同的輿情傳播效果，主動公開與被動公開同樣會產生不同的輿情效應。突發事件中信息公開的權威性和主動性是提升信息可信度、獲得公眾信任的重要保障。一旦發生突發事件，地方政府部門需要合理運用新舊媒體公開信息，通過權威的渠道主動進行公開，滿足人民群眾對事件的信息需求，防止謠言的產生和蔓延。二是信息公開的及時性。信息公開具有時效性原則，地方政府部門需要在盡可能短的時間內對事件信息進行說明，或者採取信息確定多少、公開多少的連續性公開方式，從而杜絕由於信息空檔和時間差導致謠言和不信任的擴散。三是信息公開的準確性和可驗證性。信息的模糊性是造成謠言傳播的重要因素。突發事件等公共危機發生後，公眾往往會要求政府對事件原因進行說明，如果政府在歸因過程中無法做出有說服力的解釋，將會損害公眾對政府的信任。針對突發事件的網絡輿情傳播，信息公開要保障準確性和可驗證性，同時為公眾驗證信息提供有效的方式。對於暫時不確定的信息，應保持客觀、中立的公布態度，不能採取有傾向性的公布。

（二）建立健全突發事件網絡輿情治理機制

健全的制度機制是使突發事件網絡輿情治理走向程序化、規範化的必要條件。

面對互聯網的快速發展，網絡輿情治理機制一定程度上存在滯後性。一是運用大數據平臺監測輿情，建立輿情預警機制。發生突發事件時，地方政府可以通過與互聯網公司、通信企業合作的方式，採用互聯網大數據對該事件的網絡輿情進行即時監管，防止突發事件網絡謠言的失控，並能誘發現實社會集體行動的發生。一旦發生輿情失控、或者負面輿情引起集體行動的情況，需要有應急措施，將突發事件的網絡輿情迴歸到可控範圍。二是建立信息公開制度。通過明確地方政府各職能部門在信息公開中的角色和職責，按照權威公開、主動公開、及時公開、準確公開的原則建立健全突發事件信息公開制度。三是提升政府部門應對突發事件的輿情治理能力。按照職能、職責，明確各職能部門應對突發事件網絡輿情治理的分工，使突發事件輿情治理程序化、規範化。增強政府部門在網絡媒體傳播的影響力，以及整合網絡上具有影響力的個人和組織的傳播力量，綜合提升官方在網絡世界中的話語權。同時不斷提升公務人員面對突發事件時的應變、處置、宣傳、報告的能力，以及與新舊媒體打交道的技巧。四是嚴格按照法律法規處置突發事件的網絡輿情。一方面按照法律法規嚴格查處公務人員在突發事件發生和處置過程中的失職和違法行為，及時向社會公開，減少公眾對突發事件發生和處置過程的猜疑而造成的謠言傳播。另一方面，及時發現突發事件網絡謠言的來源，尋找客觀有效的證據對網絡謠言進行證偽，依法依規處理網絡上的造謠者，並向社會及時公開。

（三）加強社會心理引導，發揮網絡自我淨化功能

加強對公眾的社會心理引導，提高網絡的自我淨化功能是運用網絡自身力量阻止謠言傳播的關鍵。網絡技術的發展是不可阻擋的歷史趨勢，互聯網作為一種信息交流平臺本身並不決定信息的真偽。以微博、微信等為代表的網絡媒體本身並不產生謠言，由於其便捷性和個體化，既可成為傳播謠言的幫凶，同樣也可成為淨化網絡空間的載體。推動網絡本身的闢謠力量發展、增強網絡自身淨化能力，將有力縮小網絡謠言傳播的生存空間。一方面，需要引導公眾樹立科學、理性的網絡心態，提升網民的媒介素養。網民的批判意識和信息判斷能力是阻止網絡謠言傳播的重要因素。理性科學的網絡心態和媒介素養將有利於提升公眾對突發事件信息的辨別能力，避免信息在網絡上傳播的情緒化，減少網絡謠言的傳播。政府宣傳部門需要結合新形勢，以公眾可接受、願意接受的方式，創新運用新舊媒體宣傳引導公眾理性、文明上網，傳播相關法律法規，引導公眾形成「不信謠、不傳謠」的思想意識和行動自覺。針對不同的網民群體，結合不同媒體的優勢，主動推送文明、理性上網的信息，引導公眾形成良好的網絡社會心態。另一方面，需要充分發揮網絡的自我淨化功能。網絡世界自身存在的理性科學的聲音是淨化網絡空間的重要力量。通過有意識地培養和傳播網絡中理性科學的聲音，特別是通過加強與在網絡上具有影響力的意見領袖的溝通，監督和引導意見領袖傳播理性科學的聲音，將有利於強化主流言論，提升網民的信息判別力，從而引導網絡輿情正向發展，阻止網絡謠言的擴散。

結語

黨的十九大報告指出，「加強互聯網內容建設，建立網絡綜合治理體系，營造清朗的網絡空間」。隨著信息技術的不斷發展和網絡的迅速普及，虛假信息和謠言成為了威脅網絡空間安全的重要因素。突發事件極易成為誘發網絡謠言的導火索，網絡謠言又會反過來增加突發事件治理的複雜性，兩者相互交織，影響著社會的穩定與安全。在突發事件網絡謠言不斷發生，並對經濟社會健康發展產生不利影響的背景下，分析突發事件網絡謠言的傳播邏輯，探索突發事件網絡謠言的綜合治理策略至關重要。突發事件網絡謠言傳播沿著不信任、不確定、不及時的否定邏輯，在公眾的從眾心理和強烈情緒性的催化下通過多元化的傳播媒介迅速蔓延。為有效治理突發事件網絡謠言的傳播，政府部門需要構建準確、有效、及時的信息公開制度，完善網絡輿情的管理制度，增強突發事件網絡輿情的應對能力，加強對公眾社會心理的引導，不斷提升突發事件網絡謠言的治理水準。

參考文獻：

［1］林寒.網絡虛假事件傳播的理論解釋和現實邏輯——基於熱點事件「上海女逃離江西農村」的輿情分析［J］.北京理工大學學報（社會科學版），2016（5）.

［2］唐小兵，梁濤.謠言傳播中的集體行動邏輯初探——基於新媒體用戶謠言核實行為的實證分析［J］.暨南學報（哲學社會科學版），2012（4）.

［3］曹學豔.基於應對等級的突發事件網絡輿情熱度分析［J］.中國管理科學，2014（3）.

［4］王燦.從瀘縣太伏中學學生死亡事件看輿情處置七大失誤［J］.政法輿情，2017（13）.

［5］王理，謝耘耕.公共事件中網絡謠言傳播實證分析——基於2010—2012年間網絡謠言信息的研究［J］.上海交通大學學報（哲學社會科學版），2014（2）.

［6］李永平.謠言傳播的本土語境及風險防控［J］.當代傳播，2011（5）.

［7］陳喻，徐君康.自媒體時代網絡謠言傳播探析［J］.新聞界，2013，（15）.

［8］吳建，馬超.謠言傳播公式：溯源、修正與發展［J］.新聞界，2015（13）.

［9］鄭也夫.信任的簡化功能［J］.北京社會科學，2000（3）.

［10］徐彪.公共危機事件後政府信任受損及修復機理——基於歸因理論的分析和情景實驗［J］.公共管理學報，2014（2）.

［11］林楠，蔡乙華.網絡輿情應對與政府公信力維護［J］.廣州大學學報（社會科學版），2017（4）.

［12］宋官東. 從眾新論［J］. 心理科學，2005（5）.

［13］古斯塔夫·勒龐. 烏合之眾［M］. 馮克利，譯. 北京：中央編譯出版社，2016：10.

［14］孫嘉卿，金盛華，曹慎慎. 災難後謠言傳播心理的定性分析——以「5/12汶川地震」謠言為例［J］. 心理科學進展，2009（3）.

［15］唐世秀，何雲峰. 網民政治不滿情緒的成因和對策［J］. 探索與爭鳴，2010（6）.

［17］賴勝強，唐雪梅. 信息情緒性對網絡謠言傳播的影響研究［J］. 情報雜志，2016（1）.

［18］張志花. 基於喚醒機制的微博謠言傳播模型［J］. 現代情報，2015（3）.

［19］劉立剛，王豔蕊. 微博中的謠言傳播與自我淨化［J］. 新聞與寫作，2013（8）.

在自媒體時代掌握網絡輿論主導權

王江月[①]　龍再興[②]

[摘　要] 互聯網以前所未有的深度和廣度改變著輿論格局，同時也影響著人們的思想觀念和價值判斷。輿論傳播的主體、方式、渠道已發生根本改變，輿論態勢日益複雜。這些新情況的產生，為我們掌握網上輿論主導權帶來了嚴峻挑戰。輿論引導工作必須尊重新聞規律，堅持以團結穩定鼓勁和正面宣傳為主的方針，注重實際效果，準確把握好快速反應、正確導向、分類處理、統一協調、開放和有序的原則，在構建網絡輿論陣地的過程中，充分發揮自身優勢，著眼培養網絡人才，努力在網上輿論引導方面發揮更大的作用，牢牢把握網上輿論的主導權，搶佔網絡輿論的制高點，為弘揚主旋律、淨化網絡空間、文明上網等搭建良好的網絡平臺。

[關鍵詞] 自媒體；網絡輿論；主導權。

根據2017年8月中國互聯網絡信息中心（CNNIC）的統計，截至2017年6月底，中國網民規模達到7.51億，其中手機網民規模達7.24億，佔比高達96.3%，其中搜索引擎和網絡新聞的應用已突破6億人次。可以說，伴隨著網絡通訊的發展和微博、微信等網絡社交應用的普及，廣大人民群眾獲取信息的方式已經發生改變，順勢而變的還有他們的發聲方式，就像習近平總書記指出的「互聯網已經成為輿論鬥爭的主戰場」，我們必須在這場輿論鬥爭中掌握主動權。

一、自媒體時代網絡傳播的主要特點

2003年7月，美國新聞學會媒體中心發布了由謝因波曼與克里斯威理斯兩位聯合提出的「We Media（自媒體）」研究報告，裡面對「We Media」這樣定義：「We Media是普通大眾經由數字科技強化與全球知識體系相連之後，一種開始理解普通大眾如何提供與分享他們自身的事實、新聞的途徑。」即是說，大眾可以運用博客、微博、微信、貼吧等自媒體平臺發表自己的見聞或者看法，實現「人人都有麥克

---

① 王江月，中共都江堰市委黨校教師。研究方向：中國哲學、基層治理。
② 龍再興，中共都江堰市委宣傳部工作人員。

風」，人人都能成為自媒體。網絡傳播在這樣一個全新的時空場域中呈現出新的特徵。

（一）信息傳播主體的平民化、個性化

美國著名硅谷IT專欄作家丹·吉爾默給自己的專著《自媒體》起的副標題是「草根新聞，源於大眾，為了大眾」。這道出了自媒體最根本的特點，那就是平民化。大眾從「旁觀者」轉變成為了「當事人」，每個人都不再只是信息的吸收者，同時也是信息的釋放者，「媒體」一下從遙不可及的遠方，來到了普通人群之中，變為人人皆可擁有的東西。他們從網絡或者報紙、廣播、電視等傳統媒體獲得信源後，均可以通過手機、網絡等平臺，將信息進行加工，然後發出，變成信息傳播的主體。

我們發現，對涉及公民權利保護、公共權力監督、公共秩序維護和公共道德伸張等一系列重大社會公共問題，特別是徵地拆遷、醫患糾紛、房價物價等敏感因素，大眾表現出極大的參與熱情，很容易引發鋪天蓋地的輿論聲浪，比如微笑「表哥」楊達才事件。陝西省安監局原局長楊達才因為在事故現場露出不合時宜的「微笑」，被網民圍觀，繼而被扒出佩戴多款價值不菲的名表，又因回應言辭欠妥陷入誠信危機，再因眼鏡、皮帶等昂貴飾物被曝光催生腐敗疑雲，最後因涉嫌嚴重違紀被撤職。從被扒到撤職只用了短短27天，在其中，網民們自發的人肉搜索，憑藉其強大的互聯網動員力，在揭露案件細節、曝光官員信息等方面貢獻了巨大作用。

（二）傳播的信息量大，信息內容質量不一

在自媒體時代，由於每個人都是信息員，可以發布或者轉載很多信息，這就極大地拓寬了信息的來源渠道和信息量。一般而言，在微信朋友圈裡面每人每天都至少可以獲取幾十條信息。同時，他們發布的信息也是完全按照自己的心意編輯，這些信息可以是對人生境遇的感悟和思索，可以是對生活瑣事流水帳式的記錄，可以是對專業學問的探索與思考，也可以是對時事政治的觀點表達。著名作家王朔曾說：「也許我有些發不出去的雜文，會放到網上。」這就表明了在自媒體上發表信息的隨意性和自由性。

但同時一個明顯的問題就是信息內容碎片化和信息質量無法得到保證。網絡上曾經多次出現公眾以個人名義發布信息並引起社會極大反響後，情況反轉再反轉的不良現象，甚至於有些人為了博取大眾眼球，故意撰寫虛假信息，比如2017年9月的熱點新聞「去世十四年的兒子還活著」。9月6日，一篇講訴離奇故事的文章在網絡上發表，作者為署名「麒琅曦」的一個自媒體號。故事大意是「兒子去世兒媳失蹤，老人撫養孫子14年，看到一張照片才知道是騙局」。在這篇文章中，不僅把老人和兒子的故事說得「有鼻子有眼」，並且還有老人孤身站在池塘邊的背影作為配圖，在內容的映襯下更顯淒涼。於是，這條新聞被多家媒體轉載，在網絡上瘋傳。小兒子的行為更引發了眾多網友的譴責以及對老人的同情。但最後經過調查，這條新聞純屬杜撰，照片裡的老人是譚莊二隊的普通農民，兒女均沒有出國，文章的作

者襄陽某監獄教育科副科長何某現已經被停職。

(三) 信息傳播的時效性強，速度極快

由於在自媒體時代，發布信息已經不再有空間和時間的限制，大眾可以在任何時間、任何地點經營自己的「媒體」，時效性大大地增強，這是傳統媒體沒法比擬的。同時，由於自媒體能夠無時差地將信息傳播到受眾中，受眾也可以迅速地反饋他們對信息的感受與認識，所以自媒體與受眾之間是零距離的。以鹿晗為例，他於10月8日在微博上發布與關曉彤的戀愛消息，瞬間成為微博熱點，天涯、豆瓣、貼吧上均出現大量的相關討論話題，11天後，該微博已被轉發108萬次，評論279萬次，點贊553萬次。這裡，我們不僅可以看到網民對信息的接收速度極快，同時他們對於這則消息的反饋速度也是驚人的，從評論中我們可以瞭解網民對這則消息的態度有祝福，有反對，也有無所謂。但如果通過大數據分析，我們就能清楚地看明白哪種態度是真正的主流，這就是他們對所獲信息的反饋。

二、掌握網絡輿論主導權面臨的挑戰

互聯網以前所未有的深度和廣度改變著輿論格局，同時也影響著人們的思想觀念和價值判斷。輿論傳播的主體、方式、渠道已發生根本改變，輿論態勢日益複雜。這些新情況的產生，為我們掌握網上輿論主導權帶來了嚴峻挑戰。

(一) 傳統主流媒體的影響力弱化，多種價值觀點交錯

自媒體流行之前，媒體信息的發布、傳播均有明確的把關人，輿論主導權牢牢地掌握在政府手中。隨著信息技術革命的急速推進，「三微一端」的迅速崛起，使得傳統的輿論格局迅速發生了變革，自媒體已成為超大的輿論場，截至2015年12月底，微信月活躍用戶數接近7億，僅春晚微信互動就達到了110億次。如此龐大的規模中，新媒體也造就了一批網上的意見領袖，就是我們常說的「大V」，他們均擁有大量的粉絲數，會科普一些知識，對網絡熱點發表自己的見解，通常這些意見會被他們的粉絲所接受或者認可，可見其信息傳播的覆蓋率、傳播力、影響力不可小覷。與此相對，傳統主流媒體的影響力不斷弱化甚至邊緣化，傳統的報紙在年輕人中的覆蓋率、傳播力甚至引導力大幅度下降，很多主流思想無法深入年輕人的心中，馬克思主義指導思想正面臨著多元的社會思想意識的挑戰。在網絡上各種觀點交鋒、碰撞的情形時常發生，特別是涉及敏感話題，如貧富不均、醫患矛盾、房屋拆遷等，一些人就異常活躍，不斷製造敏感話題，在網上發起各種意識形態爭論，不時引起輿論喧嘩。我們在這些喧嘩中應該可以看出，網絡輿論場的分化現在相當突出，主流媒體、市場化媒體與網絡民間輿論場經常懷揣著不同的價值觀和話語體系。

(二) 線下線上問題交互發酵，滋長極端言論與謠言蔓延

當前，全面深化改革進入深水區，社會矛盾與利益訴求日益錯綜複雜。而信息

的無時差性傳遞,使得大量社會熱點可以在網上迅速生成、發酵、擴散,這就給政府對突發事件的處理提出了很高的要求。地方黨委政府處置問題時稍有不當就會引發不滿和質疑。廣大民眾會將這種不滿和質疑以及自身的利益訴求直奔網絡,易形成新媒體倒逼傳統媒體輿論、市場化媒體倒逼主流媒體、網絡謠言倒逼政府回應及解決熱點問題等多重倒逼效應。

同時,個人都有自己的偏愛與喜好,人們在接收信息或發表意見的時候,往往會根據自己的情況來評價分析事物,容易「只見樹木,不見森林」,只能看到其好的一面或只能看到其壞的一面,而且把它單一的一面無限放大,還有的情況是一概而論。例如:人們在對待「富二代」「官二代」這些名詞的時候,只看到它的不好,而且認為所有只要和「富二代」「官二代」沾邊的都是不好的,會產生一種厭惡、憎恨的心理,甚至會攻擊他人,對他人造成不良的影響。這樣,人們在解讀一個信息的時候就會很偏激,發表自己的言論的時候也會誇大其詞。但同時,網絡具有自由、開放的特點,網民的輿論不受限制,無論是輿論的內容還是發表輿論的時間、地點都不受限,而且網絡具有匿名性,發表言論的網民沒有身分的限制與認證,於是在「把關人」缺失的情況下,當他們將有明顯針對性或者傾向性的言論發表之後,還會形成群體極化現象。群體極化主要指想法類似或想法偏激的群體聚在一起討論時,個人決策因為受到群體影響,往往容易做出比獨自決策時更偏激的決定,最終群體會達到一個比討論前傾向更為極端的立場。這會造成一個非常明顯的結果就是偏激的言論會不斷受到認可,收穫一大批擁護者,最終人們忘記了最初的問題所在,讓事實真相從此淹沒。

(三) 西方意識形態的網上滲透花樣不斷翻新

一直以來,西方從未停止從思想上對中國進行滲透,其行為主要分為兩個方向:一是大量發布不實消息,詆毀中國。目前西方媒體掌握著全球 90% 以上的新聞信息資源,近 70% 的海外受眾是通過西方媒體瞭解中國的。境外媒體尤其是敵對勢力通過大肆炒作,發布不實消息,鼓動不明真相的群眾「鬧事」,來破壞中國穩定的政治局面。境外網站「六四天網」就長期發布不利於都江堰市社會穩定的信息,例如群眾信訪維權受阻、「5/12」災民還未得到救助等,指責政府不尊重人權。特別是在一些重要的時間節點,比如「5/12」紀念日、兩會期間、G20 財政會,更是鼓動部分群眾找政府麻煩。比如對民眾進行意識形態滲透,在國內物色骨幹,栽培個別所謂「公知」「大V」,對中國的制度、道路、民族政策、歷史、領袖、文化等不斷進行負面評價或者無端指責,以期製造思想混亂,達到擾亂中國的目的。

三、要高度重視輿論引導

習近平總書記指出,「尊重新聞傳播規律,創新方法手段,切實提高黨的新聞輿論傳播力、引導力、影響力、公信力」,要求領導幹部要提高同媒體打交道的能

力。隨著改革開放的不斷深化，廣大人民群眾的民主意識普遍增強，對公共事件的知情權、話語權、監督權的要求更是空前高漲。但由於群眾的思想承受能力與政治民主化進程還存在差距，尤其是一些人存在「仇富」「仇官」的心態，情緒化比較嚴重，面對某些突發公共事件顯得非常脆弱、極端，對改革發展中的許多問題看不慣、想不通、接受不了。這些問題在一些網絡輿論的「助推」下，很容易形成「交叉感染」，使小事演變成大事，釀成嚴重的社會矛盾。

網絡熱點、爆點發生後，媒體的推動作用千萬不可忽視。黨委、政府如何與媒體互動、與公眾互通，充分運用傳媒的力量來減緩乃至化解社會矛盾和危機，有效引導輿論，已成為維護社會穩定的重要手段。做好輿論引導工作，關係到突發公共事件的有效處置，關係到社會穩定和人心安定，關係到黨和政府在人民群眾中的威信，關係到地方的對外形象和新聞媒體的信譽，關係到加快發展、構建和諧的大局。特別是在現代通信和網絡技術迅速發展的新形勢下，進一步加強和改進突發輿論引導工作，具有十分重要的意義。

四、要準確把握引導原則

輿論引導工作必須尊重新聞規律，堅持團結穩定鼓勁和正面宣傳為主的方針，注重實際效果，準確把握好以下原則。

(一) 快速反應原則

對突發輿情事件的反應速度和處置態度至關重要。輿情發生後，除第一時間向上級部門報告外，應同時將信息及時、準確地通報本級黨委宣傳部門，宣傳部門第一時間開展網上輿情搜索，並根據事件的性質、規模以及社會和網上輿情狀況第一時間做出研判，需要公開的，力爭在第一時間發布準確、權威的信息，穩定公眾情緒，最大程度地避免或減少公眾猜疑和個別新聞媒體的不準確報導，牢牢掌握輿論引導的主動權。

(二) 正確導向原則

提高正確引導輿論的工作水準，使輿情的輿論引導有利於黨和國家以及地方黨委政府的工作大局，有利於維護人民群眾的切身利益，有利於社會穩定和人心安定，有利於突發公共事件的妥善處置。對突發公共事件的報導，按照「統一口徑，報導適度、不炒作、不渲染」的原則，積極主動地「擺事實，講道理」，將群眾情緒向理性、平和、客觀的方向引導，推動事態向有利於妥善處置的方向轉化。要尊重社會公眾的知情權，注重從公眾的角度提供權威、可靠的新聞信息，提高公眾對各種信息的鑑別判斷能力。要把握好報導的度，根據突發公共事件在不同發展階段的具體表現，審時度勢、因勢利導。

(三) 分類處理原則

對於自然災害、事故災難、公共衛生事件等危及公共安全並造成一定影響的突

發公共事件，應及時、準確地發布信息，開放、有序地組織好採訪報導，切實做好媒體服務工作。重大政治性、群體性事件，公開報導可能危害國家安全、損害民族團結和損害中國國際形象以及嚴重損害地方形象的事件，不宜作公開報導，但必須在規定的時間內向上級黨委、政府報告事件實情，聽從上級黨委、政府的指令，積極開展好後續工作。

（四）統一協調原則

輿論引導工作要在黨委政府的統一領導下，按照屬地為主、歸口管理、部門合作、統一協調的方式進行。由屬地黨委宣傳部負責組織協調，負責事件處置的責任主體要主動同新聞宣傳部門溝通，共同提出輿論引導的意見，按照事件分級組織、協調好新聞發布、新聞報導。

（五）開放與有序並重、服務與管理並舉的原則

統籌做好媒體的服務，抓好新聞管理、新聞發布、記者接待等工作，向媒體提供採訪、報導服務。要認真組織好新聞發布會、吹風會、情況通報會、答記者問等；及時提供新聞通稿；有重點地設計採訪線路、聯繫採訪對象，組織媒體開展採訪活動；積極提供採訪線索、背景資料、動態信息、安全提示，以及公共信號、傳輸渠道、發稿設備、上網設備等採訪報導條件。特別是新聞發言人要走上前臺，及時表明立場態度、處置意見和工作進展，及時回應媒體和公眾的質疑；要善於面對媒體，以理性、平和的心態善待媒體，多與媒體交流溝通，將權威、客觀的消息有力、有效地傳遞出去；要實事求是，不說套話、空話，以誠實的態度贏得媒體信任，合力促使輿論平息。

五、掌握網絡輿論主導權的路徑探索

（一）要堅決依法治網，對違法犯罪分子嚴厲打擊

一方面，中國的法律法規明確了互聯網上網的「九不準」和「七條底線」，對於那些敢於觸碰底線、超越紅線的就要依法進行打擊懲處，不僅如此，還要通過媒體進行曝光，要讓所有人知道，網絡空間不是無法之地，不能搬弄是非、顛倒黑白、造謠生事、違法犯罪，不能超越了憲法法律界限，只有這樣才能營造一個風清氣正的網絡空間。另一方面，依法治網還有另一層含義，就是要求政府依法行政，做到執法有據，不要過多地干涉互聯網企業或營運者自身的營運，促進其發展壯大，從而更好地為地方政府城市建設做出積極有利的貢獻。

（二）要傾聽網民聲音，解決群眾實際問題

習近平總書記在 2016 年 4 月的網絡安全和信息化工作座談會上指出：「各級黨政機關和領導幹部要學會通過網絡走群眾路線，經常上網看看，『潛潛水』、聊聊天、發發聲，瞭解群眾所思所願，收集好想法、好建議，積極回應網民關切、解疑釋惑。」習近平總書記還說：「對建設性意見要及時吸納，對困難要及時幫助，對不

瞭解情況的要及時宣介,對模糊認識要及時廓清,對怨氣、怨言要及時化解,對錯誤看法要及時引導和糾正,讓互聯網成為我們同群眾交流溝通的新平臺,成為了解群眾、貼近群眾、為群眾排憂解難的新途徑,成為發揚人民民主、接受人民監督的新渠道。」

我們說要走群眾路線,要全心全意為人民服務,其實這些網民也是我們的市民,是我們的普通群眾,我們需要融入網民群體,站在網民的角度瞭解民意,傾聽網民的聲音,瞭解群眾所思所願,收集好想法、好建議,積極回應網民關切、解疑釋惑,進一步改進和完善我們的工作,提高群眾滿意度。將線上問題在線下解決,通過溝通,解決實際問題,網上不好的聲音就會越來越少。

2016年上半年,都江堰市網信辦發現涉及本市的網絡輿情有410餘條,主要集中在重大項目、道路交通和民生維權等方面。其中,重大項目主要為成都萬達城和濱江新區,總體占比15%;道路交通主要為抱怨、吐槽交通堵塞帶來的不便,總體占比為17.6%;民生維權主要集中在房屋拆遷、產權辦理、旅遊投訴、食品安全、反腐倡廉、環境污染等方面,總體占比為67.4%。從數據可以看出,主要輿情還是集中在民生方面,而這些問題就是廣大市民及遊客迫切需要解決的,政府部門就應該主動面對問題,解決問題,更重要的是在解決問題的過程中建立一個長效機制,避免類似的問題再次發生,這才能從根本上提升政府服務質量,讓群眾滿意,從而減少網絡上所謂的「不和諧」的聲音。

(三) 構建新媒體聯盟,共同唱響美麗中國

李冰在治理岷江水患時,採取「引水灌田,分洪減災」的辦法,使成都平原成為旱澇保收的「天府之國」。這對於治理網絡空間也同樣適用,網絡輿情重在疏引,而不是一味地去堵。那麼如何構建一個治理網絡空間的都江堰呢?就是要構建一個新媒體聯盟,唱響主旋律,弘揚正能量。首先,發出我們自己的聲音,充分利用政務微博、政務網站、政務媒體,宣傳黨和國家的政策方針,傳遞黨委政府的聲音,倡導社會主義核心價值觀。其次,利用社會力量。毛主席說,「團結一切可以團結的力量」,今天我們不僅要組建政務新媒體網絡,同時也要團結社會各個網站、論壇、微信公眾號等新媒體平臺,形成政府引導、行業自律的網絡治理新常態。一方面,可以通過協會組織成員加強相關法律法規的學習,完善互聯網行業自身的編輯審核機制,促進行業自律。另一方面,政府要加強同協會的合作,讓協會成員參與地方政府的一些節慶活動、主題宣傳等,實現企業利益與政府管理共贏。通過這些社會新媒體,講好中國故事,構建一個健康、積極、向上的網絡輿論氛圍。

總之,網上輿論的引導需要平時的重視、多方的合作、日常的累積。我們在構建網絡輿論陣地的過程中,應積極適應新的形式,充分發揮自身優勢,著眼培養網絡人才,努力在網上輿論引導方面發揮更大的作用,牢牢把握網上輿論的主導權,搶占網絡輿論的制高點,為弘揚主旋律、淨化網絡空間、文明上網等搭建良好的網絡平臺。

參考文獻：

［1］顧金喜. 全媒體時代如何有效加強黨的輿論主導權［J］. 新聞與傳播研究，2016（6）.

［2］姚君喜，劉春娟.「全媒體」概念辨析［J］. 當代傳播，2010（6）.

［3］高山，國圍，趙棟. 主力軍要上主戰場——牢牢把握網上輿論鬥爭主導權［J］. 紅旗文稿，2017（6）.

從「氣荒」事件淺析應急管理中的媒體溝通策略

黃廷倫[①]　王偉娜[②]

[摘　要] 2017年年底，隨著全國各地天然氣的供不應求，許多城市出現「氣荒」「氣短」現象，一時間「氣荒」成了2017年的寒冬熱詞。公眾通過微信、微博等新媒體平臺表達了對「煤改氣」工程的強烈不滿，把「氣荒」原因歸結為「煤改氣」。媒體作為政府與公眾進行溝通的重要渠道，是建立良好公共輿論環境的基礎，在應急管理中發揮著重要作用。本研究以「氣荒」事件為例，通過對「氣荒」類熱點事件的分析，梳理出當前中國媒體溝通存在的問題，並以此為基礎提出具體的策略。因此，開展媒體溝通策略研究具有一定的現實意義。

[關鍵詞] 氣荒；煤改氣；應急管理；媒體；溝通策略。

一、媒體溝通在應急管理中的重要性

在應急管理中，媒體作為政府與公眾進行信息交流的平臺，是公眾獲取信息、釋放緊張情緒的重要渠道，是政府表明立場及態度的重要平臺。良好的媒體溝通是社會穩定的關鍵，是將輿論向正確方向引導的推動器。當突發事件發生後，媒體溝通的成敗，直接關係著政府應急管理的成敗。

（一）媒體是政府與公眾進行信息交流的平臺

媒體是人們認識事件、形成認知的重要渠道，突發事件發生後，一方面，由於事件的突然性，公眾都面臨著信息缺失的問題，都強烈渴望通過媒體獲知更多與突發事件相關的信息；另一方面，突發事件具有多重新聞價值，對媒體有著強烈的吸引力。因此，正常的社會秩序被打亂，人們往往通過媒介來瞭解和掌握充滿變化的外部環境以決定個體在事件中的定位與行為。新聞媒介框架認為，新聞媒介傾向於

---

① 黃廷倫，中共四川省委黨校MPA碩士研究生。研究方向：應急管理。
② 王偉娜，中共四川省委黨校MPA碩士研究生。研究方向：社會治理。

以各種不同的方法構造議題，從而影響或改變人們對事物的認知或行為。也就是說，媒介在傳達新聞信息的同時，也構建了某種意義框架的合理性，社會公眾往往在媒介所構建的框架中完成對外界變化及自我定位的認同，或者說，他們對危機的認知和態度在某種程度上是由「媒體構建」的。

媒體在我們的生活中起著傳播信息的作用。隨著信息技術的飛速發展，這種作用已經廣泛滲透到人類生活的方方面面，它縮短了人與人之間的距離，使公眾的認知得以同步，共識得以達成，從而凝聚人們的力量。作為公共輿論承載的大眾媒體，是政府與公眾的「傳聲筒」，建構起了政府與公眾之間信息交流與傳播的通道，在突發事件中可以發揮巨大的作用。

（二）有效的媒體溝通可以發揮穩定社會的作用

有效的媒體溝通為構建社會主義和諧社會發揮了穩定作用，報紙、廣播、電視、互聯網等多種媒體的聲音，已經滲入人們的日常生活，人們工作、學習、閒暇聊天或娛樂活動，每時每刻都被各種信息包圍著。無論是經濟的、政治的、軍事的、文化的、還是社會生活各個方面的信息，都對人們的思想和行為產生著不可替代的作用。新聞報導應該及時、準確、通俗地把黨在各個時期的方針、路線和政策，宣傳到社會各界和百姓當中去。報導應該從本地的實際情況出發，通過輿論導向作用，把人們的思想情緒引導到平和、積極、健康的方向上來。在新聞報導過程中，只要作到通俗、準確、明了，其實就會收到實際的宣傳效果，而政策是在不斷地調整和變化中的，特別是一些改革方面的政策，由於地域的、經濟的、環境的差異，政策是不同的，而由於政策的不同，往往容易引發人們懷疑政策的公正性和公平性，這就需要新聞報導迅速地跟進、及時地宣傳，講清出現差異的原因和差異的客觀性，消除人們的疑慮，緩解人們的不滿，使人們在心理上接近或達到平衡。

新聞報導工作，一方面要建立和完善預警機制，抓住規律，未雨綢繆；另一方面，對偶然發生的事件要做出迅速的反應，在第一時間深入現場，向社會報導事件的真相，平息各種猜測和傳聞。新聞報導工作一定要堅持實事求是的思想路線，以客觀、公開、透明的面貌面對社會。

（三）媒體是突發事件輿論引導的重要推動器

當今社會，輿論已成為影響政治走向、群眾情緒、社會思潮乃至社會穩定的重要因素。輿論引導恰當，可以起到「制衡器」和「減壓閥」的作用，平衡矛盾、消除衝突。反之，輿論引導出現問題，會導致思想混亂、公眾不滿，使政府形象與公信力大大受損。

近代著名報人梁啓超在《論報館之有益於國事》中寫到，報紙「可以生一切、可以滅一切、可以吐一切、可以納一切」，說明了媒體對於政治的重要性。媒體與輿論密切相關，能夠反應輿論、代表輿論、組織輿論、引導輿論。

首先，媒體反應並代表輿論。媒體不僅作為載體和工具承載著輿論，而且會演化為「擬態公眾」，扮演著公眾論壇和公眾代言人的角色，反應並代表社會輿論。

其次，媒體能夠組織輿論。「議程設置」是媒體長期潛在地影響輿論的一個重要手段，媒體設置的議題常常衍生為輿論的源頭。最後，媒體能夠引導輿論。媒體引導輿論具體表現為報導、分析當前形勢，研究改造社會、解決社會問題的各種途徑，在公眾中形成和新聞媒介立場相同的強大輿論，把公眾的意見統一起來。

（四）有效的媒體溝通是緩解公眾情緒的定心丸

突發事件發生後，公眾往往處於恐懼和恐慌中，感到無助和絕望，這個時候民眾最需要的是政府和領導者及時出現，給予鼓勵，可以給他們以依靠並指引方向，對堅定其信心非常重要。領導幹部或新聞發言人在突發事件發生後，特別是發生有人員傷亡的突發事件時首先應表現出政府對公眾生命財產安全的關心、關注，這樣才能在公眾心目中建立起一種親和形象，才能帶動大家一起克服困難、渡過危機。充滿情感和人情味的表述能減緩危機也能避免危機的出現。反之，沒有情感和人情味的表述往往會引發危機。同樣一件事，充滿情感的、積極的表述和冷冰冰的表述有不同的效果。

二、「氣荒」應急管理事件案例分析

2017年9月底，中石油發出的天然氣漲價通知拉開了LNG漲價序幕。這一則通知，直接將發改委關於天然氣價格從今年9月1日起下調0.2元/立方米的文件變成一紙空文。據中國能源網，2017年最後幾個月來，中國LNG市場供應價從3,000元/噸，迅速竄高到7,000多元/噸，漲幅超過100%。自進入2017年11月以來，北方部分城市持續出現「氣荒」「氣短」現象，先後有《沂蒙晚報》刊發了出租車司機排長隊「搶氣」的報導，華商網刊發了陝西農村學校拆除燃煤鍋爐後學生只能抱熱水瓶上課的報導，中國新能源網刊發了「有種悲劇叫搞好煤改氣，氣卻沒了」的報導，將「氣荒」原因直接歸結於「煤改氣」。12月1日，大慶中瑞掛牌價報9,400元/噸，創歷史新高。12月4日，國家發改委介入，要求各地發改委必須召開LNG價格法規政策提醒告誡會，加強企業價格自律。12月6日，未來網發表了《環保部向這28座城市發特急函 確保群眾溫暖過冬工作》的報導，政府部門正式出面回應「氣荒」。

（一）出租車司機都在「搶氣」

2017年11月24日，《沂蒙晚報》發表了《上游供氣收緊 臨沂啓動應急預案》的報導，稱記者在華天燃氣加氣站內看見有不少出租車司機在排隊加氣，司機們在討論著「缺氣」的問題。因為「缺氣」，不少出租車司機都不敢跑太遠的活，就擔心跑遠了找不到加氣的地方。

（二）「陝西農村學校拆除燃煤鍋爐 學生抱熱水瓶上課」

2017年11月27日，華商網發表了《陝西農村學校拆除燃煤鍋爐 學生抱熱水瓶上課》，報導稱在陝西省關中一些農村學校，燃煤鍋爐被拆除，師生取暖成了一件

棘手的事情。記者先後實地調查了武功縣和眉縣部分中小學，發現一些學校取暖仍面臨很大困難，有的學校通過各種辦法供上了暖氣，有的正在想辦法，有的則在寒冷中等待。有學生在採訪中稱：「大家上課的時候都抱著熱水杯子，手都凍得通紅通紅的，直跺腳。」記者最後說：「再窮不能窮教育，再苦不能苦孩子。希望農村學校冬季取暖問題能得到社會各方的重視，從長遠考慮，解決好師生冬季取暖問題。」

(三)「天然氣需求大增：主推手是煤改氣」

2017年11月29日，中國新能源網刊發了《有種悲劇叫搞好煤改氣 氣卻沒了》一文，文中將「氣荒」原因直接歸結於「煤改氣」，指出「煤改氣」作為2017年《大氣污染防治行動計劃》的重要目標，各地紛紛加大「煤改氣」的實施力度，提高清潔能源地位。為了實現上述目標，北京、天津、石家莊等地就煤改氣規定了量化指標，然而地方政府煤改氣的數量早已超過了量化指標。在此背景下，從今年夏天開始的天然氣消費量曾猛增的趨勢，進入冬季部分地區峰谷差不斷拉大，天然氣供應面臨著儲氣調峰設施不足等制約，天然氣供應形勢較為嚴峻。

(四)「河北一醫院接燃氣限供通知後欲上報求援，燃氣公司承諾保障」

2017年1月3日，澎湃新聞網發表報導《河北一醫院接燃氣限供通知後欲上報求援，燃氣公司承諾保障》。報導稱，近日一份題為《關於對河北大學附屬醫院保障供氣的報告》的文件照片在網上流傳，並引發輿論熱議。該報告中院方表示該院目前有住院病人3,000餘人，其中有500餘急診病人、200餘新生兒及小兒患者、300餘傳染病患者。一旦對該院限氣，便無法提供正常檢查，手術無法正常進行，危急重患者和新生兒的生命難以保障，存在重大的安全隱患。同時病人的飲食無法提供，病患的衣物無法消毒，將會產生交叉感染及傳染病暴發。河北大學附屬醫院接到保定新奧燃氣有限公司限氣2,729立方米（日供應量）的通知後，一度準備向保定市政府打報告「求援」，但還沒有發給保定市政府，就已和燃氣公司協商好，天然氣公司承諾保障醫院供氣。

(五)「河北曲陽多所鄉村小學至今未供暖」

2017年12月5日，《中國青年報》發文報導《河北曲陽多所鄉村小學至今未供暖》，報導稱河北省保定市曲陽縣的最低氣溫一直在零攝氏度以下，當地採暖季已開始近20天，但一些鄉村小學一直未能供暖，只能安排學生在室外上課，曬太陽以取暖，或者到操場跑步取暖，但已有不少小學生被凍傷的情況出現，報導還刊發了南雅握小學學生在室外寫作業的圖片。曲陽縣教育局回應說因之前取暖的鍋爐達不到環保要求，按照上級要求今年所有學校供暖都進行「煤改電」改造，但是改造時間比較晚，工程沒有按時完工，將加班加點，爭取早日把電接上。

(六)「環保部向這28座城市發特急函 確保群眾溫暖過冬工作」

2017年12月6日，未來網發表了《環保部向這28座城市發特急函 確保群眾溫暖過冬工作》，報導稱環保部12月4日向京津冀及周邊地區「2+26」城市發出《關於請做好散煤綜合治理確保群眾溫暖過冬工作的函》特急公函，稱近期我部發現部

分地區氣代煤電代煤未如期完工、個別地區氣源緊張等問題，應以保障群眾溫暖過冬為第一原則。凡屬沒有完工的，繼續沿用過去的燃煤取暖方式或其他替代方式。環保部稱將把群眾溫暖過冬作為其大氣污染治理的巡查工作重點。

（七）《關於開展京津冀及周邊地區「2+26」城市 2017 年冬季供暖保障工作專項督查的函》

2017 年 12 月 15 日下發了《關於開展京津冀及周邊地區「2+26」城市 2017 年冬季供暖保障工作專項督查的函》的文件，環保部定於 2017 年 12 月 15 日至 17 日期間，派出 839 個組對京津冀及周邊地區「2+26」城市冬季供暖保障工作進行專項督查。檢查內容主要包括居民供暖是否正常、燃氣採暖氣源是否穩定、電採暖的電價優惠政策是否落實、燃煤採暖的煤炭是否供應、計劃內和計劃外的氣代煤和電代煤改造任務完成情況等，具體安排見附件。如發現供暖未能保障的情況，建議地方政府限期改正，務必保障群眾溫暖過冬。

（八）國家發改委回應「煤改氣」：民生採暖用氣要無條件保障

2017 年 12 月 18 日，「環保之家」刊發了微信推文，推文引用國家發展改革委新聞發言人孟瑋 18 日針對近期北方供暖問題的發言：「煤改氣」到位的要確保供氣，供氣有缺口的地方要認真落實「壓非保民」方案，「煤改電」「煤改氣」沒到位的允許使用煤炭取暖，全力保證煤炭資源供應，保證燃煤供熱機組正常運行。目前不具備條件的要尊重當地群眾的取暖習慣，以確保溫暖過冬為第一原則。該推文截至 2018 年 1 月 7 日的瀏覽量不足 1 萬。

三、「氣荒」應急管理事件中媒體溝通存在的問題

（一）「煤改氣」工程實施前期的媒體溝通工作不到位

「煤改氣」即為供能方式由燃煤改為天然氣，可削減燃煤用量，減少二氧化硫和菸粉塵的排放。天然氣與燃煤相比較，是一種相對清潔的能源，它燃燒產物中的灰份、含硫量與其他燃料相比要低，因而更加符合環境可持續的發展要求。「煤改氣」工程早在很多年前就已經開始了，2013 年 11 月，國家發改委針對「煤改氣」連發三次緊急通知，要求「煤改氣」項目不能「一哄而上」，沒有落實氣源的項目不予批准，未經審批的項目不得開工建設。但是，關於「煤改氣」工程的前期宣傳和科普工作宣傳不多，很多群眾對「煤改氣」工程不理解、不知曉，因此部分群眾將此次「氣荒」事件的原因歸結於「煤改氣」工程。前期媒體溝通工作不到位的遠不止「氣荒」事件，通過回顧近年來中國與 PX 項目相關的公共事件，可以發現各地 PX 項目也因為群體性危機頻發，或是直接下馬，又或是在上馬過程中出現了許多波折。一時之間在全國各地，公眾對於 PX 項目產生了極強的負面情緒並出現了一系列恐慌現象。相比於公眾環保意識強於中國的韓國以及日本，大規模的 PX 項目距離城區更是不到十千米，而且項目周邊都分佈有居民區，但都很順利。而中國

政府為了避免爭議，確保居民人身安全，本來在初期選址時就選擇了距離居民區 20 千米甚至 50 千米以上的邊緣區域。但為什麼在國內頻惹爭議的 PX 項目在日韓乃至其他國家並沒有掀起軒然大波？這不僅僅是因為其他國家相關法律制度健全、生產程序規範嚴格，也是因為其公眾對 PX 項目在實施前就有了充分瞭解。而中國公眾大多相信「PX 有劇毒」的謠言。謠言之所以有市場，主要是因為中國政府的科普教育工作不到位、信息公開不及時等媒體溝通的缺失，使得公眾對 PX 缺乏最基本的瞭解，加上對未知事物的恐慌情緒，最終釀成了群體性事件。

（二）突發事件爆發後，媒體溝通不及時，缺乏互動

就「氣荒」事件而言，雖然環保部的確在微信等新媒體平臺通過公眾號發布了相關信息，但這些信息也僅僅是與事件有關的新聞信息，而且發布不及時，導致謠言四起以及政府公信力的降低。部分政府的政務微博，只把微博作為另一個單純的信息發布平臺，缺乏與公眾的溝通交流，甚至有意識地忽略來自公眾的質疑，甚至對網民的負面輿論進行了屏蔽，引起了更嚴重的輿論危機。政府部門對於網絡媒介缺乏足夠的瞭解，認識存在偏差，一些政府人員在網絡媒介傳播效率、傳播途徑等知識上的認識不足，從而缺乏應對批評、網絡謠言的能力。公共事件爆發之後，相關部門沒有及時疏散網絡謠言、公布事件信息、安撫公眾情緒、引導網絡輿論、防止網絡輿論的擴大化；在應對負面評論上，妄想通過刪除、禁止評論的方式來消除輿論，這樣不僅沒有縮小輿論的破壞範圍，反而嚴重損害了政府的公共形象，對此，政府應在第一時間對外公布真實、有效的信息，認真聽取公眾意見，在保障公眾利益的基礎上開展相應的處理工作。

（三）媒體溝通的內容及傳播方式缺乏創新

傳播能力的高低，決定了政府是否能夠真正利用媒體實現與公眾的有效溝通。一些政府部門更是一面倒地宣傳項目的優越性和經濟效益，不正面回答公眾關切的問題，並口號式地宣傳「氣荒」不是「煤改氣」造成的。事件爆發後所有媒體報導均集中於信息的告知和帶有政府文件性質的正面報導，對媒體從業人員對新聞信息深度專業精神、相關信息的解釋力和科學傳播水準嚴重缺乏。單一的正面報導更顯示出不夠客觀的現實，科學傳播要求媒體對事實進行科普式地分析和梳理，真實地告訴受眾可能的後果和益處，在此基礎上權衡決策才能有效避免衝突。如「十三五規劃」的傳播方式就比較創新，值得政府部門學習、借鑑。

（四）缺乏必要的輿情監測、監控措施

公共事件爆發之後，各級政府官員沒有及時回應公眾疑問，並採取相應的解決措施，缺乏對官民之間溝通重要性的認識，也沒有充分掌握媒介的作用與傳播特點。在公共事件處理初期，沒有及時啟動媒體環境監測的預警機制，不對外公布事件信息，沒有認真聽取民眾意見，從而造成公眾恐慌，政府公信力與公共形象遭到威脅，如果政府官員能夠深入瞭解民眾訴求，及時利用自媒體來加強與公眾的溝通聯繫，就能降低危機事件帶來的危害，從根本上遏制輿情危機的傳播與蔓延。

四、在應急管理中提升媒體溝通能力的策略

當今社會，媒體資源已成為執政資源的有機組成部分，媒體資源使用得當，工作往往會取得事半功倍的效果。因此，地方政府需要樹立正確的媒體溝通理念，借助和運用媒體，提高執政的效能與水準。

（一）樹立正確的媒體溝通理念

利用媒體來教育群眾、組織群眾、鼓舞群眾和指導工作，是黨的光榮傳統和一貫的工作方法。但是，近年來，隨著網絡媒體的出現和媒體市場的開放，「防火防盜防記者」成了一些政府官員面對媒體的一種普遍心態，「應對媒體」或「媒體溝通」成了一些幹部培訓班的一門主幹課程，「防火防盜防記者」「媒體應對」這樣的提法，都是極其不正確的媒介觀念，直觀、生動地反應出了如今政府官員與媒體打交道的恐慌心理。正確的媒介觀，是開展輿論引導、進行媒體溝通的重要思想基礎。因此，一定要樹立正確的媒介觀，正確認識媒體，深入瞭解媒體，正確面對和坦然接受輿論監督，適應在「聚光燈」「顯微鏡」「放大鏡」下生活；對於媒體的質疑與批評要保持理性克制，避免惡意推測，避免惡意攻擊；對於不實報導，要擺事實、講道理，正面糾正錯誤；若說錯話、辦錯事，要真誠道歉，勇於承擔責任。

（二）及時公開相關信息，增強與網民的互動

政府應該及時公開信息，並加強和網民的互動。政府及時通過各種媒體公布事件詳情，才能夠獲得引導輿論、設置輿論議程的權力。按照當前的事態發展狀況，以新聞發言人、新聞發布會、微博、微信等多個渠道的信息公布，才能夠讓公眾更理性地面對公共事件，同時降低社會上的恐慌情緒，擠壓謠言的生存空間，避免公眾公共事件引發過多的猜測與疑問。通過回顧近年來中國出現的各種公共事件導致的輿情危機，可以發現及時公開信息、加強與網民互動的重要性。在對外公開事件相關信息的過程中，第一要重點強調當前政府的態度以及具體的處理措施，以坦誠的態度面對公眾；第二要堅持公布信息，無論事態發展如何，都不能夠逃避自己公布信息的責任，要始終堅持公布信息，更不能夠遮掩真實信息；第三就是要實現口徑一致，各個部門在公布信息與回應公眾的過程中，千萬不能夠出現出入，必須要在公眾面前公布一致信息，否則就會引起公憤；最後是要逐步釋放時間信息，在公布信息之前先要對信息進行證偽，在確保信息真實的情況下才能對外公布。

（三）建立健全輿情監測監控機制

要構建兼具可行性、科學基礎以及實用性的工作機制，在日常工作中，建立健全信息收集機制、信息處理機制、輿情監控與預警機制，通過構建這些機制，保證在公共事件爆發時擁有更完善的應對策略，確保輿情始終保持在理性範圍內。要統一協調好各地方各層次的輿情力量，構建更全面更完善的互聯網輿情收集體系，強化對社情民意動態的瞭解。政府部門可以通過專業監測軟件來開展輿情監測工作，

安排專人利用關鍵詞搜索來對輿情進行監測，及時掌握真實、完善的輿情動態信息，為決策部門制定行之有效的政策提供依據。

（四）主動與媒體溝通，形成輿論引導合力

對於政府來說，要建立良好的公共輿論環境，首先就要與媒體合作，利用好媒體的作用。要利用好媒體，就要與媒體建立起良好的情感聯繫，這也要求政府在和媒體溝通的過程中以更主動、更坦誠的態度面對媒體，在更順暢的交流過程中建立更穩固的互信關係。事實上，現代媒體已經成為了政府與公眾進行溝通的重要渠道。對於政府來說，媒體是一個代表公共輿論的平臺，而對於公眾來說，媒體的聲音也代表著官方的態度。傳媒平臺擁有遠比互聯網更強的公信力，尤其是在公共事件爆發後，公眾更是關注傳統媒體中的相關報導，而在這種容易出現謠言的事態下，傳統媒體如果可以代表政府發布權威的事件信息，就能夠為政府實現與公眾的有效溝通。

（五）加強項目實施前的媒體溝通工作

政府要應對好公共突發事件，就是要盡量減少事件的負面影響，而要實現這一點，就要加強與公眾的溝通交流，提高相關科普教育的實效。堅持在項目實施之前，對公眾開展了大量的宣傳科普工作，通過科學知識普及講座、對公眾開放項目的諮詢服務，安排大量工作人員前往當地居民區印發相關的宣傳材料，使得公眾有更客觀、科學、全面的認識。所以政府應該在日常就不斷加強宣傳教育工作。

參考文獻：

[1] 劉建明. 社會輿論原理 [M]. 北京：華夏出版社，2002.

[2] 牟衛民. 政府危機溝通途徑的變遷 [N]. 學習時報，2011-05-09.

[3] 陳力丹. 關於輿論的基本理念 [J]. 新聞大學，2012（5）.

[4] 高憲春. 新媒介環境下輿論事件的審查及擴散規律分析 [J]. 新聞界，2012（1）.

[5] 夏瓊，周蓉. 大眾傳媒與政府危機公關 [M]. 北京：人民出版社，2014：35-47.

[6] 張徵，陳海峰. 簡論「兩個輿論場」的內涵與價值 [J]. 當代傳播，2014（3）.

[7] 吳琳琳. 塘沽爆炸事件中主流媒體的失誤與反擊 [J]. 業者探索，2015（4）

[8] 柯觀. 為何天津港爆炸事故中謠言這麼多？[N]. 北京科技報，2015-08-24.

[9] 黃豔，易奇志.「互聯網+」視閾下駱越文化傳播路徑研究：駱越文化研究系列論文之一 [J]. 廣西師範學院學報（哲學社會科學版），2017（1）：65-70.

突發事件中政府輿情引導的困境與應對策略

楊林凱[①]

[摘　要] 新形勢下，社會輿情的生成與傳播方式呈現出了速度快、渠道多以及草根化的發展趨勢。而在突發性事件的應對過程中，由於輿情引導觀念落後、引導機制不健全和引導技術滯後等方面的問題，各級政府部門經常陷於被動的局面。因此，轉變輿情治理理念、健全輿情引導機制和創新輿情引導方式也就成為了當前政府全面提升應急管理能力的迫切之舉。

[關鍵詞] 突發事件；輿情引導；應急管理。

現階段，中國正處於城市化和社會發展轉型的關鍵時期。近年來，隨著社會公眾利益訴求多元化、社會道德滑坡、官員貪污腐化、生態環境惡化等社會問題的凸顯，各類突發性事件呈現出井噴式的發展態勢。而隨著公民權利意識的增強和互聯網技術的快速發展，全面提升政府在突發事件中輿情引導的能力和水準已成為了中國構建國家安全觀和全面建成小康社會所要面對的一項重要任務。因此，以客觀和發展的眼光看待新形勢下突發事件中輿情生成與傳播的特點以及政府在輿情引導過程中存在的問題，進而探索出提升政府輿情引導能力的有效途徑，將對於推進中國政府的應急管理工作具有重要的意義。

一、突發事件中的輿情形成與特點分析

輿情是指在一定的社會空間內，作為非直接關係的普通民眾圍繞某一具體的仲介性社會事件的性質特點、發展變化，在情感情緒、道德倫理等方面持有的價值取向和社會態度。而隨著互聯網技術的發展，由於網絡參與門檻低、信息發布成本低等特點，網絡空間已成為在突發性事件中形成社會輿情的主要陣地。新形勢下，如何提高線上與線下輿情信息的分析能力，及時、準確地掌握社會輿情動態，積極引導社會輿論，已成為了政府應對突發性事件的一項重要工作內容。在突發性事件中，人們出於對自身安全、利益等因素的考慮，極易產生焦慮、恐懼等緊張情緒和心理

---

① 楊林凱，中共四川省委黨校政治學理論專業碩士研究生。研究方向：地方政府應急管理。

失控的現象。一方面會對政府產生極強的依賴和期望，而另一方面又會不自覺地對政府產生懷疑和不滿，將自己放置在政府的對立面。出於所謂的「義憤」，某些不明真相的群眾也會參與到事件當中去對政府進行「聲討」，通過「滾雪球」的方式就形成了大規模的社會輿情。

信息是應急管理工作的神經所在，而社會輿情則是事態發展和應急工作方向的指向標。從本質上講，社會輿情其實也是一種權利的表達與行使，是社會民眾基於自身的情況而對社會現實的一種集中反應。而在突發性事件中，社會輿論的產生不單是民眾對於社會或政府不滿情緒的宣洩與爆發，其背後實質上夾雜著對於利益的表述和申訴，是個體自我保護與自我防禦的體現。因而在危機處置的過程中，對於輿情特點準確、全面的認知是危機快速、有效處理的基本前提。而在新形勢下，突發事件中的輿情生成方式與傳播途徑都變得更為複雜和多樣，這在增加社會不穩定性和風險性的同時也給政府的輿情引導工作帶來了不小的挑戰。

（一）生成傳播渠道多樣，信息內容難辨真偽

信息是輿論形成的原始酵母，而互聯網技術的高速發展則是輿情發展的推動力。隨著網絡的發展與普及，網站、微信、微博和自媒體等新興信息傳播手段的興起，使得各種移動客戶端在當前的傳媒格局中正占據著越來越重要的位置。網絡傳播手段的出現，在突破了時間與空間對於信息傳播限制的同時也從根本上改變了信息生成與傳播的方式。信息傳播呈現出「秒傳」和爆炸式增長發展的形態，不僅傳播速度快而且數量多、內容豐富，線下與線上的結合與互動頻率的加快而縮短了輿情的孕育週期。同時加之法制的不健全和政府監管的缺位，當前國內的網絡發展環境並不健康，基本上是處在一種「無序」的狀態。例如，近年來發生的「魏則西事件」以及各種「網絡水軍」「網絡暴力」等網絡低俗惡搞現象層出不窮。尤其是在一些突發性事件中，個別的不法分子借機製造和散播謠言，從而混淆輿論視聽而導致社會秩序混亂。

（二）利益訴求多元，情緒化表達增加

社會輿論是民眾利益訴求的集中表達，雖不同群體、不同個體之間的利益訴求不盡相同，卻具有交互性。實踐經驗已表明，由某一突發性事件而引發的社會輿論所討論的內容通常會超出原始事件的本源，並上升到對於國家制度、政府管理、價值觀念等宏觀層面的不滿。諸如在「瀘州學生跳樓」等突發性事件中，利益的驅動固然是造成社會輿情形成的根本動力，但在這數以萬計的「輿論人」中，由於每個人的生活經歷和體驗不同，因而他們評判同一事件的出發點和標準就會有所不同。在社會生活中，突發性事件的發生總是會在不同程度上觸動人們緊張的神經。這就好比是打開了「潘多拉魔盒」，隨著人們憤怒情緒的傳染與聚集，許多沒有直接利害關係的民眾也會加入到對於政府的「聲討」中來。而情感上的共鳴通常都是非理性的，既可以成為凝聚社會的紐帶也可幻化成為使社會喪失理智的興奮劑。在此過程中，通常有一些民眾借機向政府施壓而提出無理的要求以謀求私利。社會輿情，

通俗地講就是「民意」，首先應立足於公共利益而非僅僅是個人的私利。

(三) 議程設置下沉，話語環境草根化

隨著自媒體形式的興起和民主意識的提升，現代社會已進入了一個「人人都可發聲、人人都可參與」的共享話語時代。整個社會不再是「一團和氣」，質疑與猜測幾乎成為了社會生活的一種標配。「沉默的大多數」不會再繼續沉默下去，社會輿論的千篇一律和被少數個體或機構所壟斷的格局也已不復存在，輿論戰場呈現出「百家爭鳴」「群雄逐鹿」的博弈態勢。總之，突發事件輿情的發起、傳播與人的身分、職業、地位等屬性無關，只要信息內容本身具有價值，或與突發事件關聯，就可能會在社會生活中產生蛛網般的放大效應。輿論參與者的泛化和輿論主體的去中心化，使得輿論主導權在自上而下轉移的同時也讓輿論環境朝著一個更為開放與自由的方向發展。面對潮水般的社會輿情，政府一味地去堵塞、封鎖已不可能，反而會導致事件的擴大惡化。

二、政府在突發事件輿情引導中存在的問題

當前，各級政府與各個地方對於突發性事件的輿情引導工作都極為重視，也都取得了一定的成績。經過長期的發展，中國政府的輿情引導能力雖已有了質的提升，但也應清醒地認識到，由於受各種因素的制約，政府對於突發性事件的輿情引導工作還存在著諸多的問題急需解決。

(一) 引導的觀念意識缺失，利益表達渠道不暢

輿情不等於「敵情」，突發性事件也不都是惡性事件。通常而言，政府對於社會輿情的認知態度決定了輿情處理的方式與最終的處理效果。防民之口甚於防川，社會輿情治理的關鍵在於疏導而非壓制。知情權和言論表達是公民神聖不可侵犯的權利，而信息的公開與發布則是政府不可推卸的責任與義務。但在實際過程中，一些地方政府或領導幹部出於對政績的考慮，片面地奉行「穩定壓倒一切」的行政理念，不僅不遵守國家的法律規定，反而想方設法地隱瞞事實以圖逃避責任，遲報、少報、謊報和瞞報的現象屢有發生。在突發性事件中，政府的沉默、不發聲和對於輿論的刻意打壓與禁止只會是進一步地激發出民眾的憤怒情緒，導致事件的持續發酵與惡化，反而會讓政府陷於更為被動的局面和「塔西佗陷阱」之中而無法自拔，使得政府之後的任何解釋都只會是越描越黑。面對突發性事件，坦誠的態度就是最有效的應對措施。只有首先能夠正視各種輿論的存在，才能夠尋求到與之相匹配的解決方式。

政府的不作為與亂作為其實是民眾利益表達渠道阻塞的必然結果，社會監督的缺失讓某些政府部門與官員有了「有恃無恐」和「肆意妄為」的資本與條件，這極大地助長了官僚主義作風和官尊民卑的社會不良風氣。在突發性事件中，各種利益需求會迅速地匯集起來並夾雜著積蓄已久的民怨、民憤而突然爆發，面對這樣的輿

論衝擊任何政府都是難以承受的。因而，這就要求中國在開展突發事件輿情引導工作中要特別關注群眾利益表達渠道的暢通，同時更要尊重法律賦予人民的信訪權利。政府只有在日常工作中始終秉持為人民服務的理念，及時發現問題、消弭危機，解決好各種矛盾，減少社會戾氣，樹立良好的政府形象和政府公信力，才能在突發性事件中不至於遭受各方的群起而攻之，從而降低大規模社會輿情形成的可能性。

（二）引導機制不健全，法治保障缺位

輿情的引導需要按照一定的規律與原則進行，應遵循以下幾條基本的原則：一是人文性。要樹立以人為本和公共利益至上的價值觀念，突出強調對於人民群眾生命和財產安全的急切關注，而不僅是以政績等作為行為的取向。二是時效性。根據先入為主的思維模式，通常是誰先發聲誰就掌握了話語的主導權。政府信息的發布不僅要及時有效，而且還要做到持續和動態的跟進。三是適度性。即要依據事件的緊急狀況和發展態勢，分級、分類、分時段地進行信息的發布，既不要過度反應也不可敷衍了事。在危機處理的過程中，信息管理主要包括信息的收集獲取、整理上報和整合發布等方面的內容。信息準確及時、全面真實的收集和發布可以引導社會輿論朝著理性的方向發展；反之，信息的閉塞和不透明、不公開則會導致謠言的滋生與傳播，擾亂人心造成社會的紊亂。輿情引導是一項系統性的工作，需要有一套完善的機制來運行操作，「拍腦袋式」的決策方式必須要取締。

輿情的引導需要有相應的制度規範作為保障，否則極易脫離正常的發展軌道而陷入失控的狀態。由於法律規章的缺失，在網絡輿情引導過程中就易出現效率不高、責任不明、推諉、扯皮等現象，就難以保證突發事件網絡輿情引導中信息傳播的準確性、時效性、有效性和全面性。突發性事件的處理雖具有一定的特殊性，但在尋求結果最大優化的同時也要保證程序的合理合法。一方面，政府對於網絡言論的屏蔽和刪帖乃至暴力鎮壓都是不可取的。而另一方面，知情權是公民的權利，但它的界限並非是無限的。民眾出於「義憤」而不負責任地隨意發表言論甚至是惡意攻擊政府同樣是違法的。無論是公民的言論發表還是政府的輿情引導都需要依法而為。

（三）引導技術與方式滯後，應對準備不足

其實有些時候，面對失控的輿情，政府和官員並不是不想作為而是能力有限難以有效地作為。很多地方都設有諸如應急辦的機構，但由於人、財、物等方面的資源匱乏，面對危機時這些機構都很難發揮出應有的作用。其表現出的問題主要有以下幾個方面：第一，專業的公關人才缺乏。當前，許多地方從事應急輿情管理的公務人員大都不具備專業的知識背景和技能要求。很多時候只是憑已有的經驗而辦事，對於新型突發事件的應對能力嚴重不足。第二，資金投入不足，設備更新滯後。不少地方對於應急信息的收集、發布還停留在廣播電視、報紙刊物等傳統的媒介方式上，面對網絡輿情常常是後知後覺，無力進行引導管控。第三，新聞發言制度不完善。政府的新聞發布會作為一種最具權威性和有效性的輿情引導方式卻經常是流於形式，不僅沒有起到緩和矛盾和疏導輿情的作用，反而是激化了衝突，使得政府與

媒體的關係陷入僵化。

總之，在現代社會中，信息的重要性愈發突出，是整個危機管理的神經所在。在突發性事件中，沒有真相就會有謠言，政府的沉默和失語，只會導致流言的滋生和傳播，最終醜化和抹黑政府的形象。在自媒體時代，由於新媒體信息發布門檻低、傳播速度快、環境虛擬化，輿情的生成也就呈現出了多元化、分散化等新特點。面對新的形式，傳統的方式已難以應對。危機中信息的處置是需要講究方式與策略的，單靠刪帖或堵塞顯然不是輿情處理的正確方式，這只是治標而不治本。

三、提升政府對於突發事件輿情引導的能力

事物都是矛盾的，都具有兩面性，既可以產生積極的促進推動作用，也可以帶來負面的消極影響。在突發性事件這樣一種特殊的環境狀態中，由於受認知水準差異、利益出發點不同、心理承受狀況等因素的影響和制約，人們有時候會出現對於事件認知評判的偏見或失誤，從而導致信息在傳遞過程中出現偏差。因此，出於對公民、社會穩定和應急管理工作的負責，政府既不能捂、壓和管制新聞報導，又有必要對媒體的信息發布和傳遞工作進行一定範圍和程度的約束。遵照有理有據的原則，通過合理合法的途徑實現政府對於應急輿情的管控引導。

（一）轉變輿論治理理念，準確定位政府在輿情引導中的角色

觀念是行為的先導，治理思維的轉變才能帶來行為上的創新。首先，要提升各級政府和領導幹部對於輿情治理的信心與能力。在突發性事件中，面對情緒失控、亢奮的民眾，真誠的溝通與交流才是處理問題的關鍵。應明確「捂被子」、謊報、不報等行為只會導致事件的惡化，引發政府公信力危機而不利於事態的控制。在日常的管理中，可以通過學習培訓、考察參觀、研討調研等各種活動形式，增強領導幹部的專業知識和技能以及政府對於危機處理的責任感和使命感，提升政府官員應對危機的能力和信心。其次，要改革績效考核指標，加大輿情引導在政府和官員績效考核中所占的權重比例。通過建立獎罰懲處的激勵機制，提升政府對於輿情引導工作的重視度與關注度。建立健全責任追究制度，完善政府的績效考核和監督監查機制，形成權責明確、分工合理、獎罰公正的責任鏈條。再次，要加快政府職能轉變和機構改革，建設服務型和透明型政府。一方面，在日常的管理過程中要堅持以人為本和防範於未然的工作原則，增強官員的憂患意識。通過積極的工作，盡量將潛在的大規模輿情扼殺在萌芽狀態之中。通過樹立良好的政府形象，提升政府公信力來減少民眾對於政府的不滿情緒。另一方面，在事件發生後，要切實維護和保護公民的知情權，積極主動地向社會發布信息以穩定人心。

從外部關係來看，政府、媒體、公眾是突發事件危機傳播的三個基本要素。三者獨立發揮作用，同時又相互影響、相互制衡，形成動態的信息傳播體系。首先，政府要強化與媒體單位的關係。在現代社會，新聞媒體被稱為「無冕之王」，在輿

論引導的過程中有著重要作用。通過與媒體的互動聯繫,一方面可以借助媒體平臺拓寬輿情引導的渠道,同時也可以增強信息的可信度,在政府與民眾之間建立一個緩衝的地帶;而另一方面,政府又可以更為便捷、有效地對一些媒體或記者自行採訪所得的材料、報導進行必要的審查,減少謠言的滋生與傳播。其次,政府要通過拓寬利益訴求渠道,形成政府與民眾之間的雙向溝通。政府要廣開言路,給予民眾宣洩和參與的平臺與機會,尤其是對於民眾的訴求要及時地予以回應。在危機事件發生之後,政府官員要親自深入群眾,在慰問、安撫群眾的同時要廣泛地聽取各方的意見和建議。

(二)創新引導方式,完善法律保障體系

突發事件中輿情引導成敗的關鍵在於信息的管理。

一是要完善信息的收集、整理和研判。運用網絡工具,提升大數據治理能力。建立和完善政府的門戶網站、微博和微信公眾號,開闢討論專區,在拓寬信息來源的同時借助網絡的形式拉近政民之間的關係。利用大數據技術,匯編、總結各種材料數據,構建輿情治理的案例庫。同時要關注「網絡大V」和主流媒體動向,注意對潛在輿論的引導。通過對意見領袖動態的關注,可以實現對於潛在輿情走向的分析和研判,並提出有針對性的措施,將危機扼殺在萌芽狀態中。

二是要完善新聞發言制度,培養專業的人才隊伍。新聞發布會作為政府形象展示的一個重要窗口,是政府能力與素質的展現。而要想體現出政府的權威性和專業性,就必須要建設一支高素質的人才隊伍,實現官方與民間之間的有效溝通和良性互動。首先,要及時地發布信息,切實掌握輿情的主導權,占領輿論制高點。主動出擊設置議程,科學地設計話題,提供相關的討論材料,在潛移默化中引導社會輿論朝著理性的方向發展。其次,要統一信息發布的口徑,切忌出現自相矛盾、前後不一的情況。可成立統一的信息發布機構,對信息發布的工作進行專業化的運作管理,保證信息的連貫性和一致性。再次,要實現信息的動態發布,確保信息發布的持續性和穩定性。危機處理是一個動態的過程,在不同的階段,社會關注的焦點是不同的。政府對於事件進程的滾動發布,可以滿足人們的好奇心,並打消公民對於政府的疑慮,實現社會對於政府的有效監督。最後,要實行信息的梯度發布,即對於信息要進行有選擇性的發布,在保證公民知情權的同時也要兼顧民眾的接受能力。

另外,網絡空間也並非法外之地,要在依法治國思想的指導之下,運用法治的思維與法治的方法依法治網和管網。一是要加快網絡法制建設。在尊重與維護網民知情權、表達權和參與權等基本權利的同時也要明確相應的義務和法律責任,實現權利與義務的對等。網絡法制的出抬既為政府提供了執法的依據和標準,也為公民的網絡生活劃定了活動區間,保證了公民網絡參政議政的有序化和有效性。二是強化依法行政。一方面,在完善輿情引導規範制度的同時要加大對於線上和線下各種違法行為的打擊力度,切實做到有法可依、違法必究和執法必嚴,以法治的手段淨化社會輿論環境。正所謂「法不責眾」,政府有時會迫於民意的壓力,存在著無法

保持公平公正執法的情況。因而在此過程中，政府所制定的應對策略，既要做到充分聽取民意、科學調研，同時也要保持理性與清醒，不能因輿論壓力而被迫決策，尤其是對於一些不法分子或有不良動機者妄圖利用輿論煽動群眾來借機謀取私利的行為要堅決打擊，不能妥協。而另一方面，政府及其執法人員也是法治的對象。政府在輿情引導的過程中也要恪守法律法規，按照法定的程序依法行政，保持在法治的軌道之上。可開闢專門的渠道和平臺，對於政府的網絡執法行為進行監督評估，全面提高政府依法治網的效率與水準。

(三) 健全引導機制，加大投入支持

輿情引導工作所涉及的範圍廣、內容多，牽扯的利益關係複雜，對於政府的硬件設施和軟件實力都有著極高的要求，需要有強大的後勤保障體系和靈活的協調聯動機制作為支撐。突發性事件中的輿情引導作為應急管理工作的一個關鍵部分，必須要有人、財、物等方面資源的投入才能推動引導方式的創新和管理能力的提升。一方面，要加大對於應急專項資金的投入，加強人員培訓，提升設備裝置，為政府的輿情引導工作奠定良好的物資基礎；另一方面，還要加快輿情引導體制的建設，從而提高輿情引導的效率。

一是要制定專門的輿情應急預案。當前在許多地方，只有綜合性的應急預案而缺乏各種分項預案。突發事件中輿情的發展通常會有一個孕育的過程，一般會經過潛伏、爆發、高潮、反覆和消弭等幾個階段。在此過程中，由於在每個階段社會與民眾所關注的重點可能是不同的，因而所呈現出的輿情特點就不同，而政府所要採取的應對方案方式也應有所不同。而且每個階段之間的變化速度可能會很快，留給政府反應和做準備的間隙會很短，如果沒有相應成熟的預案藍本作為參考指導，政府之後的輿情引導工作極易陷入被動局面。

二是要建立完善信息的研判決策諮詢機制。在輿情引導的過程中，信息管理的工作不僅局限於信息的收集整理，更為重要的是對於信息的分析研判。在信息處理的過程中，要兼顧專業處理和適度反應的原則，注重決策的質量與科學性。在危機狀態下，領導幹部或組織機構通常會面臨著決策時間和參考資料有限、信息缺乏、個人知識背景和經驗不足等方面因素的制約，難以迅速、準確地做出決策判斷和應急反應。因而，各類專家學者、智庫組織應參與到應急決策中來，全程跟蹤參與輿情引導策略的制定、執行以及評估反饋，充分發揮群策群力的智力優勢。

三是要健全信息的協調與共享機制。由公共危機事件所引發的社會輿情，一般會超出原始事件本身而牽涉到政治、經濟、文化、環境乃至道德倫理等相關領域，單靠任何的組織和個人都不可能獨立地應對解決。良好的組織協調機制在對各種人、財、物等資源起到整合作用的同時也可以實現對於各種引導力量和資源的優化分配，使各個機構和工作人員各司其職、各盡其職，使得輿情引導工作有序、高效的進行。要打通政府內部不同層級、不同部門之間的各種關節，實現整體聯動和信息的互通有無。

結語

　　突發事件一般具有不可預知性、不確定性、複雜性等特點，而政府對於突發事件信息的發布是否及時、真實，採取的處理措施是否得力、有效，都已成為引導輿情和平息事件的關鍵因素。近年來，隨著各種社會矛盾的增多和凸顯，預防和應對突發事件已成為了政府的一項常態性工作，而由此引發的社會輿情則會極大地衝擊到政府的公信力。事實證明，政府是否能夠有效地管控信息和正確地引導社會輿情，將會在很大程度上影響著政府對於突發性事件的處理結果和政府公信力的塑造。現代社會是一個民主、開放的社會，信息生成傳播的渠道多、速度快、內容大，真假難辨。在這樣一種環境下，謠言已猛於虎，任何人的任何言語和行為都可能成為引發社會輿情的導火索。尤其在突發性事件中，如何迅速而有效地控制和引導社會輿情已成為了各級政府所要面對的一項重要任務。

參考文獻：

　　[1] 周定平. 論突發事件網絡輿情的引導與規制 [J]. 中南林業科技大學學報 (社會科學版), 2013 (1).

　　[2] 馬立志. 中國突發事件輿情引導的現實困境和路徑選擇 [J]. 中北大學學報 (社會科學版), 2017 (1).

　　[3] 朱薑予. 政府應對突發事件的網絡輿情引導 [J]. 中共山西省委黨校學報, 2015 (1).

　　[4] 朱恪鈞, 譚曉梅. 地方政府應急管理實踐研究 [M]. 成都：四川人民出版社, 2009：151.

　　[5] 王寶明, 劉皓, 王重高. 政府應急管理教程 [M]. 北京：國家行政學院出版社, 2013：198.

新媒體時代地方政府應對突發事件網絡輿情的策略研究

呂秋萍[①]

[摘　要] 隨著新媒體時代的來到，由突發事件引起的網絡輿情危機已經成為地方政府一項必須面對的課題。地方政府應該及時瞭解網絡輿情的動態、找出輿情癥結、科學引導輿情動向，但這些恰恰又是地方政府的短板所在。本研究通過對地方政府在突發事件應對中存在的問題進行探析，以期對提升地方政府網絡輿情應對能力提出有效的對策和建議。

[關鍵詞] 地方政府；突發事件；網絡輿情。

隨著互聯網技術的蓬勃發展，當下人們進入了新媒體時代。新媒體時代下，人們不再被動地接受信息，而是主動地與世界建立聯繫，每個人都可以借助數字化、信息化技術來分享自身的信息、表達自己的觀點以此彰顯個人價值。可以說在新媒體時代，人人都是媒體人，人人都是輿論建構者。從一開始的論壇、博客，發展到現在被廣為使用的微信、微博、直播，新媒體時代下自媒體傳播平臺的發展為人們搭建了表達自我的橋樑，同時呈現出點對點、點對多，內容兼具公開與私密性的特點。當下的中國正處於社會轉型時期，人民日益增長的美好生活需要和不平衡、不充分的發展之間的矛盾是現階段中國社會的主要矛盾。社會矛盾激增，利益衝突不斷，突發事件頻發是當前政府必須面對的問題。在自媒體傳播與突發事件多發的共同壓力下，網絡輿情在新時代呈現出新的特點。在這樣的態勢下，地方政府如何應對網絡輿情是急需解決的課題。

一、新媒體時代突發事件網絡輿情的形成

在大多數情況下，網民都是以個體的形式進行參與。他們關注網絡內外的社會現象、公共事務，關心自己的利益與公共利益。通常情況下，對於常態下的話題，

---

① 呂秋萍，中共四川省委黨校碩士研究生。研究方向：應急管理。

由於與公眾利益相關性較小,雖然有網民跟帖、討論,但是並不能夠引起共識,以致引發大規模的網絡輿情。而面對與網民切身利益密切相關的突發事件,網民卻很容易在網上形成一致的觀點,並且在意見領袖的輿論導向下,更多的網民的情緒會被調動起來,指導自己下一步的行為活動。在網絡的迅速傳播中,越來越多的網友加入討論,再通過微博、微信傳播開來,達到一定程度而爆發網絡輿情。網絡輿情一方面是由突發事件引爆,另一方面則體現了與事件本身相關的更為深層次的社會矛盾。由於深層次的社會矛盾在此之前沒有被重視、表達和解決,因此在突發事件的刺激下,公眾一直被壓抑的情緒才會如火山爆發般噴薄而出。

二、新媒體時代突發事件網絡輿情的特點

在新媒體時代,自媒體傳播對於網絡輿情的形成與發展起到了不可忽視的作用。雖然說網絡輿情是個老話題,但是隨著科學技術的向前發展,自媒體技術不斷更新換代、推陳出新,網絡輿情仍然是地方政府此時此刻必須重新重視的課題。

(一)微博、微信成為網絡輿情傳播的重要渠道

現如今新浪微博已經成為繼新浪博客之後又一典型的自媒體應用,其每日海量的用戶流量就注定微博會為網絡輿情的傳播起到巨大的推動作用。個體隨時都可以借助微博平臺來尋找新鮮的話題,關注熱點話題,並發表、評論、轉發自己關注的一切平臺信息。這就給每一個人都提供了能夠傳播網絡輿情的機會。隨著微信的出現到發展壯大,其作為公眾平臺這一功能,使人們不再滿足於微信的即時通訊功能,還關注公眾平臺上的新聞、文章或者最新熱點。不少機構或者個人都申請並營運公眾帳號來共享信息和表達自我以此吸引更多的粉絲關注。微信、微博足夠強大,不僅信息傳遞迅速,而且有著海量的用戶支持,所以在網絡輿情的傳播過程中起到了不容忽視的作用。這也有效地彌補了傳統媒體在傳播上的不足。

(二)「輿論倒逼」現象頻繁發生

「輿論倒逼」,是指在公眾中形成的與官方、官媒期望形成的輿論不相協調、出乎所料的輿論,這些輿論反過來迫使官方和官媒對其中涉及的問題做出回應,政府部門被要求做出相應的處理。不可否認,「輿論倒逼」的出現更深地隱藏著公眾的利益主張。在新媒體時代之前,政府或者官方媒體一直處於掌控的位置,對於出現的不利於自身的輿論會通過各種手段來限制或者打壓,所以通常情況下,輿情不會在社會生活中廣泛傳播。在現如今的新媒體時代下,微博、微信、直播等自媒體出現,使政府無法掌控一切,每個網民都是新時代的新聞發現者、分析者、傳播者、評論者。當公眾發現自己所得到的信息和官方所發布的信息出現強烈偏差時,會通過實際調查來質問政府或者官方媒體,以此達到糾正錯誤的目的,這當然也是對政府或者官方媒體發布信息的一個驗證。這種網絡輿論倒逼的行為,對於公眾來說也未嘗不是一個有效的表達民意、為政府出謀劃策的平臺。但是如果這種「輿論倒

逼」現象發展不適當，則又會引發二次危機，所以說，政府和官方媒體必須不斷提高媒體公關的能力以及對突發事件應對的能力。

（三）突發事件引關注，考驗政府的輿情應對能力

可以肯定的是，自媒體只是網絡輿情傳播中的一種手段，而與公眾息息相關、得到網民普遍關注、持續熱議的話題才是真正能夠引發網絡輿情的必要條件。這些話題通常情況下就是社會中突發的公共事件。由於其具有突發性，且必定涉及公眾的利益，這也順其自然地成為網民輿論傳播的熱點話題。與公民和社會法人不同，作為公共利益的維護者，地方政府能夠在最短的時間內盡最大的可能集中人力、物力、財力等資源來應對突發事件帶來的風險，規避輿情危機與危害。從另一方面來講，能否處理好網絡輿情危機也是政府執政能力的體現。如果地方政府不能及時應對，事態很可能會擴大升級，達到難以應對的程度。所以說，在突發事件引起的網絡輿情中，如何運用自己的權力提高網絡輿情應對能力是地方政府的一門必修的功課。

（四）網絡輿情危機常態化

隨著移動客戶數量的飛速增長，自媒體使用者也大幅增加，對於熱點話題和重大事件，網民隨時隨地都可以通過微博、微信等自媒體平臺發表、評論和轉發。可以說在新媒體時代，很多信息和輿情都是最先從網絡發布和傳播開始的。一旦網民發現某一熱點話題具有轉發價值，數萬次的轉發在幾分鐘之內完成並不是什麼難事，這就使得網絡輿情危機的爆發可能發生在轉瞬之間，且爆發的時間不可預計。政府在日常工作中不僅要做好應對突發事件的準備，還要不斷提高應對網絡輿情的能力。立足於網絡輿情危機已經常態化的新媒體時代，掌握新時代網絡輿情的特點，提高媒體公關技能是地方政府無法迴避的任務。

三、地方政府在應對突發事件網絡輿情中存在的問題

（一）官媒喪失網絡輿情引導的主動權

在這裡，官方媒體主要包括傳統的媒體機構、國家電視臺、通訊社、黨報等「主流媒體」。隨著網絡技術的迅猛發展、自媒體的出現，官方微博、官方微信平臺同樣以一種新的媒體形式成為官方媒體，宣傳黨和國家的政策方針，傳播社會主義核心價值。在由突發事件引起的網絡輿情中，官方媒體仍然發揮著不可替代的作用。但是仍有一些代表地方政府的官方媒體面對突如其來的危機時，不發布或者不能及時發布權威信息做好輿論疏導的工作。在整個網絡輿情形成的過程中，如果主流媒體未能擔負起該有的責任，將突發事件客觀地發布出來，不能給公眾提供正確的輿論導向和理性的分析，很大程度上也會激化矛盾。

（二）地方政府危機預判力不足，監管不力

在突發事件還未引發公共危機，網絡輿情還未形成的階段，應當是應對危機的

最佳時期。對於這一階段出現在自媒體信息中的苗頭或者趨勢，很多時候地方政府及相關職能部門沒能形成靈敏的反應，也未能做好及時預警和應對危機的充分準備。因對自媒體信息不夠重視，就會錯失一個本可以將危機扼殺在搖籃裡的機會。當下地方政府及相關職能部門監管不力主要表現在：一是重視程度不夠。對於網上檢舉、網上反饋情況，一些地方政府官員不夠重視，未能理會公眾的利益訴求，當網絡輿論危機趨勢顯著時，有些官員則消極應對，甚至是保持沉默；二是監測不到位。面對每天都是浩如菸海的網上輿論信息，尤其是涉及突發事件、政府官員和政府部門的敏感問題，政府沒能及時監測、整理民眾的訴求，未及時進行正確的輿論引導，進而引起民眾的猜疑，形成網絡輿情危機；三是應對不當。突發事件發生後，地方政府以一種掌控者的姿態來面對公眾，不將事實的本原回饋公眾，有時反而故意隱瞞、擾亂視聽來轉移公眾注意力，達到逃避責任的目的。這種行為嚴重地抹黑了政府形象。

（三）政府隱瞞實情，降低公信力

知情權是公民享有的基本權利之一，民眾有權獲悉危機事件進展的真實情況，尤其是自媒體輿論時代，公開透明的執政手段是地方政府輿情應對的基礎。在過去，信息傳遞的途徑是閉塞的、單一的，對於那些不便於廣泛傳播的信息，政府會通過自身權力進行封鎖，使得公眾難以通過輿論的方式來表達利益訴求，這種方式可以在短時間內將矛盾控制在一定範圍內，但是並不利於長遠發展。現如今，信息傳播的渠道多種多樣，意味著政府不能再用行政手段來控制輿論的走向。在高度透明的社會環境下，地方政府若還是走以前的老路，違背社會發展規律阻礙信息的傳播，就必然會成為眾矢之的。並且在網絡輿情爆發後，網絡中也會產生各種謠言，如果地方政府不能夠及時將真實情況告知公眾，謠言勢必會引發更嚴重的信任危機，從而加劇網絡輿情危機。

四、政府網絡輿情應對過程中存在問題的原因分析

（一）低估自媒體的輿論力量，輿情危機意識不強

在「人人都是傳播者，人人都是輿論構建者」的自媒體時代，只要有一部智能手機，人們就可以隨時隨地成為信息的披露者、事件的評論者、政策的監督者。自媒體的輿論力量給社會治理和政府危機應對的能力帶來新的挑戰和變革要求。然而，目前有些地方政府卻低估自媒體的輿論力量，輿情危機意識不強。具體表現為：第一，對於自媒體傳播方式的忽視。自媒體傳播是新媒體傳播發展的表現，掀起了互播的潮流，網友們習慣通過自媒體平臺進行信息的發布與分享，同時向政府表達利益訴求。可是當前有些地方政府還停留在「舊媒體」傳播時期，輿情引導的方式與方法已經不適用於自媒體，同時也忽視了對自媒體的輿情監控，對網絡輿情危機的潛在信息沒有較高的敏感度，以至於錯失最佳的危機處理時間。第二，自媒體媒介

素養的缺失。不懂得利用自媒體觀念處理輿情事件,不懂得進行自媒體的議程設置進行網絡輿情的引導工作,認識不到自媒體上傳播的輿情危機會引發僅次於事件本身的次生危機。不懂得與自媒體用戶處理好關係,不懂得利用自媒體營造政府部門良好的正面形象,導致網民在網絡中缺乏權威信息的認同,從而進一步激化危機中的矛盾。這也從側面反應了某些地方政府思想僵化,守舊觀念嚴重,對公眾話語權的地位作用還不夠重視。還有的地方政府應對媒體時手足無措,對自媒體的信息傳播漠不關心。

(二) 預警機制不健全,輿情信息分析系統功能不強

長期以來,中國部分地方政府缺乏網絡輿情方面的危機意識,導致相應的輿情預警機制不健全,存在一些技術與意識方面的問題,導致在危機爆發前,不能及時瞭解民意甚至不能在網絡中捕捉到民眾的輿情訴求,等到危機事件爆發、輿情形成後,只能採取補救措施緩解網民情緒,更有甚者,有的政府部門對涉及自身的突發事件或網絡輿情一無所知,等到上級政府或別的部門通報時,才知道爆發了事件或網絡輿情。過於強調對網絡輿情的信息封堵,忽視事前預警機制,而現有的預警機制中採用的網絡輿情信息分析系統在功能上呈現出同質化趨勢,存在以下問題:第一,輿情信息源整合力度不足,資源收集質量不高。在自媒體網絡傳播背景下,微博、微信、即時通訊成為了輿情的信息源,而現有的輿情預警系統仍局限於為傳統的網絡輿論環境提供服務,對自媒體各類信息源的整合力度不足,全網採集的效率低。第二,預警系統機械化,信息分析深度不足。當前預警系統的信息處理系統沒有脫離互聯網採集和加工產品範疇,一般都是進行網絡信息匯集,經簡單整理加工後上傳給輿情工作人員,工作人員再對其進行人工定性分析和經驗判斷。一方面,在整個過程中,預警系統的功能職責僅局限於信息多方收集與簡單整合,具體的分析、研判任務還是要交給輿情工作人員承擔,這對輿情分析者的專業能力與素質提出了更高的要求;另一方面,當前輿情系統還是以文本分析為主,缺乏對圖像、音頻、視頻等類型文件的關聯性分析,而利用輿情字典和統計學知識開展分析和判斷,致使獲取的信息大多為統計的客觀數據,沒有深入挖掘數據背後隱含的深層知識,系統智能化程度不高。第三,預警案例庫建設缺乏,預警與處置能力不足。近年來,自媒體網絡熱點輿情與日俱增,可以對這些已經發生過的輿情案例進行建模、分析、仿真、反演,累積類似事件的處置經驗,挖掘輿情事件的一般演化規律,降低未來類似事件演化為危機事件的可能性,進而對可能發生的輿情事件進行預測分析並作出處置預案。但在現實工作中,網絡輿情預警案例庫的建設止步於實踐層面,部分政府部門仍沿用揚湯止沸般的輿情事件處置方式,缺乏預警案例庫建設的意識。

(三) 信息公開不到位,應對方法不科學

在傳統媒體環境下,官方媒體是地方政府對外發布信息的權威渠道。慣用行政手段、官本位思想的根深蒂固使得某些地方政府偏執地認為信息公開的主動權掌握在政府手中。為了不進一步擴大事件影響,政府部分官員對信息公開不到位,經常

編造或瞞報事件真相等，可自媒體傳播背景下的信息往往是「捂不住」的，自媒體傳播相對於權威媒體並沒有中間人過濾，信息量多且複雜，更有謠言發生的可能性，此時公眾對於事件真相的知情要求往往更為強烈。在突發事件引發網絡輿情熱潮的狀態下，政府信息公開是否到位，關係到輿情的發展態勢。在危機應對中，政府的信息公開程度影響著政府公信力，而政府公信力的高低同時影響危機應對中公眾的回應程度和危機事件的影響程度。然而，有些地方政府面臨著線上網絡輿情應對與線下危機事件應對的雙重壓力，仍普遍缺失政府公信力，在做出危機應對決策的過程中，不願透露具體實情。

五、新媒體時代地方政府網絡輿情應對的對策建議

（一）轉變新媒體時代地方政府網絡輿情應對的思維方式

由於不同地區的經濟發展水準不同，使得在轉變新媒體時代網絡輿情應對的思維上也不盡相同。很多政府的思維觀念仍然停留在過去，沒有意識到自媒體的發展與當前遭遇的網絡輿情之間的關係；更是無法體會到自媒體存在的價值以及自媒體對於輿論環境、社會治理等深層次的影響。所以，地方政府不懂得如何處理與自媒體的關係，如何利用輿論的力量來應對當前的網絡輿情危機。正確地認識和把握新媒體時代地方政府輿情危機新變革顯得特別重要。

變革一：新媒體時代，自媒體能夠全方位監督政府的工作。在網絡信息技術還未如此發達時，國家電視臺、通訊社、黨報等作為中國輿論的主流陣地，一直擔當著宣傳國家政策方針、社會主義新思想的重擔。隨著 web3.0 網絡技術的發展，公眾可以通過博客、微信、微博等自媒體的途徑表達觀點、監督政府，平等地和政府對話。作為社會方方面面信息的集散地和社會輿論的放大鏡，自媒體改變了輿論引導的新格局。這也表現在很多突發事件中，有時第一手消息不是第一時間被官方發布，反而是普通公民將現場情況在微博上曝光引起廣泛關注。

變革二：自媒體成為公眾參與社會治理的網絡平臺。自媒體相較於傳統媒體有絕對的傳播優勢，信息傳遞的及時性、超強的輿論擴散性、參與主體的廣泛性等優勢能夠彌補其他媒體反應慢的缺陷。圖片加文字能夠真實客觀地還原事實，不僅如此，自媒體用戶還能夠對相關信息進行梳理和判斷，抨擊自己認為不可靠、不真實的信息。所以地方政府應該深刻認識到一旦發布誤導性甚至是虛假消息時，必定會喪失政府公信力，甚至產生更加嚴重的社會危機。

（二）把握各階段網絡輿情應對的重點、難點

網絡輿情大概分為三個時期：網絡輿情醞釀期、爆發期、衰退期。這三個階段主要是根據網絡輿情危機的發展演進變化劃分的。在不同的時期，地方政府應該用適應本階段的發展特點進行應對和管理。

1. 醞釀期：時時關注、及時引導，找出根源對症下藥

醞釀期的網絡輿情只是初顯苗頭，網絡輿情危機還在潛伏和醞釀。此時政府應

當足夠重視，摸清其發展的動態，盡早做預警分析工作。最重要的是找出問題的根源，知曉公眾的利益訴求，盡可能通過政府行政行為以及有效的網絡輿論引導來化解潛在矛盾，消除危機。在醞釀期，此時如何通過隱藏在網絡輿情中的信息找到問題的根源則是政府必須面對的問題。政府可以委託專門從事網絡輿情搜集和研判的機構，從龐雜、動態的網絡輿情中篩選值得關注的信息，並對症下藥，通過傳統媒體和意見領袖的正確引導將網絡輿情引向理性的方向，同時地方政府要有強有力的有針對性的公共管理措施來消除民怨、盡量滿足民眾的利益訴求。

2. 爆發期：實行有效的網絡輿論引導策略

這一時期對於突發事件的關注者的人數會迅猛增長，網民通常會變得極端、偏激和情緒化，在網絡中異常活躍。若應對不力，很可能導致局面難以控制。為了有效地防止網絡輿情危機進一步蔓延，地方政府要和網民隨時隨地相互對話，及時聽取網民的意見，及時公布最新信息，以防止二次危機的形成。因此建議地方政府要及時關注政府官方網站中的即時評論，監測相關新聞的數量、內容和點擊率；關注微博、微信公眾平臺等自媒體中與該突發事件相關的熱點詞彙以及轉發和評論的情況。在透澈瞭解了公眾利益訴求的情況下，政府要客觀理性地做出回應，提供一個讓公眾在質疑聲中辨別真假的機會，以此將網絡輿情引導至正確的、理性的軌道上來。

3. 衰退期：總結經驗、防患於未然

在網絡輿情衰退期，引起網絡輿情危機的信息在媒體傳播的渠道下逐步減少，網絡秩序逐漸恢復到了正常狀態，公眾的情緒也逐漸平復。在這個時期，政府也不能夠掉以輕心，網絡輿情的危機並沒有完全解除，只是暫時得到緩解，公眾依然會繼續監督政府的所作所為。在這一時期及以後，地方政府要總結在應對危機中的失誤之處和行之有效的應對方法，同時要總結引發危機的更深層次的原因，在今後的工作中徹底解決。

（三）完善網絡輿情應對的長效機制

現如今，網絡輿情危機頻發，作為管理網絡輿情的行政機關，地方政府要不斷完善網絡輿情應對的長效機制。

1. 完善監測機制

網絡輿情監測是政府網絡輿情應對的第一環節，在日常管理中政府應對微博、微信公眾號等自媒體傳播渠道密切關注，尤其是在突發事件發生後，確保政府能夠第一時間發現、第一時間應對。將能夠引發網絡輿情危機的苗頭扼殺在襁褓之中，建立一支反應敏捷、行動高效的監測隊伍。

2. 健全輿情研判機制

網絡輿情研判機制是網絡輿情應對的日常工作機制之一，主要是對監測到的網絡輿情進行全面的分析評估與排查，對網絡輿情的等級、走向和應對措施等做出較為精準的判斷，這對指導地方政府網絡輿情應對工作具有重大意義。建立網絡輿情

研判機制，首先，一定要有專業人員專門負責預警與研判事宜，分別明確工作職責，做到研判工作常態化。其次，要懂得利用網絡輿情監測系統軟件，通過軟件在對網絡輿情進行初步敏感性與監測分析的基礎上，再由專業人員進行分析，確保研判工作的科學性。

3. 完善網絡輿情保障機制

首先，要對網絡輿情管理提供充足的人、財、物、技術等方面的保障，在平時的工作中就確定好網絡輿情的負責人、不斷創新、發展信息網絡技術、引擎搜索技術、數據挖掘技術等，同時組建專門的輿情分析師、智囊團。其次，維護好與傳統媒體、自媒體、社會組織、科研機構之間的關係，為網絡輿情應對工作提供協作保障。最後，地方政府要善於分析、總結應對過程中的得失，從網絡輿情出現的現實層面加強地方政府的相關建設，從根本上減少網絡輿情危機。

參考文獻：

［1］王琰. 主流媒體對「輿論倒逼」的報導策略研究——以《人民日報》《湖南日報》對慧上訪的報導為例［D］. 大連：大連理工大學，2015.

［2］燕道成. 群體性事件中的網絡輿情研究［M］. 北京：新華出版社，2013：235.

［3］楊林剛. 地方政府應對網絡輿情現狀分析［J］. 黨政幹部論壇，2015（4）.

［4］莊緒娟. 政府網絡輿情應對研究［D］. 北京：首都經濟貿易大學，2015.

［5］潘鈴. 政府應對網絡輿情影響的策略研究［D］. 哈爾濱：東北農業大學，2015.

突發公共事件輿情引導的原則和策略研究

夏 玲[①]

[摘 要] 當前，中國正處於社會轉型的關鍵時期，存在著多元化的利益主體，緣於利益格局調整的很多潛在矛盾逐步顯性化，使得突發性事件、群體性事件頻發，輿情日益複雜並且難以掌控。但是，政府在處理公共事件輿情引導方面卻存在不少問題。為了改善政府在輿情引導方面的不良處境，政府應遵循及時性、針對性和主動性的原則；在應對的時候採取明確主體責任、建設權威性媒體、構建輿情引導「統一戰線」、加強工作隊伍媒體素質教育等策略，從而妥善處置社會突發事件，盡量減小或消除網絡輿情的不良影響。

[關鍵詞] 公共事件；輿情引導；策略。

隨著中國社會各方面改革的深入持續進行，社會轉型正在推動著社會結構發生深度變革，利益主體逐漸多元化，緣於利益格局調整的很多潛在矛盾逐步顯性化，使得突發性事件、群體性事件頻發。據統計，進入 21 世紀以來，中國重大突發性事件呈現數量明顯增加、規模不斷擴大、危害日趨嚴重的趨勢。

突發事件和輿情宛如一對孿生姐妹，兩者總是緊密聯繫在一起的。突發事件一旦爆發，受眾對於自己權益受到的侵害或潛在可能受到的侵害會有一定的反應，表達出本能的情緒和立場，於是就形成了突發事件的輿情。而對於輿情的引導和應對是否妥當，對於突發事件的後續處置起著關鍵的作用。好的輿情引導和應對，將會迅速平息社會輿論，讓社情民意朝著有利於事件處置的方向發展，凝聚人心；而不恰當的輿情應對，將可能會發生二次災害，將突發事件處置中的各方置於被動地位，引起輿情的大面積不良擴散，讓人心渙散，給政府形象帶來負面影響。

另外，隨著網絡的高速發展，新媒體依靠其即時性、開放性等獨特的優勢，在輿情引導方面發揮著越來越重要的作用，傳統媒體一統天下的格局已然被打破。在自媒體時代，人人都是自媒體，個個都是傳聲筒，突發事件的源發渠道變得越來越多元，界限變得越來模糊，處理難度也越來越大。當突發事件發生時，一些流言、謠言和虛假信息會借助其傳播速度快、互動性強等特點迅速蔓延，危害網絡信息安

---

① 夏玲，中共四川省委黨校政治學理論專業碩士研究生。研究方向：應急管理。

全，擾亂社會秩序，嚴重影響社會的穩定。所以，研究新時代背景下的突發公共事件輿情引導策略機制是非常有必要的。

一、突發公共事件及輿情引導

（一）突發公共事件

《中華人民共和國突發事件應對法》中明確指出，突發事件是指現實生活中突然發生的，造成或者可能造成嚴重社會危害，需要政府及其有關部門和社會組織立即採取措施進行應對處置的自然災害、事故災難、公共衛生以及群體社會治安事件。

突發事件具有以下特點：第一，突發性。一般而言，突發事件具有突然發生、突如其來、出乎管理者預料的特徵。管理者對於什麼事件、什麼地點、因什麼原因、發生什麼事件、造成什麼危害、能否得到控制等缺乏清晰、準確的判斷。由於事發突然，管理者和公眾在心理上容易產生恐慌，表現出聽信各種謠言、逃離事發現場等行為。在資源上，人、財、物等各種應急資源沒有提前做好充分準備，容易出現暫時性短缺。第二，行為的破壞性。在通常情況下，任何突發事件都會給國家、社會或者人民造成直接或間接的精神和經濟損失。第三，狀態的失衡性。由於突發事件的發生會使人們正常的生產生活狀態被破壞，以往和諧安寧的社會環境將處於不穩定狀態。第四，公共性。突發公共事件影響涉及社會公共領域，涉及的主體是公眾，應對主體主要是政府等公共部門，要求政府等公共部門行使公共權力，調動公共資源，盡快控制事態發展，減輕事件危害。

（二）輿情引導

輿情是指來自民間的民眾對各種政治性、社會性事務所表達的具有群體性的情緒、意願、態度和意見的總和。需要注意的是，輿情是民意，但不是民意的全部。輿情引導，是一種運用輿論操縱人們的意識，引導人們的意向，從而控制人們的行為的傳播行為。做好輿情引導工作對於政府形象的塑造和突發公共事務的解決具有重要的作用。

首先，輿情引導是考量黨和政府執政能力的一個重要依據。輿情內容是民眾對突發公共事件的看法的總和，屬於公權力的範圍，做好輿情引導是政府部門的職責所在。如若對突發公共事件引導失當，會嚴重影響政府的公信力。所以如何做好突發公共事件輿情引導工作十分重要。其次，輿情引導有利於化解社會矛盾與構建和諧社會。好的輿情引導和應對，能迅速平息社會輿論，讓社情民意朝著有利於事件處置的方向發展，凝聚人心，化解不同利益主體的矛盾。最後，輿情引導是適應新媒體發展和構建輿論引導新格局的必然要求。新媒體平臺讓每一位使用者都可以成為信息的發布者，使得人人都可以成為記者，成為社會輿情的主體。新媒體平臺以多媒體融合的絕對優勢，牢牢占據著移動端市場，輿情引導主戰場從傳統媒體轉向

了新媒體。因此，在輿情引導上我們要與時俱進，及時總結學習，主動適應新格局。

二、當前中國輿情引導過程中存在的問題或失當表現

（一）回應遲緩或不回應

在輿情發展時期，引導者的回應通常表現為被動或者無反應。具體來說：一是回應較為遲緩。在突發事件處理過程中，政府部門應該牢記及時性原則，在第一時間發聲，把握輿論的話語權。然而，在中國眾多的突發輿情事件中，大部分引導主體的回應都在數天以後，而這段時間內網絡上早已經形成強大的輿論聲勢。二是完全迴避、不回應，最終遭受輿論抨擊。在面對突發事件網絡輿情時，部分引導主體往往驚慌失措，顧慮太多，不敢發聲或不會發聲。

（二）回應結果不真實

在2011年甬溫線動車追尾特別重大事故中，東方衛視「新聞連線」的現場記者介紹的死亡人數為63人，而字幕卻顯示32人死亡。另外，在事故發生22個小時後，鐵道部發言人就宣布結束救援，此後卻發現了一個幸存的女孩。為了減少責任和降低影響而不公布真相，會引起民眾和媒體的懷疑，從而對政府自身的形象和公信力造成極差的影響。

（三）回應問責不力

在大量突發事件中，一些政府部門在回應問責方面表現不力。比如在雙匯「瘦肉精」事件中，監管部門存在明顯的失職。因此，對相關責任人進行嚴厲的懲處一直是輿論的呼聲，但最終官方的問責行為卻不能讓公眾滿意，導致了輿情的再一次爆發。

（四）方式單一，引導手段落後

引導者在突發事件網絡輿情引導過程中在方法的使用上比較單一，忽視了新媒體在輿情引導方面的作用，即使有些部門和單位開通了微博或者微信公眾號，也存在更新內容不及時、與網友互動不積極等問題，使微博淪為形象工程。其次，在對網絡媒體的引導方式上比較落後，一旦出現了不利的或模糊不清的網絡信息就不惜重金採取刪、封、堵的方法圍追堵截，引起網民的反感。

三、輿情引導失當的原因分析

（一）突發公共事件輿情引導的意識不足

突發事件發生時，政府引導輿情過程中所採取的態度和選擇的方式都是由其引導意識決定的，因此制約突發事件輿情引導的首要因素源自於引導者意識上的不足。一是搶占先機的意識不足。突發事件網絡輿情撲面而來時，部分引導者往往反應遲緩、決策不明，關鍵時候卻層層上報請示，不能及時處理，錯過果斷平息的良機。

二是主動引導的意識不足。突發事件經新聞媒體曝光後，引導者經常拒絕面對公眾，更談不上主動採取引導輿論的措施，這樣不但不利於問題的解決，反而增加對立情緒，進一步激化矛盾。

（二）科層管理體制阻礙著有效信息的發布

科層制的權力關係使得信息以自上而下或自下而上的方式進行分級傳達，阻礙著有效信息的發布，難以及時、準確地滿足群眾的信息需求，表現在輿情處置中突發事件的信息發布效率低、政府部門失語、回應口徑不一等。

（三）不同部門在輿情引導方面的職責規範劃分不清晰

突發輿情處置和引導往往涉及多個部門，由於尚不能厘清不同部門職責的具體規範，對新環境下輿情處理中的角色定位也不是很清晰，因此，在輿情處置過程中往往會出現部門配合不力，相互間存在各自為政、自說自話的狀況，沒有形成輿情引導口徑及引導內容的統一，使得輿情引導在效能上無法達到預期的目的。

（四）輿情引導隊伍的媒體素質不夠

隊伍建設是加強輿論引導的基礎保障。很多輿情監管部門工作人員由於責任意識不強、業務能力不精、敏感性不夠等，對輿情的研判延誤甚至不準確，錯過輿情引導的最佳時機，或者對已經形成惡劣影響的熱點、焦點問題不及時解釋、通報，導致惡劣影響得不到消除。

四、突發公共事件輿情引導的原則

（一）及時性原則

及時發聲，就是及時主動出來說話，表現為心態開放、信息公開透明、第一時間發聲和批駁謠言等。當重大公共事件突發時，應當發揮首因效應，避免公眾形成「刻板成見」。首因效應是指人們根據最初獲得的信息所形成的印象不易改變，甚至會左右對後來獲得的新信息的解釋。從傳播心理學的角度來看，大多數人在接受信息時有先入為主的心理。特別是在重大公共事件突發時，公眾出於對自身生命安全、財產安全的關心，迫切需要獲得有關信息。這時如果政府和媒體反應遲鈍或信息缺位，公眾就會轉向其他的非正規渠道求得信息。傳播學的「刻板成見」原理告訴我們，人們對特定的事物所持有的固定化、簡單化的觀念和印象，通常伴隨著對該事物的價值評價和好惡的感情。如果政府和媒體的信息長期缺位，將不利於政府和媒體在公眾心目中的形象建立。同時，非正規渠道的信息往往夾帶有謠言，因為傳播中「先入為主」的規律，當謠言先於媒體進入人們的認知領域，以後再糾正就難免事倍功半了。因此，第一時間發聲，爭取成為突發事件輿情引導的「第一定義者」，有利於破解危機事件的事件壓力，為後續的有效引導輿情贏得基本面。

（二）主動性原則

化被動為主動，掌握主動權，政府應該主動介入媒體的「議程設置」。按照傳

播學的觀點，傳媒的覆蓋面越廣，持續的時間越長，甚至是反覆的「轟炸」，信息對於公眾的影響就會更大、更深遠。主動介入「議程設置」，能夠把公眾對相關事實的關注重點和方向引導到有利於解決危機的正向的方向上來，從而贏得主動權。

（三）態度誠懇原則

對於輿情的引導來說，誠懇的態度是一項重要原則。態度誠懇原則包括三個基本的意思：一是不要說假話；二是姿態要低調；三是言語要懇切。2012年5月10日，雲南昭通巧家爆炸案，造成3人死亡、14人受傷。當地縣政府發布通報：「省、市和縣公安機關正在全力組織案件偵破……目前，事件正在進一步調查中，死者家屬情緒穩定，各項工作正在有序開展。」有評論認為死者家屬情緒穩定，可謂睜眼說瞎話，自打耳光。其真實性自然大打折扣。姿態要低，是為了便於溝通和避免引人反感。言語誠懇，傳遞的是一種善意、坦誠的信號，這對贏得理解和尊重是大有好處的。「人非聖賢，孰能無過」，做錯了事沒有關係，重要的是要有解決辦法，而解決辦法最好的開始就是誠懇地道歉。

（四）注重有效原則

有效，是輿情引導工作的最高要求。要想提高輿情引導的有效性，就是要提高輿情引導的吸引力、說服力和傳播力。首先，什麼是焦點，就透析什麼；網民關注什麼，輿情引導就圍繞什麼回應。積極主動回應社會關切，有利於提高輿情引導的吸引力。其次，公布的信息應該是真實的、符合邏輯的，真實的故事才有說服力。最後，新媒介具有傳播速度快、傳播範圍廣的特點。要充分運用新媒介的這些優點，從而提高輿情引導的傳播力。

（五）尊重規律原則

規律是事物的本質的、必然的、穩定的聯繫，規律具有客觀性，獨立於人的意識之外，不以人的意識為轉移，必須尊重客觀規律，按照客觀規律辦事。但是人們可以發揮主觀能動性，認識和發現規律，利用規律來指導實踐。在網絡信息傳播中，也存在著一些固有的規律。首先，是力爭「先入為主」的規律。我們知道，人們在接受信息時，總是習慣性地比較相信第一次聽到的信息，而對後來的說法持一種懷疑態度。所謂先入為主，也稱首因效應、首次效應、優先效應或第一印象，如果人們不能在第一時間得到事件相關的準確信息，就會導致一些所謂的小道消息占上風，在突發事件複雜的背景下，人們一時難辨真假。而那些帶有強烈情緒的煽動性言論就會比較容易干擾公眾的判斷，造成輿情走向偏差。其次是避免「羊群效應」。「羊群效應」是管理學上的一種現象，該現象同樣廣泛地存在於網民之中。有些網民在現實社會生活中能夠理智、辯證地看待問題，但一旦到網絡虛擬空間中就會出現從眾、跟風的心理及行為，特別是在特定的情景氛圍下往往缺乏主見、失去應有的理智和清醒，跟著瞎起哄。為盡可能避免羊群效應和群體極化傾向，我們可以採取的措施包括：一是及時用正面、有說服力的信息化解不良群體化的形成；二是密切關注和團結、利用網上活躍分子，如意見領袖；三是抓住事件進展的關鍵點，積極運

用正確的導向引領輿情。

五、完善突發公共事件輿情引導的對策建議

(一) 明確主體責任

明確宣傳部門和職能部門的責任。在現實實踐中，一提到輿情處置和回應，多數人首先會想到這是宣傳部門的事，所以很多時候，一旦有突發輿情，宣傳部門神經綳緊、緊急「滅火」，卻深感力不從心、收效甚微。2013年10月，國務院辦公廳發布了《關於進一步加強政府信息公開　回應社會關切　提升政府公信力的意見》，其中提到，各地區各部門要加強與新聞宣傳部門、互聯網信息內容主管部門以及有關新聞媒體的溝通聯繫，建立重大政務輿情會商聯席會議制度，建立政務信息發布和輿情處置聯動機制。輿論普遍認為，通過建立網絡輿情處置聯席會議制度，可有效銜接網絡輿情監控部門、涉及問題的職能部門和輿情回應部門，避免因幾個部門互不交叉、簽批環節多等貽誤輿情處置，防範輿論危機發生和擴大。

明確上下級部門的責任。國務院辦公廳發布的《關於在政務公開工作中進一步做好政務輿情回應的通知》(以下簡稱《通知》) 明確政務輿情回應責任，規定涉及重大政策、重要決策部署的政務輿情，國務院相關部門是第一責任主體。涉及地方的政務輿情，按照屬地管理、分級負責、誰主管誰負責的原則進行回應，涉事部門是第一責任主體。這樣有利於避免輿情出現後相關部門的推諉和「踢皮球」，提升輿情公布的主動意識。同時，《通知》又提到，對涉及多個部門的政務輿情，相關部門按照職責分工做好回應工作，部門之間應加強溝通協商，確保回應的信息準確一致，本級政府辦公廳 (室) 會同宣傳部門做好組織協調、督促指導工作，必要時可確定牽頭部門。可見，輿情引導與回應不只是宣傳部門的事兒，還需要加強各部門的輿情回應協調工作。

(二) 加強權威性媒體建設

媒體權威性是新聞媒體所具有的一種被社會公眾所信賴的內在力量，是衡量、評判媒體輿論影響力重要的、根本的標準。從突發公共事件的發生直至結束，甚至是事件發生前的徵兆預警，各種媒體始終扮演著重要角色，發揮著不可替代的作用。但是，公眾最信賴的仍然是主流媒體的聲音。因此，在突發事件的處理過程中，要加強媒體的權威性，發揮權威性網絡媒體的橋樑作用，連接政府和公眾，溝通並共同解決突發公共事件。

權威性媒體建設，首先，必須保證新聞內容是客觀真實的。真實性是新聞的生命，記者在網絡上獲得新聞線索後，不能為搶一時之快，奉行「拿來主義」，而要深入調查，仔細進行求證。特別是對突發事件的報導，更要層層把關，絕不為搶時效、追求眼球效應而放棄對新聞真實、科學、客觀的要求。其次，堅持正確輿論引導理念，積極承擔社會責任。在輿論宣傳領域，新媒體迅速崛起，傳統媒體融合也

如火如荼地展開，各種媒體平臺相互交織。此時，要想加強媒體的權威性，更需要堅持媒體責任，應積極宣傳社會主義核心價值觀，堅持正確的輿論導向。

(三) 構建輿情引導「統一戰線」

隨著新媒體快速發展，網絡意見領袖特別是微博、微信等平臺的意見領袖迅速崛起和成長。2012年12月，人民網輿情監測室發布了《2012年中國互聯網輿情分析報告》，報告通過對「100位意見領袖」的職業進行分析發現，網絡意見領袖中媒體人士最多，其次是學者、作家、撰稿人、企業家、公益人士、律師、演藝名人也佔有相當比例。網絡意見領袖中許多都是本行業、本部門、本專業的精英骨幹，往往具有左右網絡輿情的能力，也是突發公共事件網絡輿情引導議題設置的主要參與者，在引導事件關注點方面有很大的話語權，對網絡輿情的引導有著推波助瀾的重要作用。所以，政府要與網絡意見領袖建立「統一戰線」，通過引導網絡意見領袖來引導網絡輿情。

要與網絡意見領袖建立「統一戰線」，就要積極開展聯誼交友活動，通過舉辦座談會、茶話會、聯誼會等方式，建立與網絡意見領袖的密切聯繫，及時瞭解網絡意見領袖的思想動態，通過他們做好受眾群體的宣傳思想工作。在政治上予以重視，吸收他們中的優秀代表人士加入政府、人大、政協，或者擔任特邀監督員、檢察員等，為國家政治、經濟、文化發展建言獻策。更為重要的一點是，當前中國政府面臨「塔西佗陷阱」的挑戰，公眾對政府很大程度上持懷疑態度，網絡意見領袖卻由於其自身的專業性和獨立性獲得了民眾的信任。如果他們只是一味地站在政府立場做口號式的表態，對政府錯誤的決策和觀念盲目跟從，不僅使自身的公信力下降，也不利於網絡輿論的正確引導。因此，對待網絡意見領袖要平等真誠，尊重他們的意見，以正確的政治立場和以德服人的政治魅力獲得其支持和擁護，而不能唯我獨尊、盛氣凌人，更不能操控、干涉。要建立聯繫，密切溝通，多加走訪，發揮他們在輿情引導方面的積極作用。

(四) 提升輿情應對工作隊伍能力建設

首先，引入輿情管理智庫。智庫是專門從事開發性研究、事務性管理方案諮詢的研究機構。它通過將社會各學科領域的專家學者匯集起來，運用他們的經驗、專業技能和智慧，為政府或企業各領域的發展提供解決或優化方案，是現代社會領導體系中的一個重要組成部分。智庫的主要任務是提供諮詢，為決策者解決問題提供方案；對有針對性的社會治理項目進行信息反饋；對所委託事項進行診斷，進行現狀研究及問題根源找尋，提出解決問題的策略及行動計劃；發展預測，運用架構專家學者的腦力資源及學科前沿技術，從不同的角度運用各種方法，提出項目未來發展的走向和預測方案給決策者。在輿情引導工作中引入輿情管理智庫，利用專家學者的專業知識和智慧，利於解決好輿情引導問題。

其次，改革輿情管理培訓體系。事實上，各類輿情應對培訓班存在一個共性的問題是，這些培訓班的培訓週期一般較短，少則一兩天，多則三五天，學習的內容

一般為理論性知識，缺乏學習深度和實踐鍛煉，導致學習效果不佳。因此，改革輿情管理培訓體系已經迫在眉睫。首先，要建立輿情管理培訓的長效機制。一是對於現有的各級政府、各職能部門的輿情應對負責人實施一年以上的系統培訓。從輿情發生發展狀況、傳播理論、傳播平臺特性以及應對原則、應對技巧等方面進行系統的培訓，才能讓一線輿情工作者能比較深入地瞭解輿情運動的整體規律，形成「知其然，知其所以然」的知識體系，從而促進他們在進行輿情引導應對時的靈活使用和臨場發揮。其次，倡導小班教學，建立模擬演練培訓機制。縱觀目前少則三五十人多則二三百人的培訓，這樣的培訓除了擺樣子、交任務以外，很難真正看到實效。小班制教學，目的就是讓學員們都能夠深入地和導師進行交流，都能夠有課堂演練的機會，理論只有經過演練才有戰鬥力。所以，要改革目前的培訓機制，從量往質方面轉，讓每一位學員都能夠在現實的環境中去消化、體驗、轉化課堂上老師所傳授的技巧。就像演習一樣，只有通過不斷地模擬演練的方式，才能讓輿情工作者們逐步熟悉和掌握輿情引導的原則和方法，為未來的突發事件輿情引導應對工作奠定基礎。

參考文獻：

[1] 湯勤樓. 突發公共事件的輿情引導研究［D］. 昆明：雲南財經大學，2017.

[2] 彭劭莉. 突發事件輿情引導失當及應對策略研究［D］. 湘潭：湘潭大學，2013.

[3] 佟璐. 自媒體時代網絡輿論的傳播與引導研究［D］. 大連：東北財經大學，2012.

[4] 吳雲才. 社會突發事件網絡輿情的引導原則和應對策略［J］. 行政事業資產與財物，2012（7）.

[5] 田宇. 論自媒體時代突發輿情事件的構成要素及引導策略［J］. 西部廣播電視，2016（9）.

[6] 劉海霞. 自媒體時代下突發事件的輿論引導［J］. 新聞戰線，2016（8）.

[7] 朱敬婷. 淺析中國地方政府對突發公共事件網絡輿情的應對策略［J］. 決策論壇——系統科學在工程決策中的應用學術研討會，2015（11）.

[8] 劉楊. 突發公共事件網絡輿情的引導策略［J］. 編輯學刊，2014（3）.

[9] 夏錦鑒. 淺論如何建立中國網絡輿情的引導機制［J］. 法治與社會，2015（7）.

[10] 張淑瑛. 發揮統一戰線在網絡輿論引導中的積極作用［J］. 思想政治工作研究，2013（11）.

突發事件網絡輿情應對研究
——以天津港「8·12」爆炸事件為例

林柯言[①]

[摘　要] 網絡輿情的正面、負面效應自從網絡出現就已存在。隨著互聯網技術進一步的發展，網絡平臺成為民眾言論表達與匯聚的主要陣地，信息傳播更為廣闊、快捷，政府與社會公眾之間的互動更加頻繁，各種社會矛盾與問題不斷地在網絡上集聚、發酵、爆發。面對突發事件在網絡上聚集而產生的負面效應，政府如何應對和積極引導網絡輿情，消除網絡輿情的負面效應，是政府管理工作亟須解決的一大難題。本研究以天津港「8·12」爆炸事件為例來分析網絡輿情，並對政府如何應對突發事件網絡輿情負面效應進行研究。

[關鍵詞] 突發事件；網絡輿情；應對；天津港「8·12」爆炸事件。

　　當前，中國正進行新一輪經濟改革，加快經濟結構轉型升級，社會各種矛盾相互交織，各種問題不斷湧現。同時，移動互聯網塑造了全新的社會生活形態，「互聯網+」行動計劃不斷助力企業發展，互聯網對於整體社會的影響已進入到新的階段。微信、QQ、微博、網絡新聞、直播、論壇等新網絡媒體形式的不斷湧現，同時伴隨著社會轉型、經濟體制改革、利益格局的重組、民眾意識的覺醒，以及改革進程中利益分配的不均等和政府信息的不透明，給整個社會的治理帶來了不穩定因素。網絡輿情本身具有主體虛擬性、信息快速交互、傳播範圍廣、客體豐富性、控制難度大、意見多元化等特殊性，由此引起的網絡負面效應和消極輿論遠超任何一種傳統媒體，給政府管理工作創造了新的挑戰，政府部門對網絡輿情的監管與應對有著新的方式。

---

① 林柯言，中共四川省委黨校2016級馬克思主義哲學專業碩士研究生。研究方向：倫理學。

一、核心概念

突發事件（Emergency）在政府危機管理中是指突然發生的、超出人們預期的重大事件，無任何徵兆且無規律可循，對社會政治經濟運轉秩序具有極大的衝擊力，在極短的時間內成為社會熱點新聞和網絡輿論討論的焦點。羅伯特·希斯在《危機管理》中提到：危機是一個會引起潛在負面影響的具有不確定性的大事件，這種事件可能對組織及其人員、產品、服務和聲譽造成巨大的損害。廣義上的突發事件是指由自然因素或者人為因素引發的擾亂社會正常秩序與危害人類生命安全的事件；狹義上的突發事件是指對嚴重影響社會治安或者政治經濟的毫無徵兆發生的大規模的違法事件。《中華人民共和國突發事件應對法》中提到這樣應對「突發事件」，即「具備嚴重危害性的、不可預知的突發事件，政府應採取必要的措施來應對這一類事件，如自然災害、公共衛生事故和爆炸事故等，根據事件對社會的危害程度和影響範圍來劃分事件的等級（特重大事故、重大事故、大事故、一般事故）」。輿情是指社會公眾對國家這個機器在管理社會過程中出現的所有情況（尤其是在群體事件發生時）所表達出來的認知觀點和情緒，即輿情就是社情民意。網絡輿情即作為主體的社會大眾對作為客體的政府和突發事件，所要表達的情緒、態度、意見和意願，以及為了維護自身的利益而通過網絡平臺進行的一種傾訴、表達或傳播，具有散播快、範圍廣、影響大等特點。突發事件網絡輿情則是指在突發事件發生後，社會公眾在網絡平臺發表的針對事件或與該事件相關的政治、經濟和社會等主體，具有一定影響並帶有傾向性的態度、意見與情緒的總和。

二、天津港「8·12」爆炸事件網絡輿情的演變、應對失誤及其原因

2015年8月12日23:30分左右，天津市塘沽開發區的瑞海國際物流有限公司所屬危險品倉庫發生爆炸，此次事故造成多人傷亡。據新華社北京2016年2月5日電，天津港「8·12」爆炸事故，造成165人遇難（其中參與救援處置的公安消防人員110人，事故企業、周邊企業員工和周邊居民55人）、8人失蹤（其中天津港消防人員5人，周邊企業員工、天津港消防人員家屬3人）、798人受傷（傷情重及較重的傷員58人、輕傷員740人）。

天津港「8·12」爆炸事件發生後，通過互聯網迅速傳播，無論是平常老百姓還是寫字樓的白領都強烈關注此事件的最新動態，而且引起境外的高度關注並派遣記者來天津對該事件進行專題報導。據不完全統計，爆炸事件發生之後有近7.3億人通過微博平臺來關注此事件，居於所有平臺關注數據的首位，其他關注平臺有微信、論壇、博客、網絡媒體等。在2016年1月7日的「微博之夜」事件榜上，天津

港爆炸因在微博上產生了35億閱讀量和400萬的討論量，成為2015年最受微博網友關注的熱點事件。但縱觀事故發生後網絡輿論的質疑和不滿的情緒始終充斥於網絡，不斷引發並推動著網絡輿情發展、演變。

（一）天津港「8·12」爆炸事件網絡輿情的演變

史蒂文·芬克將危機發展視為一個演變過程，並將其分解為危機的潛伏期、恢復期和解決期三個階段。具體到網絡輿情問題上，也可以將其演變過程分為這樣三個階段，即「網絡輿情的潛伏期、爆發期和解決期」。網絡輿情依據突發事件時間發展變化也可以劃分為四個時期：輿情潛伏期、輿情集聚期、輿情爆炸期和輿情消散期。但突發事件的網絡輿情並不總是按照這個邏輯直線發展的，而是會隨著事態的變化和公眾的關注呈現波浪式發展，可能眼看好像逐漸消散的輿情會突然因為一個小的導火索又重新爆發。區別於廈門「PX項目」等事先有披露並已經引發民眾討論的鄰避型群體性事件，天津港「8·12」爆炸事故的發生完全出乎意料並影響重大，事件網絡輿情的演變不再遵循常規的演變規律，幾乎瞬間引起輿論爆發。因此，本研究將天津港「8·12」突發事件網絡輿情的演變劃分為三個階段：第一階段（8月12日至8月13日）是民眾散播突發事件、媒體傳播擴張、社會公眾聚焦突發事件，各大論壇對突發事件進行討論，形成輿論；第二階段（8月14日至8月20日）是媒體和社會公眾對事件的持續關注，輿情形勢居高不下；第三階段（8月20日以後）是政府公開突發事件信息、回應民眾，逐步緩解輿情直至消散。

1. 輿情爆發期

突發事件網絡輿情的爆發期，是指公共突發事件發生後，有關事件的信息經由媒體的傳播擴展，由輿論中心向四周快速傳播，引起社會公眾聚焦、社會各界普遍關注、輿情迅速爆發。境內外媒體的加入，助推事件向更大範圍擴散，也吸引到境內外無數眼球，大規模的網絡輿情形成。8月13日0點45分，新京報網發布消息「天津塘沽開發區深夜突發爆炸數千米外可見蘑菇雲」，0點48分，澎湃新聞網率先推出網絡專題報導，聚焦報導爆炸事故，成為重要的信息源頭。隨著事故嚴重性的披露，8月13日@人民日報、@財經網等新媒體迅速跟進，分別在各自微博、微信及客戶端上推送相關新聞報導，使事件獲得很高的關注度，事故信息開始登上各大門戶網站的頭條、微博熱點排行榜榜首，並登上了國際主流媒體的頭條（見圖1），迅速引爆輿論熱點，網絡輿情爆發。8月13日，在天津市首場新聞發布會上，分管安全生產的副市長未出席以及直播至記者提問環節被中斷等問題備受公眾質疑，使事件的輿情關注度達到頂峰（見圖2）。截至8月13日16時，由微博用戶@新浪天津主持的話題#天津塘沽大爆炸#閱讀量達7.4億，討論數達126.5萬。

圖 1　8 月 13 日新浪微博熱搜榜截圖和國內媒體報導的美國有線電視網（CNN）頭條截圖

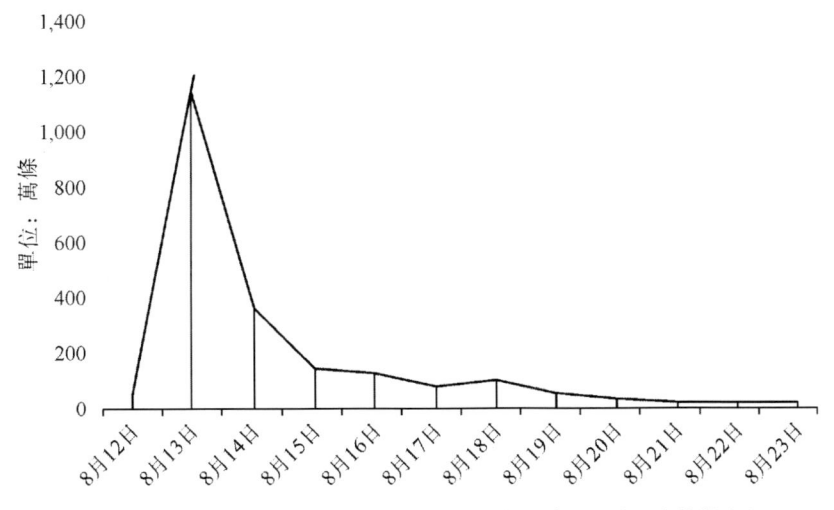

圖 2　天津港「8·12」爆炸事件訊息傳播趨勢圖（來源於鷹眼輿情觀察室）

2. 輿情發展蔓延期

輿情發展蔓延期是輿情發展演變中持續時間較長的一個階段，8 月 13 日天津市首場發布會對最新傷亡和其他信息公布後，媒體跟蹤報導，引發公眾持續關注，網絡輿情仍然居高不下。網絡自媒體大 V 和意見領袖不斷刷新，網民的情緒也不斷被煽動，各種各樣的評論、各式各樣的新聞、水軍活躍各大論壇，討論程度更加激烈，事件的關注度不斷升溫，網絡輿情有序集聚，逐漸形成一個漩渦式的輿論中心。事故發生後，公眾關注的事故相關信息和疑問沒有得到及時回應和答覆，引發大量次生輿情，社會矛盾加劇，也推動著輿情的持續擴散、不斷蔓延。

3. 輿情消散期

天津港「8·12」爆炸事件網絡輿情之所以逐步消散，首先是政府公布了信息，使得各大媒體也逐步減少對此事件的報導，網絡輿論漸漸淡化；其次是政府相關部門有效、及時地解決了網絡輿情所反應的問題，而且爆炸事件被其他重大新聞或者新的事件代替，輿情得到緩解。

第一，媒體報導減少。在天津「塘沽爆炸」事件網絡輿情緩解期，政府發布官方新聞，使得謠言自滅，這樣各大媒體也逐步減少對事件的報導，網民缺乏輿論場。隨後，天津港「8·12」爆炸事件相關的詞在移動互聯網中的出現頻率逐漸減少，網民對天津爆炸事件不再時時關注。

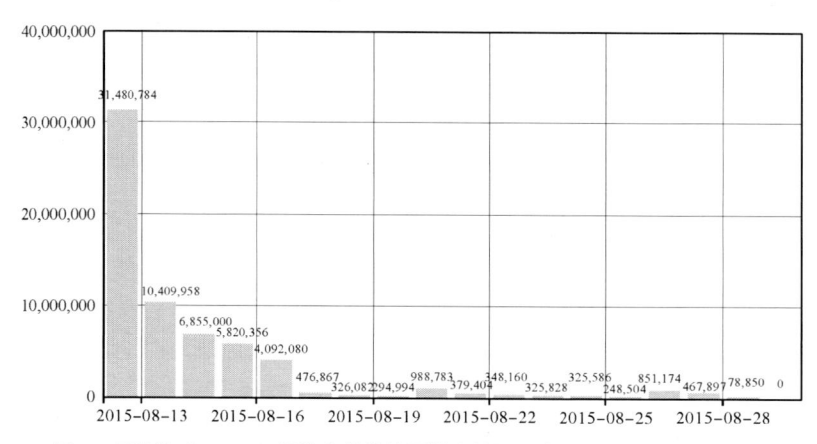

圖3　天津港「8·12」爆炸事故微信閱讀趨勢圖（來源於大象輿情研究院）

第二，網民的關注得到及時回應，注意力被轉移。進入到消散期，關於爆炸事故的網絡輿情信息量逐漸減少。消退期主要表現為政府救援行動的結束以及隨著官方媒體報導事件的整個實際情況，參與網絡輿情討論的網民逐漸退出，不再去各大媒體搜索相關事件的情況，自動轉向社會熱點事件或者新的目標，只有極少部分的網民和與此事件相關的民眾還在持續關注爆炸事故的進展。

（二）天津港「8·12」爆炸事件網絡輿情的應對失誤及其原因

首先，政府各部門信息披露遲緩。網絡輿情的形成大部分基於傳統媒體的報導，但經網絡媒體擴散後，其傳播速度快且影響加大。爆炸事故發生後，爆炸現場照片、視頻等內容迅速在網絡自媒體傳播開來。隨著時間推移，網絡謠言開始滋生、傳播，各種流言、小道消息滿天飛，大量謠言在微博、微信爆發。公共突發事件出現後，民眾對於相關信息的需求十分強烈，如果政府信息供給遲滯，則會使信息市場出現「供需失衡」，「謠言的黑市」就自然產生。信息披露滯後在天津港爆炸事故輿情處置中無疑是最大的失誤，也是推動輿情負面效應升級的重要因素。第一，權威信息發布不及時，本地官方媒體未在第一時間及時、主動、有效地發布事故信息，自動放棄話語權。第二，爆炸事故發生後，民眾最關心的問題，諸如爆炸原因、事故現

狀、傷亡情況、危化品數量、環境影響等，直到第六場發布會結束也沒有得到官方確切的答覆。連爆炸事故救援工作「由誰牽頭」「如何組織」等這些最基本的問題，都無法明確回答。「不知道」「日後答覆」「不能回答」等含糊詞語成為發布會的關鍵詞，漠視了公民的知情權，激發了民眾的質疑和不滿。

其次，地方政府與地方主流媒體在事件初期缺位。天津港「8‧12」爆炸事故發生後，央視新聞、《人民日報》、新華社等國內主要新聞媒體迅速趕到事故現場，通過電話直播、網絡直播、微信播發等方式對事故進行了不間斷的即時報導，而具備地緣優勢的天津本地政府與主流媒體卻呈缺位狀態。事故發生於 8 月 12 日 23 點 30 分左右，但直到 13 日 3 點 52 分，@天津發布才發布了第一條與事故相關的消息，主要內容還是地方領導親臨現場。天津電視臺於 8 月 13 日上午 10 點仍在播放韓劇，被網友批評為「天津是座沒有新聞的城市」。天津衛視在事故發生 12 個小時後才開始報導，但報導的內容卻是各級領導指示，缺乏爆炸即時信息、爆炸原因、傷亡情況等關鍵信息。

再次，各方在應對網絡輿情時缺乏統籌指揮。突發事件爆發後，政府和媒體如果不能迅速做出反應，第一時間進行相關報導，就可能錯失報導的良機，失去話語主導權，導致謠言四起、輿論叢生。中國對突發事件的報導有明確的規定，最重要的一點就是必須由特定部門發布，這就可能導致信息因在政府組織內部的多級傳播而遲滯或被隱瞞。突發事件發生後，在遵循傳統信息發布工作流程時，要統籌利用好政務微博、微信公眾號等新媒體平臺，實現事故信息的即時發布。重大突發事件的處置往往涉及多個領域和部門，網絡輿情的應對必須注重部門間的協同。縱觀天津市政府召開的新聞發布會，參會人員來自涵蓋了政府、安監、消防、環保、衛生、軍隊等在內的領域和部門，但每次參會的人員都有變化，故而面對記者的提問，便出現了「相關單位沒有參會」「這不是我的責任」等推諉責任的現象。8 月 17 日，在國家安監總局的網站上，全文刊載了交通運輸部的《港口危險貨物安全管理規定》，從危險貨物的安全評價審批到監管，全部都是「港口行政管理部門」的「港口危險貨物安全管理規定」。針對此舉，交通系統內部認為安全生產的監督管理，責任還是在安監部門。面對追責，政府部門間的「踢皮球」更激起了網友的不滿，負面情緒進一步高漲。

最後，對網絡謠言回應不及時。謠言止於真相，速度贏得先機。謠言的肆意傳播，直接影響了公眾的判斷力。闢謠的時效性，是決定闢謠效果最重要的因素。謠言形成的初期往往是呈鏈狀傳播，對其負面影響的消除難度較小，只要政府及時發布權威消息和媒體跟進報導，就可以消除還沒有形成氣候的謠言。天津「8‧12」爆炸事件發生後，當晚便湧現了大量謠言，次日「700 噸氰化鈉毒死全中國人」的謠言就在網絡上被大範圍傳播，天津政府在 8 月 15 日的新聞發布會上才正式闢謠。由於謠言的碎片化傳播和事故參與公眾數量龐大，政府和媒體來不及一一闢謠，讓一些謠言趁虛而入，在網絡上裂變傳播，造成極大的影響。

三、政府應對突發事件網絡輿情負面效應的改進

面對一些突發的事件，政府必須快速、有效地分析網絡輿情可能產生的一系列負面效應及其原因。在此基礎上制定科學的管理機制，形成有效的應對制度，從而維護社會經濟發展，保障人民群眾的根本利益不受侵害。針對天津港爆炸事件的發生，我們應該在總結政府應對網絡輿情負面效應方面的經驗教訓的同時，得出相應的啟示，以便為今後可能發生類似的事件提供參考。

1. 利用技術手段控制與過濾，做好政府門戶網站和重點新聞網站建設，強化論壇管理

官方網站是政府信息發布的法定渠道之一。要加強主流網站與品牌欄目（論壇）的建設、推介與評選力度，擴大影響力與公信力，形成輿論示範效應，放大主流網絡輿論引導或影響非主流網絡輿論的作用。要調動網絡編輯、論壇管理者、版主的合力，強化論壇管理，培養網絡空間獨立評論員隊伍。網絡輿情主要通過新聞、論壇、博客、即時通信軟件等渠道形成和傳播，這些通道的承載體主要為動態網頁，它們承載著鬆散的結構化信息，使得輿情信息的有效抽取很有難度，因此建設自動化的網絡輿情監測與分析信息系統就成為地方政府的必然選擇。另外，對於識別出的不良和非法信息阻止用戶進行訪問，必須注意時效性。如湖南省委宣傳部互聯網新聞中心的工作人員每天都在百度、谷歌等多個搜索引擎裡輸入「湖南」兩字，收集與湖南有關的重大報導和其他熱點網絡信息，然後擇要編輯《涉湘輿情》。這一做法可以參考。

2. 發揮傳統媒體作用，搶占輿論制高點，利用網絡媒體進行有效的「議程設置」以引導突發事件網絡輿情

首先，在信息發布上搶占先機，第一時間將真實、權威、公正的信息傳遞給公眾。其次，與網絡媒體、傳統媒體合作，設置議題，集中討論重點問題，通過專題對突發事件做深度報導。將突發事件發生的背景、地點、相關人物、過程、動態和可能產生的影響等第一時間傳達給公眾，引導公眾設置議題。網上輿論往往因事而生、因時造勢，特別是信息時代，若「三人成虎」的效應被現代傳媒急遽放大，將難以遏止一些流言、謠言的傳播，因而更容易導致網絡輿論和社會輿論的震盪。報刊、廣播、電視等傳統新聞媒體將網上輿論加以概括和集中報導，實際上起到了將其影響「放大」的作用。反之，傳統媒體的沉默又將給各種流言、謠言更大的傳播空間，增加網絡輿情事件發生的概率和嚴重性，反而給人們造成錯覺，加劇社會的不安心理，使人們做出最壞的猜想。只有通過新聞媒體適時報導、披露事實或澄清事實，使謠言止於真相，才可以有效促使輿論震盪轉變。

3. 加強地方網絡媒體管理，培養網絡寫作人才，網絡媒體需要制定道德自律規範，培養網民的公德意識

2006 年，北京 40 多家網絡媒體制定自律公約，內容包括：嚴格規範新聞信息稿源，恪守新聞職業道德、職業紀律，杜絕任何形式的虛假新聞、有償新聞、侵權新聞、低俗新聞和虛假廣告；遵守社會道德規範，自覺抵制網絡低俗之風等。提高網絡輿情道德自律是對法律和技術等硬件控制的有效補充。此外，為引導輿論，宜培養真正由政府部門掌握的專業、權威的專門言論寫作人才隊伍，能用網民熟悉的、貼近老百姓的語言掃蕩互聯網上反動、迷信、無聊、平庸的輿論。如東方網根據網上輿論引導的需要，建立了兩支精干的網絡言論作者隊伍：一支由上海的中青年國際問題專家和臺灣問題專家組成，專門就國際上重大的事件進行及時的、活潑的、形式多樣的評述，並以各種各樣的名義在網絡論壇上發布；另一支隊伍則由上海高校中政治意識較強的在校研究生組成，充分發揮他們在高校學生當中的影響力，對各種社會現象進行適時的評論。長時間的廣泛參與，網絡用戶中也會產生許多善於獨立思考、有思想理論水準的業餘言論作者，他們將成為主流媒體和新興媒體專業力量的強有力的補充。

4. 循序漸進地推行互聯網實名制

網絡傳播雖具有匿名性的特點，但也並不是無跡可尋、無法追蹤。在技術上可以實行 IP 地址的追蹤，但是要花費人力、物力與財力，事倍功半。中國最先提出網絡實名制的是清華大學新聞與傳播學院的李希光教授。網絡實名制的實行的確從某種程度上限制了網民的自由空間，也涉及隱私權的保護等多種問題，更被一些人視為社會的倒退。然而，世界上沒有絕對的自由。縱觀全局，網絡實名制在規範網民言論、提高網絡信息可信度以及維護網絡秩序等方面都起到了相當大的作用，其利大於弊。網絡實名的具體做法是在訪問量較大的主要網站註冊帳號時，須提交身分證、必要的證件和真實姓名等「後臺」實名，同時用戶依然可以使用自己喜歡的網名在「前臺」匿名發表相關信息。網民的言行不涉及危害公眾利益，不違反國家法律時，其真實姓名屬於隱私，受到保護，而一旦觸犯了法律，則會受到監管。只有循序漸進推行互聯網實名制，才能在虛擬世界中讓每個人對自己的言論負起應有的法律責任和公眾責任，應少發一些有違真相、不負責任的言論。同時，可以避免互聯網被利益集團收買和有組織地操縱，進而進一步淨化網絡輿論環境。通過網民引導網民，用網民自己的聲音引導、感染網民，實現網民自我教育、自我引導，從而達到事半功倍的效果。

5. 尊重網絡傳播規律，把握突發事件網絡輿情引導的關鍵環節，尋求突破與轉折

要善於利用網絡傳播規律做好引導工作，干預網絡誘致進程。要對網絡關注的焦點適時進行變換，引導網絡輿論轉移關注點。要加強輿論引導力，密切關注網絡輿情動態，即時傳遞主流聲音，有效實現網絡意見均衡。要善於抓住網絡輿情引導

的關鍵環節。要拓寬網絡的社情民意表達渠道，使網絡成為匯聚信息與觀點的集散地、疏導不滿情緒與怨恨表達的減壓閥；在多元中立主導，在多樣中謀共識，在多變中促和諧，形成輿論合力。

6. 綜合利用多個網絡輿論引導載體，立體化、多渠道地展開突發事件網絡輿情疏導工作

要培養網上輿論引領員，把網絡輿情監控與評論引導緊密結合起來；在本地網絡輿論平臺上強化網絡把關，探索網絡輿情聯動應急創新機制。要高揚以人為本的價值理念，秉承理性、平和、包容的態度，採取溝通對話的「治理」方式而不能採取關堵封閉的「控制」方式，有效引導網絡輿情的良性發展。

面對網絡突發事件所採取的管制性措施、應急措施都是臨時性的舉措，這是為政府轉型贏得時間。事實證明，不姑息、不偏袒、不唯上、只唯實，才是解決問題最好的辦法。在處理突發事件時，我們必須認真分析網絡輿情的特點，瞭解和掌握網絡輿情負面效應得以產生的原因；要提高認識、採取措施，掌握突發事件網絡輿情負面效應的引導權；不斷加強政府信息公開制度的建設，加大政府與公眾之間的互動力度，逐步完善突發事件網絡輿情負面效應管理的體制與制度建設，將政府管理和行業自律相結合，把好網絡關，建立一套有中國特色的突發事件政府網絡輿情負面效應管理與應對機制。

參考文獻：

［1］徐學江. 突發事件報導與國家形象［M］. 北京：中國傳媒大學出版社，2005.

［2］羅伯特·希斯. 危機管理［M］. 王成，宋炳輝，金瑛，譯. 北京：中信出版社，2006.

［3］郭研實. 國家公務員應對突發事件的能力［M］. 北京：中國社會科學出版社，2005.

［4］佚名. 天津港爆炸事故調查報告公布［DB/OL］.［2016-02-05］. http://news.sina.com.cn/c/nd/2016-02-05/doc-ifxpfhzq2524615.shtml.

［5］劉陽. 被放縱的成見——論網絡謠言發生中的「技術偏向」［J］. 中國網絡傳播研究，2010（4）.

［6］邢祥，汪鑫，王燦發. 社交媒體謠言碎片化傳播對公眾批判力的影響——基於天津 8·12 爆炸事故謠言的分析［J］. 西部學刊，2016（1）.

新媒體時代的網絡輿情應對
——以「於歡案」為例

陳 紅[①]

[摘 要] 隨著民眾法治意識的不斷提高以及新媒體的發展，民眾的意願和客觀需求開始通過新的方式得以表達。由於新媒體是基於數字和網絡技術的，具有多元化、快速性和廣泛性等特點，在發展過程中，衍生出了一些問題。如何充分認識到新媒體與傳統媒體的差別，在面對突發事件時快速反應，有效地引導公眾輿論，構建良好的輿論傳播環境，成為互聯網新媒體環境下全社會共同關注的問題。

[關鍵詞] 突發事件；網絡輿情；新媒體。

進入互聯網時代後，各種社會問題和矛盾常常以網絡輿情的方式不斷地折射，並被反應出來。突發事件分為自然災害、事故災難、公共衛生以及群體社會治安事件這四大類，具有公共性、緊迫性、破壞性和不確定性，一旦處理不好，將對社會的穩定發展造成不利影響。因此，掌握好突發事件輿情應對的方法值得思考。

輿情是指民眾對社會、人文、自然及政治事件等各種事項在發生、發展和變化中所持有的態度和發表的言論，是民眾對於社會中各種現象、問題所表現出來的態度、意見和情緒等的總和。「於歡案」是最近廣受熱議的輿情事件，本研究以此案為基礎，分析突發事件網絡輿情的演變過程，總結網絡輿情的特徵，尋求應對輿情的方式，並探討對公民知情權的保障。

一、新媒體的特點

1. 交互性與即時性

傳統媒體如廣播、電視、報紙、雜志，往往獨占話語權，其信息傳播具有「單向性」「以點及面」「自上而下」的特點，傳播方式為靜態，觀眾被動接受。而新媒體的特點是即時交互，比如很多電視臺如今都有了發送短信即可留言參與互動交流

[①] 陳紅，中共四川省委黨校碩士研究生。研究方向：中外政治制度。

的功能，使得信息變得更有價值，觀眾也強烈地體會到一種參與感，其主動性和積極性隨之大大增強。

微博、微信可以隨時隨地發布，方便快捷。人人都是自媒體，人人都是新聞中心。以往只能充當新聞製造邊緣的廣大受眾得益於新媒體，可以從幕後走向前臺，拿起麥克風表達自己的情感、觀點以及利益訴求。不經意間的一條消息經過千萬用戶的轉發與傳播或許會成為寶貴的新聞線索甚至掀起網絡輿論風暴。如「表叔」楊達才的落馬就是源於微博線索。除了即時性之外，微博、微信、網絡社區等都具有評論的功能，用戶可以在平臺上與發布者討論、爭辯、質疑。人們感嘆中國網民的智慧是無窮的，評論區常常比新聞本身更有趣、更好看。通常是一個話題「百家爭鳴」，評論區裡「萬類霜天競自由」。

2. 海量性與共享性

新媒體憑藉技術優勢在信息傳送的過程中可以給人強大的立體感受，極大地增強了信息傳播的現場體驗感。無線移動技術的發展使得新媒體具備移動性的特點，信息的傳遞愈發迅速、及時。另外，技術的飛躍也助力新媒體信息傳播，能突破地域的限制，如陽光文化集團首席執行官吳徵所說：「相對於舊媒體，新媒體的一個重大特點是它的消解力量——消解傳統媒體（電視、廣播、報紙）之間的邊界，消解國與國之間、社群之間、產業之間邊界，消解信息發送者與接收者之間的邊界。」如果說以往讀書看報是一件奢侈的事情，那麼隨著科技的進步，新媒體的出現使得知識和信息的傳遞成本極大地降低，用戶涵蓋了社會每一個階層，充分滿足了群眾的知情權。

3. 個體性與選擇性

微博、博客等新的傳播方式使得每一個人都成為信息的發布者。用戶可以傳播自己關注的信息，真正做到「我的地盤我做主」的個性化表達。與此同時，個性化的自由表達也帶來了個人隱私的泛濫，既為監管帶來挑戰也為受眾對於信息的甄別選擇提出了更高的要求。新媒體的即時互動性也剛好契合了當代快節奏生活中人們獲取信息方式碎片化的傾向，人們習慣於發短小精悍的微博、微信，習慣於自主選擇信息的來源。

二、轉型期中國公眾輿論的特質

1. 浮躁心態與輿論情緒化

邵道生在《中國社會的困惑》一書中曾將向市場經濟過渡時期的中國國民心態歸結為六種傾向，即物欲化、粗俗化、冷漠化、躁動化、虛假化、無責任化。這些表述有些重合且產生的歷史與現實原因十分複雜，可簡單歸結為一種，即「浮躁」。浮躁心態一旦產生，便以感覺替代了思維，以潮流選擇替代了自主選擇，以市場取向替代了人生取向。如果概括浮躁心態的輿論表達特徵，便是「輿論情緒化」。一

個民族的文化傳統是在漫長的歷史進程中形成的，中國存續五千年的時光流轉離不開傳統文化。當新的文化強勢湧入，往往會帶來劇烈的碰撞、激烈的衝擊甚至會引起文化斷裂，給人們的心靈造成「價值真空」與「觀念扭曲」的痛苦與尷尬。

2. 網絡民意包含更多政治意蘊

《人民日報》文章分析：鑒於青年一代將互聯網作為獲取信息的主要途徑，大量社會熱點在網上迅速生成、發酵、擴散，傳統媒體的輿論引導能力面臨挑戰，互聯網已經成為輿論鬥爭的主戰場。新聞傳播要從「鉛與火」「光與電」走向「數與網」，通過微博、微信、移動客戶端、手機網站、手機報等有效引導輿論。

三、網絡輿情事件的演變過程

2017年3月23日，《南方週末》在官網上發表了一篇《刺死辱母人》的新聞報導，但新聞報導發布之後，並未引起較大影響。3月24日，網易新聞手機端轉發該新聞稿並把標題變成了《母親欠債遭11人凌辱，兒子目睹後刺死1人被判無期》，這條推送通過微博、微信等新媒體迅速傳播，在短時間內達到上萬條轉發和評論，引起了網民廣泛討論，輿情一發不可收拾。這個案件之所以能夠引起輿情風波，主要表現在以下幾個方面：

（1）新媒體時代網絡輿情快速傳播。新媒體在為社會帶來便捷的同時，產生了一些負外部性，比如信息發布門檻低、消息模糊、來源複雜、語言暴力等。一個群體性事件的出現可以很快引發下一個群體性事件甚至一系列群體性事件的產生，對社會產生極大的危害，甚至會影響社會公共秩序。網絡媒體的即時性、快速性、交互性等特徵，使得信息的傳播能夠通過微博、微信等便捷途徑得到即時擴散，與傳統媒體相比，不僅發揮著相同的報導、監督作用，還能夠在某些事件中發揮出超越傳統媒體的具有更大影響力的作用。對網民輿論和網民意見的忽視勢必會使地方政府處於輿情風波中的被動地位。

（2）媒體報導的偏頗。崔蘊芳在《網絡輿論形成機制研究》一書中指出，事實性議題因只涉及客觀事實的陳述及發展進程不涉及價值判斷，不具備形成網絡輿論的條件，而觸及各類社會矛盾以及涉及公平、公正價值判斷的議題更能引發網民的意見表達。以南方週末所報導的「於歡案」為例，新媒體助推下的網絡輿情間接促成案件的轉折，我們可以看出新媒體助推下的網絡輿情具有極高的社會參與程度，導致輿情信息在其中傳播具有很強的不確定性。在「於歡案」中，受眾並不總是被動接受，由於信息傳播的不確定性，受眾會在這個過程中形成新的觀點和看法。這就是說，新媒體助推的熱點輿情最初也許是對某一現象和事件較為詳細和公正的描述，但在傳播過程中，傳播媒介與受眾會根據接受和理解信息的傾向以及需求，甚至是自身價值觀的影響，對接收到的內容進行篩選、描述和評價，使之迎合大眾的喜好。當前，中國網絡治理正面臨著重要節點，新媒體的出現，提高了信息傳播的

速度，簡化了信息傳播的流程，擴大了信息傳播的範圍，增加了信息傳播的不確定性，一個很小的事件便可能會引發軒然大波，在網絡的催化下，蝴蝶效應隨時可能發生，形成輿情風暴，給政府處理和解決事件帶來巨大壓力。

（3）民眾群體極化。群體極化是指在群體中進行決策時，人們往往會比個人進行決策時更傾向於冒險或保守，向某一個極端偏斜，從而背離最佳決策。在某些情況下，群體決策偏向保守一端，但在更多的情況下，群體決策偏向冒險的一端，比個體決策更傾向於冒較大風險。這種傾向意味著與個人單獨行動相比較，群體成員更願意拿組織資源去冒險。

群體極化導致的一個明顯結果就是偏激性的表達和情緒的強化。例如此次報導的辱母殺人案，「刺死辱母人」這個標題首先就在讀者的腦海之中形成了強勢和弱勢的角色定義，給這個案件貼了「標籤」。網民在理解新聞資訊後，在表達自身觀點時，往往會首先貼一個標籤，目的是站在道德的制高點上以主觀角度力圖去客觀評價輿論人物的行為所具有的道德、合法性，借此表達自己評價的正當性和建立於人倫人情之上的情感訴求的合理性。

對於政府機關的敏感關注，是公眾希望實現正義以及自身權利的側面寫照。正義的虛化凝結在某個具爭議的人物之上，網民群體通過這種行為表現對某種「道德正義」的追求。在「於歡案」中，參與輿論的公眾大都出於相同的用意，希望通過為於歡的行為進行正當化處理，為其爭取道德上的正義性，來求得情緒的表達和社會認同感。

（4）政府反應不及時。從新聞報導出來直到在網絡上引起輿情關注，之後隨著有關各方的介入，輿情逐漸趨於平緩。在這個過程中，在一系列因素的推波助瀾之下，大量與該事件密切關聯的網絡謠言在微博、微信等社交軟件上流傳，與事實不符的謠言的廣泛傳播產生了很大的動員力和影響力。網絡謠言混淆視聽，不斷變異，最終導致產生了非常惡劣的社會影響，伴隨著不實信息的廣泛傳播，網民的義憤心理、憤怒情緒和焦慮感被不斷強化，而地方政府反應較慢，從而使網絡謠言的負面影響逐漸凸顯。

1947年，奧爾波特與波茨曼發表其研究謠言的經典著作《謠言心理學》，在書中，他們提出一個重要公式，認為謠言的產生與傳播有兩個條件，即事件的重要性與證據的曖昧性，可用公式表示為：R（謠言）＝i（問題的重要性）＊a（證據的曖昧性）。他們還指出，「公共事件如果沒有新聞價值，那麼它們就不會滋生謠言」，網絡謠言的傳播與公眾關注度（即問題的重要性）、信息的模糊性、公眾的焦慮成正比關係，與公眾判斷力、政府公信力成反比關係。換言之，如果問題越重要、信息越模糊、公眾越焦慮，而政府公信力與公眾判斷力都不足，那麼謠言必然會大肆傳播。但這種可信性還必須與網民和公眾已有的信念相吻合。從病理學的角度分析，受眾可以分為感染狀態、易感染狀態、健康狀態和免疫狀態，其中感染和易感染狀態的受眾就特別容易導致謠言的傳播。那些輕信謠言的人們，更多是在某些思想方

面「過於固執」的人們。他們迫不及待地相信那些與他們自己所解釋和預言的模式正相吻合的謠言。

而從謠言的消散機制來看，我們要使「謠言止於法治」，必須運用制度有效治理網絡謠言。既要強化重大事件、重大決策的信息公開，以立法的方式規範政府信息公開，使信息公開覆蓋權力運行的全流程，從源頭上消除社會恐慌和網絡謠言的產生；也要第一時間認真回應和解決公眾關注、媒體關切的熱點、焦點問題，按程序及時發布權威信息，防止突發事件的負面影響擴大。當然，強化網絡信息的傳播規範，加強對故意製造事端者的懲戒也是有效遏制網絡謠言的必要手段。

四、網絡輿情應對策略

1. 通過議程設置建立突發事件輿情應對快速反應機制

馬克斯韋爾・麥庫姆斯和唐納德・肖於1972年在《大眾傳播的議程功能》一文中提出了議程設置理論。該理論的核心觀點是，「大眾傳播媒介在一定階段內對某個事件和社會問題的突出報導會引起公眾的普遍關心和重視，進而成為社會輿論討論的中心議題」。政府對於突發事件報導議程設置的原則應當是滿足公眾對於知情權、監督權、參與權和表達權的訴求，首先要通過媒體向公眾提供及時的、準確的、動態的、充分的突發事件信息，讓公眾瞭解突發事件的過程、影響和處置結果；其次，就是要將突發事件的處置過程置於媒體和公眾的監督之下，讓公眾瞭解政府及其相關部門、單位的有效作為是否符合其職責要求和公共利益；再次，為公眾有效參與突發事件的處置提供信息渠道和社會動員的媒體機制，使公眾借助媒體傳播的影響力和號召力，實現參與的願望；最後，為公眾表達對突發事件發生及其處置的意見、觀點、建議提供平臺，使其積極、合理的意見和建議得到採納，提高對突發事件防範和處置的水準。

基於以上原則，在突發事件發生後，政府應該從事件的起因、經過、結果等多方面收集、整理相關資料，確定可以關注、思考和談論的議題。政府對某一議題的關注也會引起公眾的關注。通過反覆播出某類新聞報導，以強化該話題在公眾心目中的重要程度。發揮與新媒體的交流與合作，使一件新聞事件讓受眾都去關注它、談論它，使其左右公眾輿論，那麼該問題在公眾心目中的位置就會得以提升。所以傳媒突出或淡化什麼，往往使公眾重視或忽略什麼，傳播的議程左右著公眾的關注點。

於歡故意傷害案經山東省高級人民法院二審宣判，認定於歡的行為屬於防衛過當，不構成故意殺人罪，不構成自首，一審判決認定其故意傷害罪正確，但量刑過重，改判有期徒刑5年。山東省高級人民法院對案件公開開庭，採用全程微博直播的方式，向社會公開庭審實況。在二審法庭深入調查的過程中，於歡案的更多細節和事實真相逐漸呈現在公眾面前，此前各種憑空的猜測得以平息，人們看待這個案

件的態度也趨向客觀、理性。由此可以看出，面對洶湧的輿情，相關部門既不能坐視不理，又不能被輿論左右，應當快速反應，深入調查，把公眾的輿論引導回理性的方向，堅持實事求是，堅守法治定力，關注公眾意見，才能真正維護和提高政府公信力。

在互聯網高度發達並在傳播格局中日益發揮重要作用的今天，政府應該積極、主動地進行議程的設置，從而影響媒體議程，再影響社會公眾議程，並左右社會公眾的判斷標準，從而把宣傳的主動權牢牢地掌握在自己手中，通過保障人民的知情權、參與權、表達權、監督權，提高黨和政府的威信與媒體的公信力。突發事件報導中的網絡議程設置越來越重要，政府在運用信源的過程中必須將傳統媒體與網絡媒體有機結合起來，發揮新媒體在即時性、互動性、隨身性和送達性等方面的優勢，駕馭好報導議程的走向，進而實現正確、有效的輿論引導。

2. 制定應對突發事件輿情的相關法律法規

新媒體時代下，輿論環境發生了很大變化，輿情應對出現很多新問題，目前中國在輿情應對的法律規制方面存在很多不足之處。中國輿情應對的法律規制落後於新的互聯網傳播技術的發展，尤其是輿情應對的高位階法律和相關流程與標準存在缺失和不完善。中國互聯網法律法規體系建設滯後、內容不健全，導致包括政府部門在內的輿情事件中的各方力量在事件處置過程中的行為缺乏法律保障和規範，因而加強新互聯網環境下網絡輿情應對的法制建設十分迫切。

現有的法律制度缺乏對於網絡輿情的監管、預防和引導制度的制定，制度的缺失給相關政府部門的工作造成了一定的阻礙，而且傳播的成本越低，輿情處置和應對的成本就會越高，我們應重點關注事前預防和事後救濟並重的原則，沒有責任就沒有規範，完善預防性法律法規。同時，要注意以事實為基礎，以法律為準繩，深度進行案例解剖，在完善對策方面，應該強調依法治理、系統治理、源頭治理。

3. 建設網絡輿情應對機制

（1）政府要第一時間公布信息以搶奪信息話語主導權，建立信息梯度發布機制以引導網絡謠言傳播。針對民眾所關心的問題，及時予以權威回應，結合實際，根據突發事件的性質、類型、規模，科學地設計應急處置工作預案，設定及時啓動相關預案的條件，抓住最佳處置時機，建立職責明確、組織有力、運行靈活、統一高效的應急處置指揮機制，實現突發事件靠前指揮、果斷決策、第一時間處置，即迅捷、依法、適度、高效處置。這樣既能滿足受眾對信息的需求，又能夠將政府對待網絡謠言的態度和措施傳遞給媒體和受眾，有利於建立相互理解和信任的關係。

（2）完善輿情監測體系。借助當前大數據技術的應用，建立完整的輿情監測體系，可以幫助政府在第一時間發現輿情，一方面為相關部門處置危機贏得寶貴的時間，另一方面可以降低突發事件的影響力。例如在「於歡案」中，如果政府及時監測到在微博、微信、論壇等新媒體平臺上網民的輿論導向，就能夠立刻制定出應對策略，控制事態的發展，制止不實言論的傳播。

（3）加強與新媒體的相互配合。新媒體在網絡輿情傳播與治理中將扮演越來越重要的角色，新媒體的出現使得言論更加自由，突破了地域和時間的限制。但是由於各種媒體平臺的泛濫，外加各種監管機制不夠完善等因素，新媒體往往不能真實地傳遞信息，帶有一定的媒體情緒，因此造成一定的錯誤的輿論導向。在媒體情緒的推動下，群眾跟隨媒體的輿論傾向，導致個人認知決策非理性，引起輿情風波。政府應該採取以大數據研判為核心的多種方式，促進與新媒體間的相互配合，共同應對可能發生的各類事件。

　　（4）加強網絡監管，疏導網絡輿情的傳播。對於具有即時性的網絡輿情需要加以強力控制，恰當地使用強制力可以在一定程度上緩解政府的時間壓力。一般而言，硬控制可以運用在輿情初始傳播階段。政府可以實行網絡即時監控等，必要時可以通過技術手段進行屏蔽。網絡營運者應當建立網絡信息安全投訴、舉報平臺，公布投訴、舉報方式等信息，及時受理並處理有關網絡信息安全的投訴和舉報。國家網信部門和有關部門要依法履行網絡安全監督管理職責，發現法律、行政法規禁止發布或者傳輸的信息，應當要求網絡營運者停止傳輸，採取消除等處置措施，保存有關記錄；對來源於境外的上述信息，應當通知有關機構採取技術措施和其他必要措施阻斷信息傳播。

　　4. 實現輿論對司法監督的正當性

　　（1）提高裁決的透明度與公正性，更好地樹立司法權威。

　　公民的言論自由與批評、建議的權利是憲法賦予我們每一個人的基本權利。弗蘭西斯培根說過：「一次不公正的裁決，其惡果相當於十次犯罪；一次不公的裁決比多次不平的舉動更為惡劣，因為這些不平的舉動不過弄臟了水流，而不公的裁決則敗壞了水源。」正面的輿論監督將讓法官更有責任感，嚴格遵循法律程序斷案，更為準確地適用法律，讓陽光照射可能滋生腐敗的土壤，給予法官公正執法、積極進取的正面壓力。輿論監督有利於強化法律職業水準和監督機制，維護司法權威，促進司法公正。有利於建立具有良好法律素養和信仰的「法律共同體」。

　　（2）擴大法律普及性，提高公眾參與度，提升法律素養。

　　中國當下的輿論高度關注的每個案例其實都是法律的一個縮影，背後折射出轉型期社會發展的矛盾，涉及輿論隱含了社會情緒，蘊藏著豐富的政治意義。比如南京彭宇案反應出人們對於當下道德缺失的憂慮和面對「好人沒好報」這種道德困境的迷茫；鄧玉嬌案、「我爸是李剛」案凸顯了民眾對於官二代、富二代作威作福、無視法紀的不滿；湖南瓜農被城管打死一案背後則是小販生存權與城管工作人員發展權的激烈碰撞。

　　中國由於迥異於西方的法律文化傳統，缺乏法律自生自發的土壤，法律制度建設還不長，民眾法律素養和參與熱情還有待提高。而「公共輿論拓展了民主和法治信念的傳播途徑，有助於促進市民社會溝通網絡的形成，這個溝通網絡可以使公民逐漸把自己解放出來，幫助公民形成個人美德：節儉、判斷力、口才、足智多謀、

勇氣、自信、對權力敏感、公共意識」。法院和新聞媒體應該重視公眾輿論高度關注的個案並對群眾的關注進行積極的引導。無論是法官發布的說理透澈、邏輯清晰的判決書，還是媒體對個案客觀、深入、全面的報導，都應該將相關法律知識和背景信息普及到公眾腦海裡，將法律理念與法律信仰潤物細無聲地灌輸進大眾心田。

傳媒與司法兩者本質上是言論自由與司法獨立兩種價值位階的較量與平衡，美國著名法學家卡特曾說：「在任何實行民主政治和法治的社會中，新聞自由和公平審判皆為國家和社會生活中不可缺少的基本價值。」筆者認為兩者之間不存在無法調和的矛盾，傳媒作為社會的「守望者」，通過輿論監督針砭時弊、制衡權力，司法作為正義的「獨角獸」，通過公正裁斷懲惡揚善、定紛止爭，兩者最終都是為了公平正義而存在，是社會的良心與底線，雖互有碰撞但終極價值取向統一，殊途而同歸。

參考文獻：

[1] 董玉芝. 新媒體視域下網絡群體極化的成因及對策 [J]. 新聞大學，2014 (3).

[2] 奧爾波特，波茨曼. 謠言心理學 [M]. 劉水準，梁元元，黃鵬，譯. 沈陽：遼寧教育出版社，2003.

[3] 古斯塔夫·勒龐. 烏合之眾：大眾心理研究 [M]. 馮克利，譯. 北京：中央編譯出版社，2004.

[4] 鄭歡. 謠言風暴：災難事件後的網絡輿論危機現象研究 [J]. 新聞與傳播研究，2011 (5).

[6] 趙成斐. 多元輿論場中黨的輿論引導能力研究 [J]. 政治學研究，2014 (1).

大數據技術在突發事件網絡輿情應對中的運用

胡珏稀[①]

[**摘　要**] 近年來，突發事件發生頻率不斷增加，而且這些事件也受到了廣泛的關注，並產生了大量的網絡輿情。不難發現，這一現象與強大的網絡力量有著不可分割的聯繫。隨著社會的進步，網絡的發展和民意表達空間的擴展，網絡輿情在突發事件本體的演化過程中，常常催化其升級和擴散，甚至影響和決定著社會輿論的走向。最壞的結果是對現實社會、政府公信力、政府公共決策、政府運行機制等造成影響，成為影響和諧社會建設的重要阻力因子。大數據技術為突發事件網絡輿情的應對提供了新的視角和新的方法手段。本研究系統地分析了將大數據技術應用於突發事件網絡輿情應對的可行性、必要性和面臨的挑戰，並對該技術在此方面的發展前景進行一個合理的展望。

[**關鍵詞**] 大數據技術；突發事件；網絡輿情。

互聯網的普及與發展，改變了人們固有的生產生活方式，為人們的生產生活帶來了更多的便利，但虛擬與現實世界的相互滲透，也在某些程度上帶來了負面效應。網絡逐漸成為社會事件、問題與矛盾的孕育、發展和變換的重要場所。同時，中國正處在社會轉型期，社會變革和經濟結構調整使社會生活更加多元化和複雜化，社會矛盾和群體性突發事件呈現多發態勢，且波及範圍大、危害大。從實踐上來，突發事件的形成、發生和變異，網絡都在其中起著作用，尤其是在突發事件發生後，網民的自發行為在網絡媒介的功能作用下，往往使現實中的本體事件因為網絡原因演變為差異性的變體事件，即在網絡的誘致下，引發新的網絡風險或公共危機事件。突發事件網絡輿情直接表達的是公眾對突發事件的看法與態度，其深層次則體現了公眾與國家管理者在利益上的「非和諧性」或「非一致性」狀態。這對政府的管理提出了新的挑戰。在這種情況下，大數據技術能夠得以運用可謂是「雪中送炭」。政府如何運用好大數據技術來加強對突發事件網絡輿情研究，以科學、有效地引導和監控突發事件網絡輿情，化解輿情危機，降低輿情負效應，增大輿情正效應，是社會管理的一項重要任務。

[①] 胡珏稀，中共四川省委黨校碩士研究生。研究方向：地方政務管理。

一、大數據技術致力於突發事件網絡輿情的可行性和必要性

美國麥肯錫全球研究院 2011 年 6 月發布的研究報告《大數據：下一個創新、競爭和生產率的前沿》指出，「大數據時代已經到來」，數據正成為與物資資產和人力資本相提並論的重要生產要素，大數據的使用將成為未來提高競爭力的關鍵要素。大數據具有的大容量、高速度、多樣性、真實性，毫無疑問能及時為政府在應對突發事件網絡輿情時提供各種所需的參考數據。當然這僅僅是很表面的，具體深入分析會發現，大數據技術致力於突發事件網絡輿情是可行的，也是必要的。

第一，這是一種不可逆轉的發展趨勢。大數據採集、存儲、分析、可視化技術和方法的普及，使得對數量巨大、來源分散、格式眾多的大數據進行分析成為可能。因此，大數據首先是一種技術進步，這種進步繼而推動了人類認識世界和改造世界能力的進步，帶來了大知識，創造了大價值。美國是第一個將大數據發展上升至國家戰略並制定行動計劃的國家。英國和澳大利亞都相繼頒布了和大數據相關的政策。聯合國秘書長執行辦公室於 2009 年正式啓動「全球脈動」（Global Pulse）倡議項目，旨在推動數字數據的快速收集和分析方式的創新。綜上，這項技術的運用只會是更加普及、更加完善。所以，將大數據技術運用於突發事件網絡輿情中，也是順應潮流的一種表現。

第二，政府是大數據最多的擁有者。與其他部門相比，政府部門在應用大數據時面臨的困難最小，從大數據中獲得的收益更多，價值潛力更大。政府部門能夠從大數據的使用中突出受益，是因為它在數據佔有方面具有天然的優勢。大數據的核心是數據，再是數據技術和思維。只有先佔有大量的數據，才能從中挖掘出巨大的價值。政府有專門的統計部門和幹部隊伍；政府工作關係著民生的方方面面；政府還可以根據需求，要求企業、事業單位、行業協會提供各種數據。並合理利用自身優勢，將大數據手段運用到突發事件網絡輿情的應對中，做好網絡輿情的預防工作，對已經爆發的網絡輿情從其生成、擴散和消減三個環節進行準確、及時的分析、處理，提升三個環節的協同性、連貫性，提高工作效率，取得事半功倍的效果。

第三，打破常規的運算方式，數據之間不再需要具體的因果關係。計算機科學在大數據出現之前，非常依賴模型以及算法。人們如果想要得到精準的結論，就需要建立模型來描述問題，同時，需要理順邏輯，理解因果，設計精妙的算法來得出接近現實的結論。大數據技術的出現，依靠著足夠多的數據支撐，突破了傳統的方式，大大降低了成本。而政府在面對網絡輿情問題時，從網絡上直接或間接獲取的信息數量巨大，這正與大數據技術所需的信息數據量的要求不謀而合。

第四，能夠處理多種數據結構，大數據能夠在最大程度上利用互聯網上記錄的

人類行為數據進行分析。大數據出現之前，計算機所能夠處理的數據都需要在前期進行結構化處理，並記錄在相應的數據庫中。但大數據技術對於數據結構的要求大大降低，互聯網上人們留下的社交信息、地理位置信息、行為習慣信息、偏好信息等各種維度的信息都可以被即時處理，從而立體、完整地勾勒出每一個個體的各種特徵。

二、突發事件網絡輿情的相關概念

對於突發事件網絡輿情的相關概念，筆者認為需要搞清楚以下四個概念：

一是輿情與網絡輿情的概念。王來華認為「輿情」是指民眾受仲介性社會事項刺激而產生的社會政治態度，網絡輿情則主要指網絡使用者的社會政治態度。張克生認為輿情是國家決策主體在決策活動中必然涉及的、關乎民眾利益的民眾生活（民情）、社會生產（民力）和民眾中蘊藏的知識和智力（民智）等社會客觀情況，以及民眾在認知、情感和意志的基礎上，對社會客觀情況以及國家決策產生的社會政治態度，即社情民意。網絡輿情則是社情民意在網絡上的反應。曾潤喜認為網絡輿情是由各種事件的刺激而產生的，並通過互聯網傳播，是人們對於該事件的所有認知、態度、情感和行為傾向的集合。劉毅認為網絡輿情是由各種社會群體構成的公眾，在一定的社會空間內，對自己關心或與自身利益緊密相關的各種公共事務所持有的多種情緒、態度和意見交錯的總和。筆者認為，劉毅對網絡輿情的定義外延相對要寬，公共事務包括了社會事件、社會熱點問題、社會衝突、社會活動，也包括公眾人物的所言所行等。另外，這一定義界定了輿情與輿論、民意的主要區別。

二是網絡輿情與輿論的關係。對突發公共事件網絡輿情進行研究，首先需要分清輿情和輿論之間的差異。輿論指公眾意見，輿論具備八要素，其中，輿論的主體為公眾，輿論的客體為現實社會現象及問題。輿論既包含公開意見也包含未公開的意見。同時輿論具有一致性，如果有 1/3 的人持有某種態度，那麼輿論就產生了，並且一旦輿論出現，其總會持續存在一段時間，並對客體產生作用。最後，輿論既包含理智成分也包含非理智成分。前七個要素是構成輿論所必需的要素。

通過對輿情與輿論概念的對比可以發現：首先，輿情為公眾表達的意見，而輿論只有在公眾意見作用於客體後才會形成，輿論既有公眾的聲音，也有國家管理者的聲音；其次，輿情往往先於輿論出現，只有持某種觀點的輿情超過總數 1/3 後輿論才會產生；最後，輿情是分散的、易變的，而輿論則是集中的、穩定的。

需要指出的是，網絡輿情轉變為網絡輿論是需要經過嚴格考證的，需要將網絡上發表意見的人數與整個社會的人數相比較，同時，還需區分事件當事群體與非當事群體，當事群體的意見往往更具代表性，而非當事群體的意見亦有可能是人雲

亦雲。

　　三是突發事件網絡輿情。根據中國自 2007 年 11 月 1 日起施行的《中華人民共和國突發事件應對法》的規定，突發事件是指突然發生、造成或者可能造成嚴重社會危害，需要採取應急處置措施予以應對的自然災害、事故災難、公共衛生事件和社會安全事件。美國危機管理機構 ICM 則將危機分為突發危機（Sudden Crises）與積發危機（Smoldering Crises）。突發危機事件是指突然發生的、難以預測的，並採用常規管理方式難以克服的事件。而積發危機事件，則是由於管理者對日常工作中出現的小問題的疏忽而導致的。

　　筆者認為突發事件網絡輿情是指由各種社會群體構成的公眾，以網絡為平臺，借助電腦輔助溝通工具（CMC）圍繞即將發生的或已發生的自然災害、事故災難、公共衛生事件和社會安全事件等突發事件而發布的含有多種情緒、態度和意見交錯的信息總和。其中社會安全事件既包括由網絡言論引起的突發事件，又包括線下發生後在網上討論的突發事件。

　　四是網絡輿情與突發事件網絡輿情。網絡輿情與突發事件的關係密切。很多突發事件只要涉及民生、政風、民權等敏感因素即可迅速引起全國熱議，把地區性、局部性和帶有某種偶然性的問題，變成全民圍觀的公共話題，甚至變成需要中央政府干預的公共事件。但是，這並不代表網絡輿情即是突發事件網絡輿情，從上述網絡輿情的概念可知，網絡輿情是各種社會團體所構成的公眾對各種公共事務所持有的多種情緒、態度和意見交錯的總和，公共事務既包含社會事件、社會熱點問題、社會衝突、社會活動，也包括公眾人物的所言所行等。

　　因此，可以認為，突發公共事件網絡輿情只是網絡輿情研究對象中的一個子集，其主要研究對象為網絡輿情研究中的突發性社會衝突、造成或可能造成嚴重社會危害的網絡公共話題。

三、大數據技術具體在突發事件網絡輿情各個環節的具體運用

　　突發事件網絡輿情的出現，就像是突發事件的「次生災害」，是一種特殊的網絡輿情形式，是突發事件發生後在網絡上形成的一種網絡的情緒與態度的總和。它具有發生即時性、主題隱匿性、交流互動性、內容豐富性、群體極化性的主要特點。針對以上特點，結合使用大數據技術從突發事件網絡輿情的生成、擴散和消減三個階段（見圖 1）有效地控制輿情的發展，顯得尤為重要。

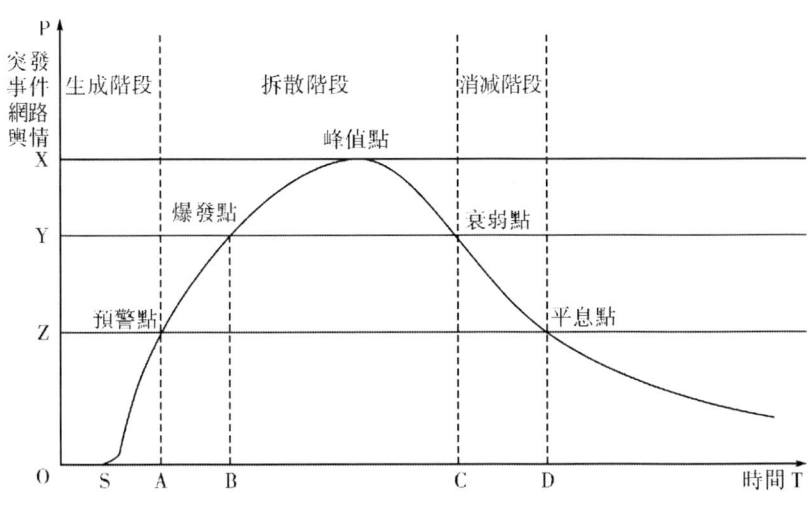

圖1 突發事件網路輿情演化發展的三階段模型圖

(一) 突發事件網絡輿情的生成階段

突發事件網絡輿情的生成是一個受「自然—經濟—社會」系統的干擾而在網絡中形成的一種特殊風險因素和風險影響。一般來說，突發事件網絡輿情的生成規律主要是對網絡輿情生成、演化過程的一種簡單化和形象化的描述，客觀表達了輿情在生成階段的內在模式與機理。不同的突發事件的網絡輿情在其不同環境或要素中生成演化的模式和規律不同。對此，憑藉政府自身優勢，能夠及時搜集到多渠道、多形式的信息，加之大數據技術基於因果關係分析網絡數據的方式，在足夠多的數據樣本中，就能即時分析輿情出現的可能性，預判輿情出現的時間、規模大小、發展走勢等。及時制定相關應急預防方案，將輿情發生控制在可控範圍內，甚至直接將其扼殺在搖籃之中。所以，在此階段，大數據技術主要有利於信息搜集、數據分析，能幫助政府清晰、準確地分析每個突出事件可能出現網絡輿情的概率，盡早採取防範措施。

(二) 突發事件網絡輿情的擴散階段

隨著網絡媒體的迅猛發展，網絡容量正在無限擴展，影響力也在不斷擴大。網站的聯動效應和連結效應可以在極短的時間內實現最大範圍的傳播，任何一條新聞線索或報導，經過有影響的網站轉載後，都可能會在很短的時間內成為全國性乃至世界性的新聞。及時掌握整個輿情的走勢，用正確的輿論占領互聯網這個陣地，並加強網上輿論引導對於突發事件網絡輿情的應對格外緊迫。大數據技術在此環節能夠起到的最大的作用就是對逐漸擴散的輿情進行一個系統的監控。應即時監控輿情擴散的趨勢，觀察網友心理起伏變化的特點，掌握各路網友交流互動的形式、內容，及時發現不良內容，特別是對容易引起群體共鳴的點、引發群體在虛擬世界發生騷動的情節加以重點監控。這不僅有利於政府早發現、早處置，更重要的是有利於政

府在大數據監控得出的信息數據的幫助下，選擇正確的處理時機，防止網絡輿情無限擴大。此外，政府還能就大數據監控所反應的情況對症下藥，充分顯示出其專業素質，更能令網絡中無數跟風網民信服，占領輿論制高點。

（三）突發事件網絡輿情的消減階段

世界上任何物質運動都是一個有盛有衰、交替發展的過程，有盛必有衰，有衰也有盛，興盛固然是物質運動的一種發展，衰變同樣也是一種發展。突發事件網絡輿情也是沿著一個盛衰的演變過程而發展的。突發事件網絡輿情的消減主要是指網絡輿情在經歷了生成和擴散階段之後，網絡輿情逐漸呈現的由大到小、由強到弱、由熱點事件變為普通事件的淡化和衰減過程。隨著事件的妥善處置和解決，突發事件所帶動的社會資源逐漸耗盡，公眾對事件關心呈現疲態，網絡媒體和傳統媒體的關注和報導較少，以及網絡輿情發展缺乏新的動力機制，突發事件網絡輿情開始逐漸進入慢慢平息的消減階段。在此階段，大數據技術能及時幫助政府分析出網絡輿論衰弱的原因，防範矛盾焦點發生轉移，進而出現新的網絡輿情。此外，篩選出一些理智網友的建議，政府採用其中合適的部分，尊重民意，加強與民眾在網絡上的交流，打破信息壁壘。另外，大數據技術能在事後評估時，發揮其處理數據的能力，政府可以借助其分析的各類數據，認真總結在此次應對突發事件輿情的工作中做得好的部分以及需要改進的部分，最終完善事前、事中、事後整個體系各個環節，加強每個環節之間的銜接，提升每個環節的協同性。

四、大數據技術在突發事件網絡輿情應對的運用中存在的問題

雖然大數據技術可以在一定程度上助力政府應對突發事件的網絡輿情，但是，由於網絡輿情所需監控的覆蓋面越來越廣以及時間的預見性等方面仍存在欠缺，再加上近年來，自媒體的出現使網絡表達與行動風格變異、主體變遷，精英與民眾之間滋長了對立情緒等，再加之大數據的安全問題仍存在一些隱患，使政府在應對突發事件網絡輿情上還存在著諸多問題。

（一）缺少法律保障和信息權限設置，大數據的信息安全存在隱患

大數據起始計量單位至少是 PB，可以想像其容量之大，能存儲的信息之多，而且這些信息中還有很多是屬於個人隱私。例如對網絡輿情的監管控制，許多網友在公共社交平臺發表言論都是匿名的，每個網友所看到的對方的名字都是網名以及一些虛擬的信息，但是在監管網絡輿情時，可追蹤其 IP 地址，找到其真實信息，並存儲在大數據庫中。可這麼多信息的「集中營」，卻缺少了相關的法律保障其安全，更別說還出現了信息洩露等狀況。這樣的情況很容易被一些不法分子加以利用，其後果不堪設想。

另外，對於輿情嚴重情況也並未有分級設置，應該負責的組織級別也未確定，導致各級政府可採用的信息權限混亂。對於突發公共事件，根據《國家突發公共事

件總體應急預案》，按各類突發公共事件的性質、嚴重程度、可控性和影響範圍等因素，可以分為四級，即Ⅰ級（特別重大）、Ⅱ級（重大）、Ⅲ級（較大）和Ⅳ級（一般）。而不同級別的事件，分別由中央、省級、市級和縣級政府統一領導和協調應急處置工作。網絡輿情作為突發事件的衍生事件，相比之下，卻沒有做到如此系統有序，致使政府在應對網絡輿情時，因為不明確的權責劃分容易導致信息外泄。

（二）對大數據技術重視程度不足、投入不夠，硬件設備缺失嚴重

對網絡輿情進行監控，需要應用大量現代科學技術和新型人才以及先進的設備，這就對政府提出了加大投入的客觀要求。投入不足，部分政府部門的信息化基礎建設不充分，主要體現為以下三點：第一，部分政府部門的網絡數據傳輸能力不足。各部門網絡數據傳輸能力不足，在現實操作中網速慢、網頁卡的現象頻發，增加了網絡輿情監控監管的工作時間，使得網上辦公效率降低；第二，現有設備不能完全滿足大數據技術使用需求。許多政府部門大部分互聯網用機都不是新機，主要是更新下來的舊計算機，使用時間較長，各種配置較低急需更換；第三，缺乏統一的智能化監測方式。目前，在中國僅經濟非常發達的地區才有資源、有條件、有能力進行智能化網絡輿情監測的軟件開發，而其他經濟較差的地區則無法承擔起開發檢測軟件的財政支出。這些都是大數據技術在突發事件網絡輿情應對中得以運用的前提條件，連硬件設備都無法滿足，也就不用再考慮下一步了。

（三）政府缺乏大數據專業技術人才，對輿情爆發危機應對不當

大數據需要運用特殊技術，才能有效地處理如此龐大甚至混亂、毫無邏輯關係的數據。適用於大數據的技術，包括大規模並行處理（MPP）數據庫、數據挖掘、分佈式文件系統、分佈式數據庫、雲計算平臺、互聯網和可擴展的存儲系統。政府雖然較其他組織在大數據的信息搜集能力和信息數量上有很大的優勢，但是仍然缺乏專業的技術人才。因此，政府在突發事件網絡輿情應對中出現應對不當的問題，也體現出政府在應對網絡輿情時缺乏各項機制。

一是政府的反應不及時。由於突發公共事件具有突發性、臨時性、應對緊急性等特點，對政府部門的輿情爆發危機應對提出了較高的要求，要求政府部門能夠及時有效、積極準確地進行監控監管和處理。尤其是在網絡高度發達的時代，應對的時效性在一定程度上意味著應對的有效性。相較於其他傳統媒體，速度是網絡媒體與生俱來的獨特優勢。無論是拖延應對、虛情應對還是越位應對，都會產生嚴重的後果。二是政府選擇出手控制輿情蔓延的時機出現偏差，不能快速遏制住輿情的擴散。沒有在一個對的時機出手，往往還會對輿情的情況起到催化作用，當然是往不好的一面催化，甚至會加重民眾對政府的反感情緒，產生不信賴的感情，影響政府的威信。三是對輿情演化規律把握不準，包括對網絡輿情各階段網友的心理狀態把握不準，對網絡輿情監管的重點階段把握不全，對網絡輿情監管的方法把握不對等。四是面向突發事件網絡輿情快速回應情報體系的研究尚不多見，在實踐中也缺乏成功案例。隨著通信技術的發展，突發事件網絡輿情的傳播速度和廣度相對於以前越

來越迅猛，這對突發事件網絡輿情的應對提出了新的要求，突發事件網絡輿情快速回應情報體系的需求也應運而生。從現有的研究來看，突發事件網絡輿情快速回應情報體系的組織管理、運行機制與績效評估的研究還非常少，需要進一步深入。

五、在突發事件網絡輿情應對中運用大數據技術的未來展望

從上述內容不難發現，大數據技術在突發事件網絡輿情應對中的運用還有很長的路需要走。對政府而言，首先需要從觀念上做出轉變，加強對大數據技術的瞭解，肯定大數據技術的地位，加大資金投入，加強技術人員培養，更新系統設備，升級換代硬件設施。其次，建立健全保護信息、保護個人隱私的相關法律法規，做到有法可循、有法可依。對於信息可閱覽、可採用進行分級處理，充分降低信息外泄的可能性。最後，就是在突發事件網絡輿情生成、擴散和消減三個環節中，建立完善的應對機制。例如，在生成環節建立預警機制，在擴散階段建立決策機制和應對機制，在消減階段建立善後機制。筆者認為，如何在最初環節就牢牢控制住輿情，將其扼殺在最初的階段，最大可能地減少損失是在未來最值得思考的問題。

參考文獻：

[1] 劉杰. 網絡誘致突發事件：概念、特徵和處置［J］. 中國行政管理，2010（2）．

[2] 巨乃岐，宋海龍，張備. 中國突發事件網絡輿情：現狀、問題與對策［J］. 哈爾濱學院學報，2011（7）．

[3] 徐繼華，馮啓娜，陳貞汝. 智慧政府大數據治國時代的來臨［M］. 北京：中信出版社，2014：13.

[4] 馬建堂. 大數據在政府統計中的探索與應用［M］. 北京：中國統計出版社，2013：3-4.

[5] 易臣何. 突發事件網絡輿論的演化規律與政府監控［D］. 湘潭：湘潭大學，2014.

[6] 汪可. 大數據路徑下鐵路突發事件輿情研究［D］. 武漢：華中師範大學，2015.

[7] 夏書章. 行政管理學［M］. 廣州：中山大學出版社，2013：374.

[8] 佚名. 專家解析「黃金四小時」：誰來給突發事件「第一定義」［EB/OL］.［2013-11-18］. http://news.xinhuanet.com/ politics/2010-02/23/content_13028201_1.htm.

網絡輿情引導案例分析及啟示
——以四川省為例

董　利[①]

[摘　要] 信息的傳播具有群體從眾性，網絡信息魚龍混雜，真偽難辨。一些負面信息的發布，正好迎合了部分人的消極心理，小部分人趁機肆意傳播謠言，誇大事實，最終形成網絡暴力，煽動社會輿論，從而挑戰政府的應急和治理能力。如何提升政府輿情引導能力成為提升政府執政能力的必修課。本研究對四川省兩個網絡事件的輿情引導案例進行了比較分析，以兩種不同的處理方式得到了兩種不同的結果，從中可以看出輿情引導對於地方政府治理的重要性。面對突發的網絡輿情，政府需要做到注重輿情引導的頂層設計、主動承擔做好危機管理、提升輿情引導的技術水準、實現依法治輿等工作。

[關鍵詞] 輿情；引導；分析；啟示。

現代社會的網絡媒體向人們提供了最便捷的獲取信息的渠道，使得個人言論自由更大程度地被解放出來，但是也給社會管理提出了新的挑戰。在「人人都有攝像機、人人都是麥克風、人人都可發消息」的當下，哪怕再細小的火星，如果不及時處理以及處理不當，都有可能燎原，都有可能變成公共危機事件。當不當言論成為輿情主流時，帶來的不僅是網絡治理的難題，更是帶來了社會道德倫理、文化安全等複雜問題。網絡輿情引導不當直接影響地方的社會經濟發展和穩定安全，因此必須高度重視輿情引導研究，為突發輿情事件提供理論和決策支持。

一、網絡輿情引導研究現狀

（一）網絡輿情的概念界定

曾潤喜認為網絡輿情是由各種事件的刺激而產生的通過互聯網傳播的，人們對於該事件的所有的認知、態度、情感和行為傾向的集合。劉毅認為網絡輿情是由各

[①] 董利，四川省委黨校公共管理碩士研究生。研究方向：地方政務。

種社會群體構成的公眾，在一定的審核空間內，對自己關心或與自身利益緊密相關的各種公共事務所持有的多種傾向、態度和意見交錯的總和。唐偉認為突發事件網絡輿情是指通過新聞報導、網民發表言論等方式來呈現個人、群體及組織在網絡空間中發布傳播的基於突發事件的含有情緒、態度、意願、觀點和行為傾向的信息。本研究認為網絡輿情是在社會公共生活中，公眾對經新聞報導或者個人自由散布的言論、圖片、視頻等信息通過各種網絡平臺及自媒體媒介表達個人、團體、組織等對網絡事件的觀點、看法、感情色彩等各種信息的總和。負面的網絡輿情通過網絡迅速傳播，網絡輿情控制不當將演變成網絡輿論，進而考驗政府的治理能力。

（二）網絡輿情的特徵

喻國明指出，突發網絡輿情熱點事件中中國網民有兩大特徵，他們較少是精英階層，草根較多，在網絡上的發言是「有主張、少論據」，易於情緒化。徐曉日指出，網絡輿情具有：網絡輿情來源具有廣泛性和匿名性；網絡輿情傾向於問題揭露與現實批判；網絡輿情具有現實性；網絡傳播容易出現群體極化傾向；網絡輿論能夠形成更大的群體壓力。正因為當下的網絡輿情具有這些特徵，一旦輿情發生，必須採取有利措施進行引導和管控。

（三）網絡輿情的研究方法

網絡輿情引導研究是一個綜合學科的研究，匯集了心理學、傳播學、社會學、公共管理學、社會倫理學、法學等學科的相關知識，並注入了計算機技術、大數據網絡等研究手段。各種職業和身分的人構成了網絡群體，在群體心理研究中網絡傳播也具有群體性，正如勒龐所說群體的一個普遍特徵是極易受到暗示。不管人們認為這一點多麼無足輕重，群體通常總是處在一種期待、注意的狀態中，因此很容易受人暗示。最初的提示，通過相互傳染的過程，會很快進入群體中所有人的頭腦，群體感情的一致傾向會立刻變成一個既成事實。曹勁松從輿情傳播規律方面總結出其不同階段的特性。他將網絡輿情的信息傳播規律劃分為「散播」「集聚」「熱議」「流行」四個階段。在「集聚」階段主要有三個表現：一是網民訪問和參與集聚，相關輿情信息的點擊快速上升，在網上形成普遍關注的態勢；二是網站議題設置集聚，多個網站特別是重點新聞網站和門戶網站將相關輿情信息加以呈現在顯要位置，形成多維信息鏈；三是網民意見集聚，新聞跟帖、論壇發帖及跟帖等迅速集聚，將網民的意見和訴求機制地呈現。梅松運用計算機技術從政府網輿情監控系統的實現提出網絡輿情監測系統功能包括：輿情規劃子系統、輿情收集子系統、輿情分析子系統、輿情控制子系統、輿情評估子系統。陳雪剛、張家錄、程杰仁通過大數據具有規模性、多樣性、高速性和有價值等特點，指出大數據為在線社會網絡社會熱點輿情研究，可以更好地加強網絡社會創新管理，通過大數據的挖掘、統計和分析、預測和導向，提高引導和管控能力，為在線網絡治理提供一種創新理論和實踐支持。

二、網絡輿情引導案例回顧

（一）攀枝花槍擊案過程（案例 A）

2017年1月4日10時50分，攀枝花市會展中心發生一起槍擊案件。當時，持槍人闖進會場，對正在開會的該市委、市政府主要負責同志進行連續射擊後逃竄。市委書記張剡、市長李建勤受傷，經送往醫院搶救檢查後無生命危險。當日10時57分，攀枝花市公安局立即啟動應急預案，第一時間調集警力開展搜捕工作。當日12時33分，現場搜捕組在市會展中心負二樓樓梯轉角處的一小房間內發現疑似犯罪嫌疑人的屍體和作案工具。經查，犯罪嫌疑人系該市國土資源局局長陳忠恕，被發現時，已在會展中心一樓自殺身亡。川報觀察於1月4日13:15發布該新聞，隨後，四川發布、新浪新聞、騰訊新聞、新華網、人民網、觀察者網、鳳凰網、中華網、《新京報》、澎湃新聞、南方網等270餘家新聞網站轉發該新聞。新聞網站中除騰訊新聞共近200條評論、網易網站於當日17時開通的話題《〈新京報〉快評：攀枝花國土局長槍擊書記市長：他們之間是啥關係》外，其他網站均未開通新聞評論功能。大多數網站標題較為中性，多以《攀枝花市委書記市長被槍擊受傷 嫌疑人國土資源局局長自殺》為主，少數網站如網易等在標題中先後加入「市委書記秘書：只是皮外傷」「市委書記身上三顆子彈已取出」等（以下簡稱案例 A）。

事發時，正值當地政府召開政府工作會議，嫌疑人衝進會議室直指市委書記開槍，然後向市長開槍，立即引起了現場人員的慌亂，驚叫聲連連。該案件任何一個環節都可能引爆網絡，若處理不當將引起當地政治生態的混亂。比如：被黨培養多年的高級幹部何以鋌而走險向其曾經的上級領導開槍？在任的市長剛到任不久，跟嫌疑人又有何嫌隙？在槍支管制如此嚴格的環境下，他的槍支是如何獲得的？嫌疑人已經處於被「雙規」狀態，卻能知道市委會議開會的時間和地點，是否有人接應？任何一個問題的追究和揭露都會引起「蝴蝶效應」，引發一場巨大的政治風暴。

（二）瀘縣太伏中學學生死亡事件過程

2017年4月1日上午6時左右，四川省瀘州市瀘縣太伏中學一名初二男學生在宿舍樓外死亡。4月2日晚，官方發布公告稱：「經公安機關現場勘驗、屍表檢驗和調查走訪，趙某損傷符合高墜傷特徵，現有證據排除他人加害死亡。」4月3日，該縣縣委宣傳部通報該事件，媒體微博開始介入。該事件通過新聞媒體報導之後，引發網絡持續關注，輿情爆表。不乏「校園凌霸」「官二代打死人用錢擺平」等謠言，進一步誘發了輿情引爆點。4月7日，四川瀘州市委市政府召開媒體見面會，通報瀘縣太伏中學學生死亡事件的相關情況。可以確認：趙鑫的損傷為高墜傷，無其他暴力加害形成的損傷，可以排除他殺。真相雖已確定但是事件卻持續發酵，該新聞被多家網絡媒體報導，其中天涯社區點擊量為432,594次，回覆1,349條；網易新聞跟帖回覆152條；酒都眺望查看116,483次，跟帖回覆168條。還有數家網絡媒

體的轉載報導（以下簡稱案例 B）。

初中階段，學生學習壓力大而心理承受能力較弱，而學習心理疏導未跟上，導致屢有學生跳樓事件發生。該案件中，事前無任何徵兆，案發時無目擊證人，也未有清晰的監控錄像，加上當地政府應對不及時，網絡謠言的肆意傳播，導致了該事件在短短幾天時間內發酵成網絡輿論熱點。一個由學生自殺的事件演變成各種版本的「虐殺事件」。對於案件真相，公眾並不買帳，最後是省委部門出面才將事件熱度平息下來。

三、網絡輿情引導案例比較分析

（一）相同點

一是都屬突發事件。案發前無明顯徵兆：案件 A 發生時正召開市委市政府重要會議，案件 B 發生在學生住校期間。二是都通過網絡迅速傳播。案件 A 和 B 發生後，通過網絡集聚傳播，傳統電視媒體傳播時間明顯遲於移動通訊。三是都在網絡上迅速發酵，形成了一定的社會輿論。案件 A 和 B 發生後，都迅速在網絡上傳播，當地政府均面臨一定的社會輿論壓力，均需進行輿情引導和危機管理。

（二）不同點

1. 對社會的破壞性不同

案例 A，在性質上更為嚴重和惡劣。在職正縣級官員向市委書記和市長公開持槍報復，這在中華人民共和國成立後也是少有的典型案件。該案件的產生對中國政治生態環境產生了極為惡劣影響。

2. 對案件的應急反應和處理不同

案例 A 在輿情引導的過程中明顯掌握了主動權，第一時間成立專項工作組，明確案件性質並向媒體宣布案件情況。反觀案例 B，自殺事件引發的全民輿論，當地政府未在第一時間公布案件情況，在網絡謠言鋪天蓋地湧入時，才被動回應。在輿情引導的過程中多個環節處理不當，使得真相失真，網絡謠言沒有及時得到制止，反而造成了更惡劣的社會影響。

3. 監管力度不同

案例 A 運用網監力量，做到了及時監管各類謠言信息。而案例 B 由於監管滯後，在散布和傳播謠言的過程中，摻入了國外反動勢力甚至邪教組織，利用網絡輿論事件趁機造謠生事。後經公安部門鑑別，在散布的謠言圖片中有大量合成的痕跡。

4. 對誤導輿情的處理力度不同

案件 A 中，當地政府對該事件的掌控力度較強，第一時間要求各級幹部和工作人員不信謠、不傳謠。醫治受傷領導的醫院，有位護士謠傳了領導的傷勢，即受到了行政處罰。而案例 B 中，對輿情的監管和引導較弱。加上當地政府對於事件做不當的回應和發聲，更是促進了事態的不良發展。

5. 結果不同

案例 A 較好地平息了網絡輿論壓力，維持了當地政治生態穩定的局面，並得到了省委宣傳部的肯定，認為是輿情引導做得較為成功的案例。但是案例 B，在處理輿情的過程中，處於被動狀態，在網絡謠言中衝擊了當地政府的公信力，造成了不良影響。案例 A、B 的比較如表 1 所示。

表 1　　　　　　　　　　多維度比較案件 A 和案件 B

	案件 A	案件 B
回應速度	快：主動應對	慢：被動回應
應急機制	有：及時啟動	有：未及時啟動
高層重視	高：及時開闢新聞渠道，事發後不久便在騰訊網上公布案件概況	低：事態已經無法控制了，當地政府才開始闢謠
闢謠能力	強：及時對案件闢謠工作提出要求	弱：未對事件真相及時回應，導致各種謠言四起
監管力度	強：發動網監力量，從體制內到體制外要求不信謠、不傳謠	弱：未全面進行網絡監管，任由事態發展
處理結果	較好：穩定了當時局面，把事件帶來的影響控制在可控範圍內	較差：事件超出預期，掀起網絡風暴

（三）A、B 案件輿情引導成因分析

1. 網絡成為轉型社會下的主要宣洩渠道

隨著中國經濟的迅速發展，社會深度轉型，利益多元化，社會矛盾增多，加之少數公務人員貪污腐敗、違法亂紀事件時有發生，公眾對政府的不信任逐漸增長。中國正處於改革的轉型過程中，某些領域確實存在社會不公平的現象。仇官、仇富成為社會通病，而網絡具有的虛擬性、廣泛性、多樣性、開放性、低門檻性等特徵，被一小部分人利用，成為了宣洩不滿的途徑和渠道。任何一個能挑起公眾的敏感話題，都可能演變為網絡世界的「蝴蝶效應」，輕則滿足個人宣洩慾望，重則引起社會動盪。正如哈貝馬斯認為，任何政治系統需要盡可能多地投入各種不同的「大眾忠誠」，如果行政系統不能把大眾忠誠維持在必要的水準上，就會產生合法性危機。在這個過程中，可能有大量謠言生成，也有不明真相的群眾跟著「起哄」，甚至從網上蔓延到網下，進而出現群體性事件。案例 A 和案例 B 都是典型的由網絡信息在短時間內就轉變為社會輿論的普通例子。

2. 當地政府在輿情引導中起著首要作用

輿情發生，當地政府首當其衝，必須在各方高壓下對輿情引導做出迅速反應。面對網絡的不可控因素，政府必須掌握輿論信息的主動權，做到即時監控、危機管理。案例 A（見表 2）發生後不久，當地市委市政府積極應對，啟動應急管理預案，維護現場秩序，搶救受傷領導，偵破案件，第一時間在新聞媒體上發布案件信息，

甚至很多當地的工作人員都是看到新聞後才知道發生了這樣一件「駭人聽聞」的大事件。而案件 B，不管是公安部門、司法部門還是教育部門，都未向公眾及時公布案件細節。當地政府在案件發生後 2 天才做出正式回應，而此時網絡謠言已四起，群眾對案件的各種猜測已成燎原之勢席捲輿論網絡，政府此時做出的解釋，更像是「點火」，而不是「滅火」。初中生趙某意外死亡，對於其家人來說，這是不能承受之重。其家人反應激烈，也是正常的。為最大程度地緩解其家人焦慮與悲傷，相關職能部門就應該迅速發出權威聲音，予以撫慰。特別是司法機關，更應該以嚴謹的法理彰顯司法的理性，以練達的情理展示司法的良知，以平和的姿態體現司法的溫度，惟有如此，才能減少民間情緒的堆積以及燃燒。

表 2　　　　　　　　　　　案例 A 專項工作小組

序號	工作組名稱	責任領導	工作職責
1	醫護工作組	市衛生局局長	①聯繫醫院，確保受傷市領導及時得到醫護、治療 ②確保受傷市領導在醫治過程中做到信息保密
2	新聞媒體工作組	市宣傳部部長	①聯繫新聞報紙、網絡媒體，及時通達案件情況 ②注重案件維穩，縮小案件影響力
3	案件偵破小組	市公安局局長	①成立專項案件偵破工作小組，全力偵破案件的來龍去脈 ②組織網警偵查，控制不良輿情發酵，對發布謠言者依法進行處罰
4	維穩工作小組	市政法委書記	對機關工作人員和社會人員嚴格要求，不信謠、不造謠，維護社會穩定
5	輿情監控工作小組	市網管中心主任	負責監控網上輿情

3. 信息的公開性、透明性、及時性成為輿情處理的關鍵點

案例 A 發生後，當地政府立即成立專項工作小組，比如：醫療衛生工作小組、案件偵破工作小組、維穩（網絡）工作小組、新聞媒體工作小組等，做到各方信息以調查結果為準，嚴格處罰造謠生事者。案發後 5 小時左右通過媒體新聞向公眾宣布案件情況，並及時對案件進行了定性，及時防止了事態的惡性發展。而案例 B 中，4 月 1 日案發，4 月 3 日對案件初步定性，4 月 7 日官方才對案件進行定論，從案發到定論共 6 天時間，也正是這 6 天，網絡謠言頻發卻未得到及時澄清。面對波濤洶湧的謠言，當地政府的做法也欠妥當，不講方法和技巧，不僅沒有及時回應，而是採用高壓維穩的輿情處置方式，層層設置路卡，動員民警封鎖學校。最出奇的是兩名官員面對新華社記者的提問，居然稱「依法有理由不予回應」。輿情信息發布的公開性、透明性、及時性更能彰顯出政府治理的能力和信心，遮遮掩掩的態度只會讓群眾衍生更多碎片化信息，增加輿情引導的難度。案例 A 和案例 B 兩種處理方式，明顯帶來兩種不同結果。

4. 正確的輿情預警與評估處理是基本保障

輿情引導需要輿情的預警、評估密切配合，及監控技術的及時跟進，這樣才能實現輿情的應急處理。案例A中當地政府及時、準確地預判了案件的嚴重性，及時啟動了應急預案，並實現了各部門的聯動工作機制，有效、穩定地控制了輿論的蔓延。而案件B中，當地政府由於對輿情態勢未做出有效的預判，錯失了處理事件的黃金時間，不僅失去了輿情處理的主動權，而且影響了政府的公信力。當政府公信力一旦喪失，無論政府做好事還是壞事，都將不再得到公眾的信任和支持，即陷入「塔西佗陷阱」。這也是當地政府最後公布真相，群眾卻不相信的原因。這種不信任一旦生成和固化，只會加劇官民之間的矛盾，為輿情引導甚至社會治理帶來重重困難。

四、網絡輿情引導案例啟示及思考

（一）注重輿情引導的頂層設計

輿情引導是應急管理中的一種，面對突發的輿情事件，處理的核心原則是做好應急管理的頂層設計。應急管理的頂層設計主要是指應急管理的基本理念、目標、組織架構、運行機制以及政策措施。在輿情引導的頂層設計中，主要基於這幾方面：①要充分總結中國輿情管理的經驗教訓，充分尊重各地、各部門的實踐創新和經驗。②要有利於政府全面履行職能。③要堅持改革創新，結合行政體制全盤考慮，增強系統的整體性、協調性與協同性。④高度重視輿情管理研究。⑤積極推動新技術和新設備在輿情管理中的開發與應用。⑥建立高規格配置的輿情引導領導班子。⑦建立自上而下的全方位輿情引導體系。⑧做好應急預案，加強輿情應急演練。

（二）政府要主動承擔，做好危機管理

突發的公共事件，對政府的危機管理能力提出了更高要求。當公共輿論危機發生時，政府應當積極應對，變被動為主動，滿足公眾對真相的探尋要求。一味地敷衍塞責，只會適得其反。因為公眾得知的碎片化信息會被網絡無限放大，公共危機管理將會更加困難。政府應樹立正確的輿情觀，採取積極措施，做出全方位的應急預案，針對不當言論進行甄別和排除。面對新形勢，政府部門應該學會與群眾互動。互動效果取決於四個層面：一是要迅速。第一時間將事件原委、事件性質、涉及人員等主要情況告知公眾，滿足公眾對真相的探知和好奇。要搶占時間的先機，如果動輒慢三拍，即便回應了也事倍功半。二是要準確。回應的公眾不能用模棱兩可的詞語，更不能用逃避責任的言辭開脫責任。要用鐵的事實說服公眾，用完整的鏈條還原真相。三是要連續化。如果回應一次便覺得萬事大吉，無視新狀況，甚至刻意迴避公眾的新疑問，就不可能取得最佳效果，也形成不了真正的良性互動。四是要重視輿情新聞發言人的培養。在公共危機中，輿情新聞發言人的言行受到媒體和公眾的萬眾矚目，言行稍有不當都會被無限放大。因此作為輿情新聞發言人必須要政

治素質過硬、語言表達得體、應變能力強、綜合素質高,要建立輿情新聞發言人培養機制。

(三) 提升輿情引導的技術水準

政府部門要重視提高網絡監控手段,通過運用計算機技術、大數據分析等現代技術手段,不斷升級現有的網絡監管技術。科學、合理地運用現代化的搜索識別、數據挖掘、信息過濾等方面的計算機網絡技術,通過這一方式能夠迅速鎖定不良信息的 IP 地址,同時對不良信息進行識別、定位、跟蹤、封鎖等;在有需要的情況下對於部分論壇的不良信息進行相應的延時審核;對於境外瀏覽活動以及敏感網站進行屏蔽。要建立網絡信息審核制度,嚴把網絡信息的審核關,審核傳播信息的內容、性質、社會影響等。實施網絡實名制,對惡意攻擊政府,危及社會穩定、公共安全等負面信息的傳播者和傳播平臺給予嚴懲。

(四) 把握媒體傳播的主動權

一是輿情引導要重視利用主流媒體。加強對主流媒體的利用,如要加強與新華網、網易網、人民網等主流網絡媒介的利用力度,發生突發事件時要及時向主流媒體提供即時信息。二是加強對非主流媒體的引導。非主流媒體數量多、發布門檻較低,發布信息的人員素質參差不齊,這就要加強對非主流媒體的引導和監管,對惡意散布謠言的人員、網絡平臺及時進行整頓。三是培養民間發言人。完善非營利組織的功能,尋求公民合理的訴求渠道,培養民間發言人。四是公安部門要及時介入。當輿情案件發生時,公安部門要迅速介入,嚴防國外反動勢力和邪教組織利用網絡破壞中國社會穩定和公共安全。

(五) 實現依法治輿

網絡社會是互聯網上的延展和映射,針對網絡社會的虛擬性更要加強網絡社會管理,保證網絡社會依法規範、有序地運行。相對於網絡科技的迅猛發展和網民數量的急遽增加,現有的關於網絡治理的法律法規不能適應當前媒體時代的形勢和需要。要深入街道、社區廣泛宣傳網絡犯罪的嚴重性,加強公民網絡自律意識,合理發布言論,防止跟風起哄。對公民進行法律知識普及,提升公民網絡素養。要借助重大、熱點案件宣傳法治觀念,普及法律知識,上好法治公開課,讓公民樹立證據裁判、人權保障、程序公正等法治觀念、法治意識、法治規則,共同推進法治進程。一方面,要規範民眾的網絡言行,尊重民眾在法律允許範圍內的言論自由,在此前提下對民眾的違法言行進行處罰。中國法律如《中華人民共和國計算機信息網絡國際聯網安全保護管理辦法》《中華人民共和國保守國家秘密法》《中華人民共和國計算機信息系統安全保護條例》《中華人民共和國刑法》《互聯網上網服務營業場所管理條例》《關於維護互聯網安全的決定》等法律法規均對違反網絡安全的行為有相關處罰規定。另一方面,要尊重民眾的知情權、參與權、表達權和監督權,促進網絡生態環境健康發展。

參考文獻：

［1］曾潤喜.中國網絡輿情管控工作機制研究［J］.圖書情報工作，2009，53（18）：79-82.

［2］劉毅.略論網絡輿情的概念、特點、表達與傳播［J］.理論界，2007（1）：11-12.

［3］唐偉.突發事件輿情傳播的社會網絡結構測度與分析——基於「11·16校車事故」的實證研究［J］.中國軟科學，2012（7）：169-178.

［4］喻國明，李彪.輿情特點中政府危機干預的特點及借鑒意義［J］.新聞與寫作，2009（6）：56-59.

［5］徐曉日.網絡輿情事件的危急處理研究［J］.華北電力大學學報（社會科學版），2007（1）：89-93.

［6］古斯塔夫·勒龐.烏合之眾：大眾心理研究［M］.馮克利，譯.桂林：廣西師範大學出版社，2015：80.

［7］曹勁松.網絡輿情發展規律［J］.新聞寫作，2010（5）：22-27.

［8］梅松.政府網絡輿情監控系統的實現［J］.信息技術，2011（9）：135-138.

［9］陳雪剛，張家錄，程杰仁.大數據價值及其在網絡輿情挖掘中的應用［J］.湖南學院學報，2017（4）：47-52.

［10］徐彪.公共危機事件後政府信任受損及修復機理——基於歸因理論的分析和情景實驗［J］.公共管理學報，2014（2）：27-38.

［11］尤爾根·哈貝馬斯.合法性危機［M］.劉北成，等，譯.上海：上海人民出版社，2000：64-66.

［12］林楠，蔡乙華.網絡輿情應對與政府公信力維護［J］.廣州大學學報（社會科學版），2017（4）：27-31.

［13］閃淳昌.中國突發事件應急體系頂層設計［M］.北京：科學出版社，2017.

［14］黎昱睿.新媒體時代政府信息公開及網絡輿情引導［J］.網絡傳播，2014（5）：65-69.

［15］向晉文.自媒體時代的網絡輿論及其引導策略——基於比較視角的分析［J］.湖北民族學院學報，2017（3）：134-139.

國家圖書館出版品預行編目（CIP）資料

中國控制突發事件輿情引導理論與實務 / 陳旭 主編. -- 第一版.
-- 臺北市：崧博出版：財經錢線文化發行, 2019.05
　　面；　公分
POD版

ISBN 978-957-735-843-1(平裝)

1.輿論 2.危機管理 3.中國

541.771　　　　　　　　　　　　　　　108006472

書　　　名：中國控制突發事件輿情引導理論與實務
作　　　者：陳旭 主編
發 行 人：黃振庭
出 版 者：崧博出版事業有限公司
發 行 者：財經錢線文化事業有限公司
E-mail：sonbookservice@gmail.com
粉 絲 頁：　　　　　　　網　址：
地　　　址：台北市中正區重慶南路一段六十一號八樓 815 室
8F.-815, No.61, Sec. 1, Chongqing S. Rd., Zhongzheng Dist., Taipei City 100, Taiwan (R.O.C.)
電　　　話：(02)2370-3310　傳　真：(02) 2370-3210
總 經 銷：紅螞蟻圖書有限公司
地　　　址: 台北市內湖區舊宗路二段 121 巷 19 號
電　　　話:02-2795-3656　傳真:02-2795-4100　　網址：
印　　　刷：京峯彩色印刷有限公司（京峰數位）

　　本書版權為西南財經大學出版社所有授權崧博出版事業股份有限公司獨家發行電子書及繁體書繁體字版。若有其他相關權利及授權需求請與本公司聯繫。

定　　　價：370元
發行日期：2019 年 05 月第一版
◎ 本書以 POD 印製發行